사고와 감수성을 바꾸는

수업의 정치

수업의 정치

초판 1쇄 인쇄 2015년 7월 10일
초판 1쇄 발행 2015년 7월 17일

지은이 윤양수·원종희·장군
펴낸이 김승희
펴낸곳 도서출판 살림터

기획 정광일
편집 조현주
북디자인 꼬리별

인쇄·제본 (주)현문
종이 월드페이퍼(주)

주소 서울시 영등포구 양평로21가길 19 선유도 우림라이온스밸리 1차 B동 512호
전화 02-3141-6553
팩스 02-3141-6555
출판등록 2008년 3월 18일 제313-1990-12호
이메일 gwang80@hanmail.net
블로그 http://blog.naver.com/dkffk1020

ISBN 978-89-94445-92-2 03370

사고와 감수성을 바꾸는

수업의 정치

윤양수·원종희·장군 지음

살림터

이 책을 읽으면서 내가 『수업의 정치』의 추천사를 쓰는 것이 아니라 내 책에 『수업의 정치』를 쓴 저자들의 추천사를 받아야겠다는 생각이 들었다. 그만큼 이 글을 쓴 저자들의 문제의식과 그동안의 실천, 그리고 그것을 글로 표현해내는 방식이 놀라움을 주었다.

사실 윤양수 선생님을 포함한 이 책의 저자들은 모두 나와 여러 번의 안면이 있는, 수업 연구와 학교 문화 연구의 도반들이다. 나는 이 공동체가 처음에 충청남도의 한 작은 공간에 사무실을 마련할 때 개소식에 초대된 바 있다. 그 이후 이 독특한 모임을 관심 어린 눈으로 지켜보아왔다. 사실 전국에 수많은 교사 공부 모임이 있다. 그런데 이 작은 모임에 다른 교사 모임보다 더 관심이 가는 이유는 내가 연구하는 수업 비평을 열심히 연구하는 모임이라는 특별한 인연 때문이다. 거기에 더하여 수업 연구를 인문학 공부와 결합시켜 연구하는 교사 공동체는 매우 드물다. 그래서 나는 수업에 대한 고민과 실천이 인문학적 상상력과 접속되는 이 독특한 공간이 어떻게 진화하는지 궁금해하면서 이 공동체가 산출하는 글들도 종종 읽어 보곤 한다.

그런데 오늘 이 책을 접하면서 나는 이 공동체의 내공이 엄청나게 성장한 것을 보고 놀랍고 또 부럽기도 하였다. 나는 교육학자인지라 사람들이 성장하는 것을 보면 기분이 좋다. 특히 같은 뜻을 지니고 모인 교사 모임이 초심을 잃지 않고 어려움을 헤쳐 나가면서 계속해서 자라는 것을 확인하니 여간 즐거운 일이 아니다.

나는 수업과 학교 혁신에 대한 연구를 하면서 교사의 전문성이 결코 개인적인 전문성이 아니라 집단적 전문성이라는 확신을 점점 더 갖게 된다. 물론 개인적으로 뛰어난 교사들이 많이 있다. 그러나 한 개인의 노력으로 성장하는 데는 한계가 있기 마련이다. 그런 점에서 집단으로서의 교사는 서로를 거울에 비추어 보면서 함께 성장

할 공동체를 필요로 한다. 개인과 공동체는 함께 성장하며 서로를
촉진하기도 하고 구속하기도 한다. 감히 말하건대 『수업의 정치』는
'다온'이라는 작은 공동체를 통해서 그 구성원인 개별 교사와 공동
체가 얼마나 성장할 수 있는지를 생생하게 보여주는 기록물이다.

『수업의 정치』는 치밀한 공부의 결과로 획득한 높은 안목으로 우
리의 수업 문화를 요모조모 살펴보고 적절한 분석과 해석 및 예리
한 평가까지 내놓고 있다. 이들의 눈에 비친 한국 수업 문화의 일반
문법은 어떠한가? 놀랍게도 따라 배울 만한 가치가 별로 없는 겉치
레의 연속이다. 아니 놀라운 일이 아니다. 나도 알고, 우리 모두가
아는 바다. 오랜 세월 동안 단위 학교의 수업 연구 문화가 승진과 연
계되어 어떻게 왜곡되고 굴절되어왔는지를 모두가 알고 있지 않은
가? 이 책은 그런 왜곡된 우리 수업 문화의 전통을 인문학적 통찰
과 감수성을 빌려 예리하게 폭로한다.

그 점에서 이 책은 매우 '정치'적인 책이다. 동시에 수업 실천을 개선하거나 혁신하는 일이 매우 '정치'적인 일임을 드러내고 있다. 여기서 정치란 저자 스스로가 밝히고 있듯이 낡은 규범과 관행, 제도와 습속에 맞서 싸우는 것이다. 그리고 낯설고 이질적인 문법 혹은 감각을 생산하고 발명해가는 일이다. 저자들은 그것이 무수한 실패들로 가득한 수업사史를 만들어가는 일이라고 말한다. 옳은 지적이다.

한편 새로운 수업사 쓰기와 관련하여 저자들은 최근에 새롭게 일어나고 있는 수업 실천 운동의 흐름을 살핀다. 여기에는 디베이트 수업, 스토리텔링 수업, 배움의 공동체, 거꾸로교실 등 현재의 중요한 흐름들을 빼놓지 않고 언급한다. 저자들의 촉수가 현장의 새로운 실천들에 민감하고 폭넓게 접속되고 있음을 느끼는 대목이다. 동시에 이런 새로운 트렌드에 대한 분석은 맹목적인 찬양도 일방적인 매도도 아니다. 대신에 날카롭게 느껴질 만큼 균형 잡혀 있다. 유행에 민감한 한국의 교단 혁신 운동을 생각할 때 이 책에서 발견되는 분석적 태도와 거리 두기, 가능성에 대한 객관적인 탐색, 발전을 위한 애정 어린 전망 등은 지극히 성숙한 수업 연구자들이 지니는 태도라고 나는 생각한다.

　결론적으로 말해서 나는 이 책이 가급적 많은 사람들에게 널리 읽혔으면 좋겠다. 그리고 이 책과의 만남을 통해서 수업과 삶을 넓고 깊게 연구하는 많은 연구 공동체들이 생겨나기를 희망한다. 그리고 저자들이 희망하듯이 이런 소규모의 공동체들이 공동 학습의 장을 통해서 끊임없이 교류하고 동반 성장하는 학습 생태계가 진화해가기를 소망한다. 이런 학습 생태계가 굳게 뿌리를 내린다면 우리 수업의 일반문법은 현재와 다른 모습을 지니게 될 것이다. 그리고 가까운 장래에 우리는 불신과 냉소의 눈으로 해체해야 할 전통이 아니라 역동적인 학습 생태계가 생성해내는 새로운 수업의 일반 문법들을 만들고, 그 열매를 모든 교사들이 향유하는 축복을 누릴 수 있을 것이다. 이 책의 추천사를 쓰는 일이 개인적으로 자랑스럽고 즐거운 일임을 밝히면서 추천사를 마무리하고자 한다.

청주교육대학교 이혁규
『수업, 누구나 경험하지만 누구도 잘 모르는』의 저자

근래에 들어 수업에 관한 담론과 사례들이 매우 다양해졌다. 학계
의 연구자들뿐만 아니라 학교 현장의 교사들도 담론 생산에 적극적
으로 가담하고 있다. 수업 컨설팅, 수업 이해, 수업 비평, 수업 코칭,
배움의 공동체 운동, 혁신학교 운동, 거꾸로교실 등을 말하는 것이다.
차이는 있으나 지금의 학계와 현장은 그 어느 때보다도 다양한 담론
과 실천들이 앞을 다투어 약진하는 양상을 보이고 있다. 한 50년쯤
지나 누군가 '한국의 수업사史'를 쓰게 된다면, 21세기 초를 어떻게
기록할까? 기성의 관행과 습속을 넘어 새로운 수업의 논리와 문법을
모색한 수업 패러다임의 전환기로 기록하지 않을까? 그리고 수업 혁
신은 학계의 연구자와 현장 교사들의 고민과 분투의 산물이었다고.

특히 현장 교사들의 발언과 실천이 눈길을 끌어당긴다. 교육과정
과 수업에 관한 실천적 성과와 사례들이 속속 출판되고 있다. 뿐만
아니라 학교 안팎에서 교사학습공동체를 자발적으로, 다양한 형태

로 조직하고 있다. 이들은 강좌와 연수, 학습과 활동을 조직하고, 지식과 정보, 경험과 노하우를 공유하며 공동의 성장을 도모하고 있다. 한국 사회의 풍토에서 성장한 사례들이나 한국형 토착 버전은 주목할 필요가 있을 것이다. 이 같은 흐름은 학습 주권과 수업 전문성의 의미를 새롭게 환기한다는 점에서도 긍정적이다. 물론 옥석을 가려야 할 것이다. 또한 선행 사례를 벤치마킹하자면 개념과 사례를 자기화하려는 노력이 필요할 것이다. 아직까지는 교육과정 운영과 수업 실천이 기존의 관행과 습속을 크게 벗어나지 못하고 있다. 그럼에도 그와 같은 흐름은 분명 변화를 가져올 것으로 보인다.

여기에 굳이 우리의 생각을 추가할 필요가 있을까? 어쩌면 필요 이상일지도 모르겠다. 그러나 우리에게는 나름 의미가 있는 작업이다. 오랫동안 함께 공부하면서, 또 자신의 거처 혹은 현장에서 시행착오를 겪으며 정리한 것이기 때문이다. '교사-되기'의 기록이라는 점에서는 리얼 다큐에 가깝다. 우리는 말한 대로 살고, 쓴 대로 실천하기 위해 노력하고 있다. 물론 풀리지 않는 궁금한 점들이 많다. 수업에 관한 담론과 사례들이 충분한 것처럼 보이나 여전히 모호한 점들이 많다고 생각한다. 그런 이유로 부족하나마 글들을 몇 편 묶어낸다. 우리가 더 듣고, 찾고 싶은 게 있는 것처럼 혹여 누군가에게는 의미가 있을지도 모르겠다. 같은 이유로 현장 교사들이 자기 담론을 좀 더 활발히 개진하고, 다양한 실천 사례를 만들어갈 필요가 있다고 생각한다. 물론 공유와 토론의 장도 확장해가야 할 것이다.

새로운 담론과 사례가 유행처럼 소비되는 경향도 없지 않다. 수업 방식도 철따라 유행을 타는 것일까? 그렇다면 수업사란 진화(?)의 궤적을 그린다기보다 다양한 시공간에서 이루어지는 실천들의 산술적인 합에 불과한 것일까? 지나고 나면 시시해서 새로운 것을 찾는 유행의 연속일까? 새로운 유행이 낡은 유행을 대체하는 것이라면, 거기서 희망을 찾을 수는 없을 것이다. 부족할지라도 공력을 들여 자기 언어를 찾고, 갱신해갈 필요가 있다고 생각한다. 우리의 언어가 그리 새로울 것 없고 조야하다는 것을 모르지 않는다. 그럼에도 실언이 두려워 자기 언어를 안전하게 방어하는 방식과는 거리를 두었다. 비록 실언하게 될지라도 낡은 사고의 해체와 새로운 사유의 구성을 긍정하기에 실언을 피하고 싶지는 않다. 이견과 비판 속에서 좀 더 넓고 깊어질 것으로 기대한다. 그 과정 자체가 더없는 즐거움이다.

1부에서는 '수업의 정치'를 주제로 수업과 관련한 관행과 습속을 비판적으로 다뤘다. 「공개수업의 공식」은 모큐멘터리mockumentary, 웰메이드well-made, 트레이싱tracing, 클리셰Cliche, 파라텍스트Para-texte 라는 다섯 개의 키워드로 초등의 공개수업 문화를 비판한다. 가짜, 베끼기와 보여주기, 타협의 무의식, 상투형 등을 양산하는 공개수업을 정면으로 응시하자는 것이다. 세부 맥락은 본문을 참조하기 바란다. 「수업의 정치」, 「수업의 문법」은 그와 같은 관행과 습속을 넘어서기 위해 생각해볼 것들을 제안한다. 수업의 일반적인 문법과 이를 강제하는 제도적 기반들에 맞서 수업의 문법과 감수성을 새롭게 바꾸자는 것이다. 「수업의 문법」은 「수업의 정치」에 대한 보론 성격의 글이다. 이어서 읽으면 좋을 것이다. 「수업 협의회 문화가 바뀌면 수업이 바뀐다」는 학교 현장의 수업 협의회 문화를 바꾸자는 메시지를 전하고 있다. 수업 사례도 한 편 소개한다. 사회과 역사 수업으로, 교구와 자료가 '끌개' 구실을 하는 독특한 사례를 볼 수 있다. 혼자서 보기 아까운 수업이다.

2부에서는 '수업의 전환'을 주제로 최근의 수업 경향들 가운데 센세이션을 불러일으킨 흐름들을 선별해서 다뤘다. 「디베이트, 이대로 좋을까?」는 실행 연구를 바탕으로 디베이트 붐boom에 대해 비판적인 의견을 제출한다. 「초등 스토리텔링 수학의 가능성」은 수학과 스토리텔링 수업의 명암을 진단한다. 그리고 스토리텔링이 초등 수학 교육을 개선하는 파원波源이 되기를 조심스럽게 전망한다. 약진하고 있는 배움의 공동체 운동과 '방송 효과'로 확산된 거꾸로교실도 살폈다. 「배움의 공동체, 도전 과제 살피기」는 배움의 공동체에서 강조하는 '도전 과제'의 개념과 용법에 대한 궁금증을 얼마간 풀어줄 것이다. 「21세기의 마법, 거꾸로교실」은 배움의 공동체 운동만큼이나 확산 일로에 있는 '거꾸로교실'의 의미와 맥을 짚는다. 교사들의 관심이 쏠리고 있는 최근의 흐름들을 조감할 수 있을 것이다. 2부에서도 수업 사례를 한 편 소개한다. 사회적 현상과 가치를 균형 있게 탐구한다는 점에서 사회과 수업의 특징을 잘 보여주는 사례다. '정리'의 문법이 익숙하면서도 새롭다.

3부에서는 '교사의 정치'를 주제로 교사의 존재론을 따져 묻는다. 「교사의 봄」은 교사들의 고단한 일상을 가감 없이 보여준다. 그럼에도 포기하지 않고, 학교와 수업을 '혁신'하기 위해 분전하는 교사들의 이야기다. 「학교, 민주주의의 가능성을 묻다」, 「교사, 수업 나눔으로 성장하다」에서 그 사례를 확인할 수 있다. 「교사의 포지션과 시스템에 '브레이크' 걸기」는 교사라는 '직업'에 대해 생각을 풀어놓는다. '지금-여기'서 '교사-되기'를 어렵게 만드는 경영의 논리와 경쟁 시스템에 브레이크를 걸자는 것이다. 「학습공동체와 작은 모임들의 순환계」에서는 학교 안팎에서 다양한 학습공동체를 조직하고, 서로 배움을 나눌 수 있는 열린 순환계를 만들어가자고 제안한다. 그렇게 '월급쟁이' 이상을 꿈꿀 수 있을 때, 자신의 존재를 배반하는 냉소와 무기력에서 벗어날 수 있다고.

감사의 마음을 전하고 싶은 분들이 많다. 먼저 '따로 또 같이' 공부하는 '다온'의 동료들께 마음을 전하고 싶다. 김미원, 이진형, 장승순, 정진수, 박영기, 한진희, 조경삼, 김문광 님께 깊이 감사드린다. 배움과 나눔으로 얻은 감각과 생각에 따라 이전과 달라지는 '나'를 보게 되는 것은 그 무엇에 견줄 수 없는 즐거움이다. 우리가 쓴 글들에는 함께 읽고, 생각과 의견을 나눈 동료들의 감각과 생각이 스며들어 있다. 세미나와 워크숍을 통해 많은 도움을 받았음에도 이번에는 수업 비평 워크숍 팀에서 글을 묶어 내게 되었다. 기회가 된다면 '다온'의 동료들과 함께 또 다른 성찰과 배움의 기록을 묶어 내고 싶다. '다온'을 아끼고 격려해주시는 이혁규 선생님께도 깊이 감사드린다. 어려운 상황에서도 기꺼이 추천의 글을 보내주셨다. 출판을 결정하고 지원해주신 살림터의 여러 관계자들께도 감사드린다. 주변에서, 또 멀리서 응원해주는 '다온'의 벗들을 한번 초대하고 싶다.

2015년 7월
필자들을 대신하여 윤양수

차례

2부 수업의 전환 ──────────

3부 교사의 정치 ──────────────

1부

수업의 정치

공개수업[1]의 공식

장군

공개수업은 공식公式이다. 공적public인 방식으로 실행된다는 점에서, 의례적인 형식과 절차formality를 수반한다는 점에서, 종국에는 정형화된 법칙formula에까지 이른다는 점에서 공개수업은 중의적 표현으로 공식이다. 학교 현장에는 다양한 공개수업의 형태가 존재한다. 임상 장학부터 학부모 수업 공개까지. 그러나 그 형태와는 무관하게 대다수의 공개수업은 유사한 폼form을 갖는다. 공적 행사로 준비되어 의례적인 형식과 절차를 거쳐 정해진 법칙으로 안착하는 사이클! 이러한 공적 특성은 수업자에게는 전시적 퍼포먼스를, 학습자에게는 순응의 룰을, 참관자에게는 관망의 매너를 강제한다. 공적 행사로 다루어지는 순간 결코 '누구도 망쳐서는 안 되는' 비즈니스

----

1. 초등의 공개수업 문화를 중심으로 서술한다. 중등의 수업 문화는 또 다를 것이기에 전혀 맥락이 닿지 않을 수도 있다. 또한 공개수업과 수업 공개는 엄밀히 따지자면 의미의 차이가 있겠으나 여기에서는 따로 구분하지 않는다.

가 되는 것이다.

수업자는 특별한 노력과 성의를 보여야 하고, 학습자는 승인된 사고와 활동만을 해야 하며 참관자는 이견을 만드는 대신 노고를 위로해야 한다. 공개수업은 이미 '수업'이 아니라 해치워야 할 공개 '업무'가 되었다. 얼마나 능숙하게 수업을 처리하는가! 이것이 포인트다. 물론 이 공개수업 사이클에서 관리자는 예외일지 모르겠다. 몇몇 관리자는 최종심급으로서 심판관을 자처하기도 한다. 그러나 이 또한 과거의 일로 들어주는 이 없는 초라한 상징에 머무른다는 것을 모르는 이는 없다. 배움은커녕 실용적인 의미로 도움조차 되지 않는 이 공개수업은 왜 지속되는 것일까? 이것은 공개수업 무용론이 아직 '무용'하지 않다는 뜻일까?

공개수업 무용론에 반박하려고 공개수업의 의의를 새삼 언급할 필요는 없을 것이다. 제대로 된 공개수업이라면 '교사 전문성 신장'을 담보하는 것은 당연하다. '수업 전문성 제고'라는 당위 하나만으로도 공개수업 무용론의 논리에 맞설 수 있다. 물론 '제대로 된'이라는 전제가 필요하고, 지금 공개수업이 그러한가라고 묻는다면 회의적일 것이다. 무용하다는 주장에 반론이 궁색한 상황이다. 그럼에도 제도는 공개수업의 얼개를 숙고하기보다 공개수업의 빈도나 강도를 높이는 방식을 취해왔다. 행동주의 전통을 고수하며 무용론에 엄격히 대처해온 것이다. 2010년부터 전면 시행되어 수업 공개를 의무화한 교원능력개발평가 제도는 이를 잘 보여준다.

이 외에도 수업연구대회 등을 비롯한 각종 정적 강화 전략, 교원 평가 항목에 공개수업 횟수를 명시하는 일종의 숨은 처벌까지 포함하면 제도는 인센티브와 페널티라는 자극-반응의 패턴으로 공개수업의 유용성을 증명하려 했음을 알 수 있다. 반면에 제도 밖에서는 다양한 방식으로 수업을 탐구해왔다. 간략히 일별해보자면 교육인류학적 수업 이해, 수업 비평, 배움의 공동체식 수업 연구, 수업 코칭과 수업 나눔 등 담론마다 나름의 철학과 언어로 수업을 바라보는 관점을 전환하고 확장해왔다. 교사에게서 학생으로, 공학에서 예술로, 가르침에서 배움으로, 교사 행동에서 교사 내면으로 수업의 시선을 당겨온 것이다. 기존의 제도 안 수업 장학과 비교하여 전복적이라 부를 만한 이러한 수업 보기가 앞으로 공개수업의 양상을 풍요롭게 하리란 건 자명해 보인다.

그럼에도 그 변화는 더디고 더디리라. 교사 문화의 폐쇄성과 보수성은 널리 연구된 사실이다. 게다가 천변하는 교육정책과 교육환경은 교사의 피로도를 거의 임계점까지 상승시켜놓았다. 그러니 사안과 무관하게 '일 벌이지 말라'로 요약되는 현장의 무사안일주의를 비난할 수만은 없다. 그렇다고 긍정할 수도 없는 일이다. 물론 이를 경쟁을 통해 해결하겠다는 교육 당국의 발상은 어리석은 것이다. 역시 지금처럼 편의주의와 형식주의로 대응하면 그만이기 때문이다. 교사들은 일찌감치 방어 기제로 회피를 애용해왔다. '이 또한 지나가리라This, too, shall pass away.' 전도되는 잠언! 공개수업에 대응하는 방식도 여기에서 벗어나지 않는다. 저항으로서 방기하는 이부터 자기성장의 발판으로 삼는 이까지 그 편차야 크겠지만, 최빈값은 아마도 '적당히 때우기'일 것이다. 다시 말해 '시늉 내기'이다.

이 글은 현재 공개수업의 그 시늉 내기가 어떤 식으로 고착되어 모두의 공식으로 수렴되었는지 살피려 한다. 물론 그 틈새에서도 자기 수업을 창안해나간 익명의 교사들까지 험담할 의도는 없다. 그리고 이 사유는 새로운 것조차 아니다. 앞서 언급한 수업 담론을 주도한 이들인 이를테면 서근원, 이혁규, 사토 마나부, 김현섭, 김태현 등에 이미 크게 빚지고 있다. 그렇게 그들의 사유를 밑절미 삼아 공개수업의 공식을 다음 다섯 가지의 문화 키워드로 정리해보려고 한다. 그것은 모큐멘터리mockumentary, 웰메이드well-made, 트레이싱tracing, 클리셰Cliche, 그리고 파라텍스트Para-texte이다.

공식 1: 모큐멘터리

다큐멘터리documentary는 사실적인 기록이다. 그에 반해 다큐 용법을 빌려 거짓을 논픽션으로 가장한 극영화나 TV 프로그램을 모큐멘터리라 칭한다. 페이크 다큐멘터리fake documentary라고도 불리는데 'mock'는 'fake'처럼 '거짓', '가짜'라는 의미를 담고 있다. 학교에서 이루어지는 공개수업이 'mock, fake'에 가깝다는 건 공공연한 사실이다. 흔히들 자조적으로 공개수업을 '쇼show'라고 부르는 것은 그런 의미일 테다. 진짜를 위장한 가짜, 40분 안팎의 연출, 그렇다면 공개수업은 왜 모큐멘터리가 되었을까? 그것은 공개의 특성이라 할 수 있는 관찰자의 존재와 타인의 시선 때문이라 할 수 있다. 곧 체면 치레라는 사회문화적 틀frame로 또는 인정욕망이라는 심리학적 툴 tool로 설명할 수 있는 셈이다.

물론 이러한 시선의 경사는 피할 수 없다. 공개라는 구속복 straitjacket을 입고도 자유로울 수 있는 이는 드물다. 누구나 시선을 의식한다. 그러나 여기에 감시와 통제 차원에서 지속되어온 수업 장 학의 영향까지 더해질 때 공개'수업'은 이제 '공개'수업으로 전환한 다. '체면은 지켜야지'라는 소극적 대처와 '인정받고 싶다'는 적극적 대처 한편에, '전 잘하고 있어요'라는 자기변호와 감시와 통제에 응 답하는 피동적 자기증명이 공존하는 것이다. 다행이라면 최근 수업 장학이 약화됨에 따라 공개수업의 그 'mock'적 속성도 점차 감소하 고 있다는 점이다. 그래서 공개수업이라는 모큐멘터리가 달갑지 않 은 교사들은 누누이 일상 수업의 공개를 강조하기도 한다.

그런데 과연 공개수업이 일상의 수업과 동일해지는 때가 올 수 있 을까? 꼭 동일해져야만 하는 걸까? 공개수업이 모큐멘터리라면 그 해리를 극복하기 위해 일상 수업인 다큐로 돌아가야 한다는 주장은 자연스러워 보인다. 그러나 이는 반은 옳고 반은 그른 듯하다. 공개 수업의 불필요한 치장과 요식을 걷어내자는 의미라면 적극 지지할 만하다. 반면에 수많은 변수로 얼룩지는 맨살의 일상 수업으로 돌 아가자는 의미라면 인정하기 어렵다. 이혁규는 "열심히 준비해 수업 공개를 하는 것 자체를 탓할 일은 아니다"라고 말한다. "다만 이런 준비된 수업을 통해 보여지는 이상적 수업에서 철학적·실천적 빈곤

함을 느낄 때가 많다"[2]는 것이 문제라는 것이다.

　그러니 공개수업을 일상 수업으로 해야 하느냐, 연구 수업으로 해야 하느냐는 중요한 지점이 아닐지 모른다. 평소 일상 수업을 공개하든, 따로 공개수업을 준비하든 그 수업 안에 교사가 창조해온 언어와 역사가 담겨 있다면 무엇이든 괜찮지 않을까? 부연하자면 날것으로서 일상 수업과 모큐멘터리로서 공개수업 간의 간극을 줄이려는 노력은 양 극점에서 동시에 진행되어야 한다. 일상 수업은 공개수업으로, 공개수업은 일상 수업으로! 실제real를 다룬다는 다큐조차 편집이라는 거름망을 통과하기 마련이다. 공개수업의 비일상성을 극복하자는 것이 사유의 흔적조차 없는 민낯의 수업을 옹호하자는 건 아니다. 우리에게 필요한 것은 적나라한 누드도 능청스러운 모크도 아닌 진짜 수업이다. 교사와 학생의 세계를 엿볼 수 있는 한 편의 담담한 다큐! 그때 공개수업은 모큐멘터리라는 의사擬似 수업의 오명을 씻을 것이다.

　모큐멘터리가 하나의 영상 기법으로 등장했을 때 관객들은 그것의 실제와 허구성을 혼란스러워했다. 그러나 양식화된 지금 대다수의 관객은 모큐멘터리가 픽션임을 모르지 않는다. 이 상태가 지속된다면 공개수업도 그런 과정을 거쳐 갈 것이다. 누구도 공개수업이 실제라고는 믿지 않는 지경에 이르는, 그때 우리는 서로에게 양치기 소년으로 남으리라. 진짜를 공개해도 가짜라고 믿는, 수업자도, 학습자

2. 이혁규, 『수업, 비평의 눈으로 읽다』, 2011, 우리교육, 52쪽.

도, 참관자도 저마다 가면으로 위장한 쇼! 그건 '슬픈 가장무도회sad masquerade'라 불러야 하나. 공개라는 상황을 감안하더라도 지금까지의 화장술은 확실히 지나쳤다. 회복할 수 없는 독으로 남기 전에 이제 부등호를 '진짜' 쪽으로 돌려야 한다.

비동시성의 동시성이 유난하게 드러나는 학교에서 여전히 몇몇 관리자와 교사는 쇼를 바랄지 모르겠다. 그 관습과 압력을 모르는 바도 아니다. 그러나 우리가 왜 공개를 하는가를 묻기 전에 우리가 왜 수업을 하는가를 묻는다면 그 방향은 확연해지리라. 윤양수는 "'진짜' 수업에 눈감은 채 접대용 이벤트를 묵인하는 우리 자신과, 기존의 관념과 체계 속에서만 안전하게 작동하는 수업 혹은 교육과 대결하는 것"이 "우리가 할 수 있는 수업의 정치학"[3]이라고 제안한 바 있다. 언제까지 우리는 '공개용'으로 '일회용' 수업을 소모해야만 할까? 이제 허망한 잔치는 끝내야 한다. 'mock'는 동사로 사용될 때 '조롱하다', '무시하다'라는 뜻 또한 담고 있다. 공개수업을 모큐멘터리로 여기는 한 그 조롱과 무시는 결코 떠나지 않을 것이다. 그 모욕을, 모멸을 우리가 굳이 견뎌야 할 이유가 있는가?

....
3. 윤양수, 『수업과 교육의 지평을 확장하는 수업 비평』, 2014, 살림터, 258쪽.

공식 2: 웰메이드

영화적 용법으로 주로 사용되는 웰메이드는 '상업적으로 잘 만들어진 작품'을 말한다. 좀 더 덧붙이자면 '스타 시스템과 예산, 장르의 관습, 감독의 스타일 등을 겸비하여 대중의 호응을 얻는 상업영화'에 붙는 수식이라 할 수 있다. 그런 의미에서 공개수업은 웰메이드를 지향한다. 언뜻 이 표현은 더할 나위 없는 찬사로 들릴 수도 있겠다. 괜찮은 것 아닌가? 구조적으로 완벽에 가깝고 모범적인 수업 모형을 적용하고, 긴장과 이완도 적절하며 티칭 스킬도 디테일하고 결과적으로 안정적인 수업 퀄리티quality를 담보하는 'well-made class'! 무엇이 문제란 말인가? 그러한 공개수업이 가지고 있는 강점까지 부정하려는 의도는 없다. 당연히 그만한 가치가 있다.

그러나 작가주의 영화적 용법으로 웰메이드는 은밀한 타협이다. 어느 지점에서 감독의 질문을 철회하는 것이다. 대중에게 받아들여질 만한 것들로 소위 간을 보는 것이다. 공개수업의 웰메이드 지향성도 혹시 이와 다르지 않은 것은 아닐까? 안전한 설계와 시나리오를 필두로 목표 진술, 동기 유발, 매체 및 자료, 그룹 활동, 수준별 학습, 평가 등이 고르게 알맞은 단계에서 적당한 비율로 배합되어 출현하는 것, 이것은 혹 학생이 아닌 참관자의 입맛에 조응하려는 노력은 아닐까? 그러한 조건에서 교사의 상상력은 어쩔 수 없이 위축되고 마모되리라. 승인되지 않을 것을 제거하고 용납될 만한 것으로 대체하는 과정에서 상상은 타협되고 질문 또한 철회되고 만다.

수업자뿐만 아니라 참관자도 마찬가지다. 그렇게 웰메이드 수업well-made class이 교사를 '이중 피동화'한다면 이는 지나친 모함인가?

대다수의 교사들은 공개수업으로 소위 '뽀대 나는' 수업을 원한다. 그 뽀대, 폼은 앞서 말했듯 참관자에게 잘 만들어졌다는 느낌을 주기 위한 것이다. 변호하자면 참관자를 학생보다 먼저 대우하는 교사는 없을 것이다. 정확하게 말하자면 학생에게도 좋고 이왕이면 플러스알파로 참관자가 보기에도 좋고 그런 수순일 터다. 그러한 부가적인 폼 잡기 위한 폼, 또는 뽐내기 위한 폼으로 부를 만한 이것은 자동적으로 웰메이드를 요구한다. 세련되고 매끄러운 연출과 유행하는 형식과 검증된 모형으로 무장한 수업들이 교사의 상상과 질문을 담아내지 못하리란 뜻이 아니다. 모두가 그러한 수업에 올인하는 경향을 돌아보자는 것이다.

웰메이드가 있다면 B급도 있어야 하고, 블록버스터blockbuster가 있다면 저예산 독립영화도 있어야 한다. B급과 독립영화는 웰메이드와 블록버스터 영화에 실험성과 창의성을 더하고, 웰메이드와 블록버스터 영화는 B급과 독립영화에 대중적 감수성을 보탠다. 수많은 영화가 저마다의 층위로 병존하는 것이다. 공개수업은 어떤가? B급의 실험성은 '미숙한 교재 연구', '비검증된 교육 방식'으로 외면받고, 저예산 독립영화는 '수업자의 정성 부족', '허술한 교육 자료' 등으로 취급되어 발붙이기도 어렵다. 웰메이드만이 인정받고 그 웰메이드조차 점점 자본과 시간이 투여되는 블록버스터에 치중한다. 모두가 그렇게 대중적인 웰메이드 수업을 꿈꾼다면 수업 이후에 남아 떠돌

소감은 결국 하나로 정리될 것이다. '보기에 심히 좋았더라.'

웰메이드 클래스가 톱클래스로 추앙될 때 이 질서에 편입되지 않는 수업은 실패한 수업이라는 불명예를 얻을 수밖에 없다. 물론 웰메이드 수업뿐만 아니라 대안으로 제시되는 어떤 수업이든 마찬가지 게다. 하나의 정답이 정해지면 일탈과 저항은 감소하고 종속과 편향은 강화되기 마련이다. 더구나 이 웰메이드 수업이 어느 한 장르에 점점 고착되어 교사의 특이성까지 소멸하고 있다면 이는 과장일까? EBS에서 기획 출판한 『최고의 교수』에는 교수 십여 명의 수업 스타일이 소개되고 있다. 이 중 찰리 캐넌Charlie Cannon 교수는 남다르다. "8시간을 침묵으로 일관하며 학생들의 이야기만 듣"고, '덜 가르치는 것이 가장 많이 가르치는 것이다'를 모토로 삼는다.

마이클 샌델Michael Sandel 교수는 어떤가? 알다시피 그는 끊임없는 질문으로 학생들을 딜레마에 빠트리기를 즐긴다. 그는 수업을 압도한다. 그렇게 캐넌과 샌델은 서로 극한에 있다. 최고top-class라는 건 레토릭rhetoric에서 멈춰야 한다. 으뜸인 하나가 아니라 어떤 경지境地를 의미해야 하며 여럿일 수도 모두일 수도 있어야 한다. 길은 하나가 아니다. 그래서 보기도 전에 먼저 기시감이 드는 웰메이드 수업 말고 모두를 개안하게 할 만한 '작은' 수업들이 곳곳에서 출현하기를 바란다. 그러한 징후들이 쌓여 경향과 대결하고 거기에 매혹되기를! 그 또한 다시 표준이 되고 웰메이드가 되겠지만 그때는 다시 넘어서면 그뿐, 결국 교사의 성장이란 그런 것이 아닐까?

공식 3: 트레이싱

투사透寫로 번역되는 트레이싱은 사전적 의미로 그림이나 글씨를 얇은 종이 밑에 받쳐놓고 그대로 그리어 베끼는 것을 말한다. 이 용법이 진화되어 지금은 다른 이의 저작물인 그림이나 사진을 허가 없이 자신의 저작물로 도용하는 일종의 저작권 개념으로 쓰인다. 주로 출판만화계에서 사용되는 개념이다. 이 글에서는 그보다는 '베끼는' 행위에 초점을 두어 사용한다. 공개수업을 위해 대다수의 교사들은 이미 행해진 이런저런 수업을 참고하기 마련이다. 관련 수업을 시청하는 것은 현실적으로 불가능하기에 보통은 기존 수업안 정도를 찾아보는 것으로 대신한다. 그러니 실제 수업 상황은 사고 실험으로 그려보는 수밖에 없다. 그때 어떤 수업들이 이 사유의 그물에 걸려 들어 올까?

자신의 수업이 들추어지기도 하겠지만 그동안 보아왔던 여러 수업의 모습들에 자연스레 영향을 받을 것이다. '동료 수업', '연구학교 공개수업', '수업연구대회 우수 수업' 등이 그렇다. 이 중 아마도 가장 큰 권력을 행사하는 것은 수업연구대회를 비롯한 각종 '우수 수업'일 것이다. 공개수업은 기본적으로 그러한 우수 수업을 트레이싱한다. 일차적으로 그 우수 수업이 과연 트레이싱할 만한 것인가 따져 물을 수 있겠다. 이미 이혁규는 현장의 우수 수업의 특성을 "형식주의, 요소주의, 방법주의, 활동주의, 부가주의"[4]로 개념화하여 비판한 바 있다. 그 내용에 적극 동의한다는 점에서 트레이싱의 원본이 되는 우수 수업 또한 진지한 성찰이 필요하다. 그렇지 않은 한 공개수업의 오염은 피할 수 없다.

이차적인 문제는 근사한 우수 수업조차 트레이싱 과정에서 내용은 휘발되고 형식만 남는다는 점이다. 우수 수업이라는 보물 상자를 가져와 금화는 덜어내고, 상자를 보화로 삼아 끌어안는 상황이라고 할까? 그렇게 빈 궤짝만 유산으로 남은 우수 수업들이 돌고 돌며 텅 빈 공개수업을 만들어내고 있다. 그리고 이것이 모델링modeling이 아닌 트레이싱이라 칭하는 이유이다. 물론 수업자가 인정받은 수업 형태를 모방하고, 그에 따라 수업을 구성하는 것이 비난받을 일은 아니다. 특히나 저경력 교사에게 트레이싱은 훌륭한 배움의 도구가 될 수 있다. 그림 초보자에게 트레이싱이 감각을 기르는 방편이 되는 것처럼 말이다. 그러나 이 트레이싱을 가능성이 아닌 효율성으로 접근하는 순간 훼절이 시작된다. 트레이싱은 손쉽게 완성된 그림을 그리는 방법이다. 손쉽게 공개수업을 완성하는 방법!

이미 수업안의 경우에 트레이싱은 경력 여부를 떠나서 보편적인 현상이라 할 만하다. 우수 수업은 보통 '다인수 학급, 학업성취도 평균 이상의 학급'으로 구성되고 진행된다. 그것은 교재이자 표준이어야 하고 범례로 남아야 하는 표본이기 때문이다. 그것을 트레이싱하는 순간 저마다 학급의 특수한 맥락들인 이를테면 '여학생 다수', '학력 저조', '특정 과목 무기력' 등은 간과되기 쉽다. 애초에 매

---

4. 이혁규, 「현장 우수 수업의 특징에 대한 문화비평」, 『학교 수업에 대한 반성과 전망』(제22회 청람 교과교육 정책 포럼 자료집), 2010, 181쪽.

뉴얼이란 것이 모든 상황에 적용될 수는 없다. 트레이싱한 그림을 누군가 자기 그림이라고 우긴다면 관련 계통 사람들은 아마 코웃음을 칠 것이다. 트레이싱한 수업은 연행의 과정으로 차이가 발생하기에 그 정도야 덜하겠지만, 그래도 남는 남세스러움은 어쩔 수가 없으리라.

그렇게 우수 수업은 현장에서 수없이 카피된다. 공개수업 시에 그러한 수업과 수업안을 참조하지 않는 것이 일종의 게으름이라 여겨질 만큼 위력을 발휘한다. 문제는 그것이 참조에만 머무르지 않는 데 있다. 크게는 구조와 활동을, 작게는 자료와 학습지를 트레이싱한다. 물론 증식과 분화가 아예 부재한 것은 아니다. 인용과 주석의 힘을 믿지 않는 것도 아니다. 순수하게 발명된 수업이 있을 리도 만무하다. 오히려 기대어 수업하는 것은 권장할 만한 일이기도 하다. 그럼에도 트집을 잡는 것은 갈수록 결여되는 창조적 생성의 힘이 못내 아쉽기 때문이다. 혹여 길들여진 관성을 유지하려는 의지만 작동하고 있는 건 아닌지, 어떤 기대나 질문, 저항도 없이 공개수업을 복사, 배포하는 것은 아닌지 우려스럽기 때문이다.

수업에 대한 상상력 없이는 어떤 좋은 수업을 트레이싱해도 그건 그저 세련된 반복에 지나지 않는다. 교사는 좋은 수업을 찾는 모험가이다. 그 도정에서 공개수업은 거추장스러운 장애가 되기도 하고 보물을 안내하는 지도가 되기도 한다. 무엇이 됐든 그 나름의 의미를 갖게 될 터이니 모험의 일부라 여기면 수업의 자산이 될 만하다. 그러나 그 고난과 독도讀圖를 회피할 요량으로 누군가 다져놓은 '뒤를 쫓기trace'만 한다면 어떨까? 모험가를 참칭하거나 위장하고 있는 건 아닌지 우리는 스스로 매무새를 돌아보아야 한다. 차라리 벌거벗었다면 다행이런만 티 한 점 없이 단정하다면 이미 누덕누덕한 그들에게 부끄러워해야 하지 않을까?

공식 4: 클리셰

클리셰의 어원은 연판鉛版이라는 프랑스어에 가닿아 있다. 널리 알려져 있듯 그런 연유로 클리셰는 판에 박힌 문구나 진부한 표현 등을 가리킨다. 당연히 처음부터 '판에 박히고', '진부한' 어떤 것이 있을 리는 없다. 자주 사용하고 관습화되어 초기의 독창성과 신선함을 잃었으나, 여전히 관성적으로 사용할 때 클리셰라 부른다. 공개수업에서 클리셰는 넘치고 넘친다. 시작부터 끝까지 클리셰가 지배한다고 해도 과언이 아니다. 수많은 교사들이 공개수업의 형상을 공통적으로 추상할 수 있다는 점만 보아도 이를 알 수 있다. 재미가 강조되는 동기 유발, 결여 불가능한 수업 목표, 판서를 최소화하는 텍스트 자료, PPT로 대변되는 ICT 등이 그렇다. 다들 그렇게 해왔기 때문에 그렇게 한다. '그렇게 하는 거야'라는 결코 설명되지 않는 말은 설명하지 않아서 강력한 명령어가 된다. 그리고 이 명령에 암묵적으로 순응하는 이유는 클리셰가 안전하기 때문이다.

익숙하고 친숙해서 논란의 대상이 되지 않으며 일정 정도의 안정적인 질까지 담보해주기 때문이다. 이를테면 공개수업 시에 형성 평가를 하는 것은 시비의 대상이 아니다. 하지만 하지 않는다면 이는 수업의 완성도를 의심받는 빌미가 된다. 이 선택 앞에서 저항이나 생성은 좌초되기 마련이다. 클리셰는 이의를 제기하지 않는 통념이기에 편안하고 편리하다. 그러나 불편을 감수할 때, 안락한 수업이 아닌 낯설고 생경한 수업을 꿈꿀 때 수업의 지평은 넓어진다. 클리셰는 예술가의 몫이 아니다.

클리셰를 온전히 배제하는 것이 가능할까? 그렇지 않으며 그럴 필요도 없다. 수업이라는 행위에 의해 필연적으로 발생하는 클리셰까지 어떻게 지울 수 있겠는가? 유용한 클리셰가 있으며, 모둠 학습의 경우가 그렇다. 대안이 없어 클리셰를 사용해야 할 때도 있다. 서로 듣기가 완성되지 않은 학급에서 공개수업을 진행한다면 듣게 하기 위한 장치를 구성할 수밖에 없다. 마치 영화 장르마다 고유한 문법이 있듯 수업 또한 기본 문법을 갖기 마련이다. 그리고 그 문법들이 수업의 모양새를 반듯하게 해주는 것 또한 사실이다. 그럼에도 클리셰에 안주하고 의존하는 방식에 찬성할 수는 없다.

물론 클리셰를 떠나는 순간 어김없이 불안은 찾아올 것이다. 동기 유발 같은, 학습 목표 제시 같은 중대한 클리셰를 공개수업에서 생략한다고 가정해보라. 하다못해 차시 예고를 누락하는 것만 해도 꺼림한데 이러한 불안을 감당하는 것은 어려울 수도 있다. 이것이 동기 유발이나 수업 목표가 불필요한 클리셰라고 말하려는 게 아님은 부연하지 않아도 되리라. 너무나 당연시되고 자명해서 재고하지 않는 것들인 수업 안 신화에까지 의문부호를 달아보자는 뜻이다. '이렇게 해도 될까'라는 내적 불안을, '안 되겠지'라는 자기 검열을 넘어서야 한다. 그때 우리 마음은 요란스럽겠지만, 조건반사와 다름없는 클리셰를 경계할 때 수업이 더욱 다채롭고 넉넉해지리란 건 의심의 여지가 없다.

클리셰가 어떻게 작동하는지 구체적인 사례를 추가해보자. 전형적인 수업에서 교사의 발문에 학생이 거수를 하는 모습은 쉽게 관찰되는 장면이다. 격식화된 발표를 강조한다면 여기에 각종 신호나 규칙을 추가할 수도 있다. 그런데 거수란 꼭 필요한 행동일까? 그것은 발표자가 다인수일 때 발언자를 명시하고 그 순서를 분배하기 위한 편의적인 방법 아닌가? 그렇다면 열 명 남짓한 소인수 학급에서 굳이 거수라는 의식이 필요할까? 이 해석에 이견이 있을 수 있음을 모르지 않는다. 다만 앞서 언급했듯 이렇게 '묻는' 행위 자체가 의미를 가진다는 것이다. '단위 수업 시간 안에 공개수업은 마감되어야 하는가?', '학생 활동 계획은 안내되어야 하는가?' 등이 그렇다. 공개수업의 정규 분포에서 벗어나는 이러한 노력들이 누군가에게는 추레한 실험처럼 보일지도 모르겠다. 물론 새로운 일탈과 창안이 '실패'하거나 신종 클리셰화하는 일도 적지 않다.

그럼에도 지금-여기의 클리셰를 되돌아보지 않는 한 수업은 정해진 자리를 왕복하는 물리적 진자에 그치고 말 것이다. 실패와 성공을 떠나 수업의 화학적 변화를 이루려면 그 낯익은 감각에 먼저 제동을 걸어야 한다. 철학적 개념으로 사용할 때 클리나멘clinamen은

'타성과 관성에 맞서 기성을 벗어나려는 이탈'을 의미한다고 한다. 그러니 클리셰가 기성과 타성이라면 클리나멘은 그것을 해체하고 탈주하는 능동적 힘일 것이다. 이렇게 우리는 수업의 모토를 추가할 수 있겠다. 어제의 클리셰를 오늘의 클리나멘으로!

공식 5: 파라텍스트

제라르 주네트Gerard Genette가 발명한 파라텍스트는 책의 제목, 서문, 각주 등 텍스트 주변의 것과 저자 인터뷰, 서평, 광고 등과 같은 텍스트 '밖'의 것을 총칭하는 개념이다. 즉 본문이라 할 수 있는 주 텍스트를 보완하는 곁다리 텍스트를 가리키는 셈이다. 공개수업의 경우 무엇이 파라텍스트가 될까? 주텍스트를 수업 내용으로 한정한 다면 수업 기술을 비롯한 일련의 교수법 등을 파라텍스트라 부를 수 있을 것이다. 범위를 넓혀 공개수업 자체를 주텍스트로 본다면 그 실제 수업을 실행하는 시간 이외에 공개수업과 관련된 일체의 활동을 파라텍스트로 삼을 수 있을 것이다. 먼저 전자의 경우 공개수업에서 교수 기법이 부각되는 것은 흔한 일이다. 그 중요성을 방과하는 게 아니라 대체로 이 교수 기법이 블링블링bling-bling한 팁과 기발한 아이디어 중심으로 흐른다는 점을 지적하는 것이다.

물론 이런저런 수업 테크닉 또한 연마가 지속되면 어떤 발견에 이를 수 있음을 부정하지는 않는다. 연금술처럼 우연찮게 부수적인 성과를 낼 수도 있다. 그러나 연금술이 본디부터 착각이었듯 수업 기법으로 학생의 배움을 이끌어내겠다는 것 또한 환상에 불과한 것이 아닐까? 공개수업에서 수업 기법에 현혹되는 것은 비단 수업자뿐만 아니라 학생도 참관자도 마찬가지일 터이다. 그래서 그 미혹에서 벗어나는 것이 망설여지겠지만, 그것은 결국 미련未練이기에 미련하다고 말할 수밖에 없을 것이다. 마술적인 교수 기법이 포함된 수업보다는 교과 내용 지식과 교수 방법이 조화를 이루는 PCK 맥락에서 디자인된 공개수업이 더욱 필요한 시점이다.

공개수업의 파라텍스트를 후자의 의미로 보면 다시 공개수업 전과 후 활동으로 구분할 수 있다.[5] 공개수업 전 활동이라면 교재 연구, 수업안 작성, 학습지 및 자료 제작, 또는 사전 컨설팅 등이 해당될 것이다. 후 활동이라면 수업 협의회가 있을 것이다. 사전 활동에서 가장 중심이 되는 것은 바로 수업안이다. 공개수업에서 수업안 작성은 노역과 다름없다. 세안이라면 그 고역은 배가된다. 굳이 부연하지 않아도 교사라면 누구나 수업안의 허구성을 알고 있다. 이러한 문서에 불과한 수업안을 복권하려면 배움의 공동체에서 활용되는 대안적인 수업안을 참조할 필요가 있겠다.

공개수업 후 활동으로는 수업 협의회가 대표적이다. 서근원은 "수업 보기는 수업하기에 부수적으로 따르는 활동이 아니라, 수업 보기가 수업하기를 결정"한다고 말한다. 즉 "'Plan-Do-See'의 절차가 아

---

5. 이에 관해서는 이 글에서는 짧게 언급해두기로 한다. 이미 앞서 많은 이들이 다룬 내용이기도 하고, 좀 더 정밀하게 쓰자면 다른 지면이 필요할 것이기 때문이다.

니라 'See-Plan-Do'의 절차"[6]라는 것이다. 그만큼 수업 보기의 중요성은 여러 연구자와 실천가들이 강조해왔다. 이 수업 보기의 집약점이라 할 수 있는 수업 협의회를 바꾸지 않는 한 공개수업은 좀처럼 변하지 않을 것이다. 그러니 현재 수업 협의회 문화에서 공식의 유혹을 떨치지 못하는 것도 일견 당연하다. 다만 앞서 글의 들머리에서 밝힌 여러 수업 담론들이 그 수업 보기를 쇄신하고 있는 지금 미시적인 실천 또한 중요하다는 점은 밝혀둔다. 이렇게 넓은 의미에서 공개수업의 파라텍스트는 실제 수업을 보조한다기보다 방해한다. 수업자는 실제 공개수업보다 그 번잡하고 지리멸렬한 파라텍스트에 먼저 질식한다. 그렇다면 그 파라텍스트를 고양高揚의 감응으로 변환하려면 무엇을 어떻게 하는 게 좋을까?

실례를 들자면 김태현을 필두로 하여 '좋은교사 수업 코칭연구소'에서 진행하는 '수업 친구 만들기' 운동이 있겠다. 이는 언제든 '수업 나눔'을 할 수 있는 동료를 만들라는 이야기다. "두 명의 '수업 친구'"는 "예닐곱의 '수업 동아리'로", 이 '수업 동아리'는 "수십 명의 교사가 함께 학교를 바꿔가는 '혁신 공동체'"[7]로 확장될 수 있다는 것이다. 이는 파라텍스트로서 공개수업의 공적 특성에서 해방되면 가능해진다. 문서와 절차로 외피를 두른 공적화된 수업은 아무리 비틀어도 분명한 한계가 있다. 이 '수업 나눔'은 경계와 장벽으로 요새

---

6. 서근원, 「아이의 눈으로 수업 보기: 교육적 실천으로서의 교육인류학의 수업 이해」, 『수업 연구와 교사의 성장, 새로운 모색』(청주교육대학교 교육연구원 학술대회 자료집), 2009, 63쪽.
7. 김태현, 『교사, 수업에서 나를 만나다』, 2012, 좋은교사, 239쪽.

를 구성한 사사화私事化한 수업까지 극복하게 해줄 것이다. 더구나 이것이 자발적인 교사학습공동체 구성으로까지 나아간다면 공개수업의 파라텍스트에 대항하는 최선의 방식이 될지도 모른다.

파라텍스트가 없는 텍스트는 존재하지 않는다. 그럼에도 이러한 공적 특성을 유난히 강조하는 공개수업의 범람은 그 과잉으로 결핍을 위장한다. 결핍의 잉여만이 현장에서 떠돌고 있다는 인상이다. 수업 '컨설팅', '연구' 수업, '동료' 장학, 수업 '협의'회 등의 언표들이 과연 컨설트를, 연구를, 동료를, 협의를 진정 함의하고 있을까? 그것은 실제로는 컨설트와 연구의 결여, 동료와 협의의 실종을 보여주는 것은 아닌가? 물론 학교 공간에서 기표와 기의의 분열이 어제오늘 일이 아니겠지만 지금의 공개수업은 과잉으로 결핍을 증명하는 희비극을 보여준다. 풍요 속의 빈곤! 그 희비극에서 어떻게 벗어날 수 있을지 끊임없이 상상하자. 그 보잘것없어 보이는 상상들이 무력하게 표류하는 우리를 구원하고 동료와 더불어 즐겁게 유목하도록 도울 것이다.

†불신의 유예suspension of disbelief라는 말이 있다. '안 믿지 않는 것', 이것은 '믿는 것'과는 다르다. 가상적 상황에 몰입하기 위해 '불신'하는 행위를 잠시 '유예'하고, 허구라는 것을 인지하면서도 현실에서도 가능하다고 잠시 믿어주는 것이다. 그런 면에서 우리는 공개수업을 바라볼 때 기본적으로 불신을 유예하게 된다. 믿지는 않지만 안 믿지도 않는! 모큐멘터리, 웰메이드, 트레이싱, 클리셰, 파라텍스

트라는 문화적 코드로 공개수업을 흠 잡았지만 불신을 유예하면 이는 별다른 문제라 할 수 없다. 그리고 그래왔다. '공개수업이니까', '공개수업이잖아.' 공개수업을 참작하는 것은 어느새 매너manner가 되었고 그 매너는 다시 매너리즘mannerism이 되었다.

그러나 공개를 괄호 안에 가두고 (공개)수업에 집중한다면, 우리는 무엇을 보게 될까? 드러나는 것은 초라한 얼룩일까? 사나운 상흔일까? 또는 아로새겨진 인장일까? 무엇이든 그것을 정면으로 응시할 때 우리가 원하던 수업과 비로소 마주할 수 있다는 건 변함없으리라. 불신의 유예를 당장 폐기하는 것은 불가능할지 모른다. 더구나 공개수업의 공식이 참은 아니지만 거짓도 아니라는 점에서 우리 걸음은 멈칫해진다. 그래도 다짐하고 전회轉回하지 않는다면 공개수업의 초상은 여전히 창백할 것이다. 그토록 말하는 수업 공개가 아닌 수업 공유는 공식을 거절할 때 이룰 수 있다. 그리고 그때 우리는 'Let me in'[8]이라는 요청에 거리낌 없이 'Yes'라 화답할 수 있을 것이다.

---

8. 동명의 영화가 있다. 이는 뱀파이어가 집 안으로 들어가기 위해 집주인의 허락을 구할 때 쓰는 표현이다. 여기에서는 공개수업 이외에 동료의 수업을 보고 싶을 때 이렇게 허락을 구해야 함을 비유적으로 표현한 것이다. 집주인이 허락하지 않는다면 뱀파이어조차 그 집 안으로 들어설 수 없다. 사실 현실에서 교사의 경우, '허락'하지 않을 것임을 알기에 누구도 이런 '요청'을 하지 않는다.

수업의 정치

윤양수

새로운 경향

학교 현장에 항구적인 이슈가 있다면, 그것은 수업이 아닐까? 굳이 그 이유를 덧붙일 필요는 없을 것이다. 전에는 교육 당국이 시책에 따라 부과하는 과제가 이슈가 되었다. 가령 열린교육이 대표적인 사례일 것이다. 1990년대 중반부터 교육 당국이 전국적으로 보급하면서 교단에 센세이션을 불러일으켰다. 잠깐이나마 '교실'이 열렸고, 교수법에도 상당한 변화를 가져왔다. 그런데 아이러니한 것은 교육 당국이 개입하면서 자생적인 운동의 열기가 소멸하고 말았다는 것이다. 현장의 거센 비판과 저항에 직면했던 것으로 기억한다. 근래에는 이슈가 형성되는 양상이 달라졌다. 지금은 당사자들이 스스로 강구하는 자구책들이 관심을 촉발한다. 2000년대에 들어 '당사자'라는 새로운 주체가 등장한 것일까? 저마다 목소리들도 다양하다.

그런 까닭에 2000년대 중반 이후의 수업들을 관찰해보면 상반된 흐름들이 발견된다. 그 가운데 긍정하기 어려운 경향을 짚어보면 이렇다. 우선 활동 중심의 수업이 새로운 문화적 코드로 정착된다. 이는 앞에서 말한 열린교육의 영향으로 보인다. 그와 같은 수업 문화는 과도한 활동으로 인해 학생들의 학습과 사고를 놓치는 활동주의를 양산하기도 했다. 지금도 종종 볼 수 있는 수업 현상이다. 스펙터클한 수업공학도 새로운 코드로 등장한다. 활동으로 하이라이트를 만들고, 전자매체로 시선을 압도하는 방식을 말하는 것이다. 이는 교육 당국이 1990년대 중반부터 국책 사업으로 추진한 '교단 선진화'의 영향일 것이다. 전국의 교실이 일제히 동일하게 세팅되었고, 수업을 실행하고 평가하는 시선의 배치도 달라졌다. 다매체 시대라는 사회문화적 환경의 변화가 교실에 유입되면서 수업의 풍경을 바꿔놓았던 것이다.

또 장학과 평가의 시선이 만들어낸 초라한 풍속도를 확인할 수 있다. 공개수업을 보면 대부분 방어적인 전략과 안전한 공개로 일관한다. 입법과 규범의 시선으로부터 자유롭지 못한 까닭이다. 수업에 대한 상상력이 빈곤한 것은 그런 이유 때문일 것이다. 장학과 함께 지난날에는 수업연구대회가, 지금은 교원 평가가 이와 같은 수업 문화를 여전히 양산하고 있다. 계산된 세팅으로 학생들을 매끄럽게 클릭하는 방식도 그와 같은 맥락에서 형성된 수업 문화일 것이다. 이와 함께 학습자를 배경화하면서 교사의 이미지 손실을 최소화하려는 수업들도 더러 눈에 띈다. 이 밖에도 수업의 형식과 절차, 통솔의 방식과 규율, 교실 언어의 격식 등 여러 측면에서 관례가 된 습속들이 발견된다. 그 세목들을 굳이 여기에 다 열거할 필요는 없을 것이다.

자율적인 주체들이 등장하면서 그런 흐름들과는 다른 새로운 경향도 나타난다. 우선 수업과 관련한 다양한 개념과 담론들이 등장한 까닭이다. 수업 컨설팅, 수업 이해, 수업 코칭, 수업 비평 등을 말하는 것이다. 1990년대부터 빠르게 확산된 질적 연구의 성과를 기반으로 분화한 담론들이다. 각기 다른 담론과 실천들이 각개약진하면서 지금의 학계와 현장은 그 어느 때보다도 다양한 흐름들이 공존하는 양상을 보인다. 실행의 차원에서는 배움의 공동체식 수업 연구, 수업 혁신을 위한 다양한 주체들의 노력도 빼놓을 수 없는 요인들이다. 게다가 진보 교육감 시대의 학교 혁신 운동이 수업 혁신을 강조하고 있어 귀추가 주목된다. 특히 배움의 공동체식 수업 연구는 수업 혁신의 모델로 수용되면서 전국적으로 영향을 미치고 있는 상황이다.

현장의 수업 사례와 그에 대한 담론들이 기민하게 생산·유통되는 공간이나 지면이 있는 것은 아니다. 때문에 새로운 수업 사례와 그에 관한 논평이나 리포트를 접하기가 쉽지는 않다. 그런 점에서는 수업의 흐름이나 경향을 짚어낼 수 있는 자료나 근거가 매우 제한적이다. 그렇다고 그것이 전혀 불가능한 일은 아니다. 다행스럽게도 '우리교육'(2005~2008), 에듀넷과 시·도 교육청, 청주교대 교사전문성개발센터 자료실Video Library 등에서 수업 동영상 서비스를 제공하고 있다. 직접 또는 동영상으로 다양한 수업들을 보면서 새로운 문법과 감각을 보여주는 수업들을 만날 수 있었다. 물론 그것이 다수의 수업들을 관류하는 특징은 아니다. 그럼에도 일반적인 관행과 습속에 균열을 내는 새로운 경향이라는 점에서 주목할 필요가 있지 않을까?

교사들이 제각기 자기 담론과 현장을 새롭게 구축해나가고 있다는 사실은 분명해 보인다. 가령 수업 컨설팅, 수업 이해, 수업 코칭, 수업 비평 등을 수업에 대한 성찰과 전문성 신장의 도구로 활용하는 교사들, 교사학습공동체, 단위 학교 등을 말하는 것이다. 특히나 전국적인 현상으로 배움의 공동체의 수업 원리를 적극적으로 수용하는 이들이 늘고 있다. 이 글의 관심사는 아니지만, 그와 같은 쏠림 현상에 대한 비판적 검토도 필요할 것이다. 교사들이 자율적으로 학습공동체를 구성하고, 규범을 강제하는 제도적 기반들에 맞서 새로운 활동의 기반을 마련해가고 있다. 당사자들의 필요에 따라 학습과 강연을 조직하는 등 수업 혁신의 체제를 스스로 구성해가고 있다. 이와 같은 경향을 '수업의 정치'로 읽어내도 크게 무리는 없을 것이다.

제도적 기반들에 맞서

수업에 직간접으로 영향을 미치는 제도적 기반들은 매우 다양하다. 교육 당국은 제도적 기반들을 통해 현장에 과제를 부과하고, 새로운 교수법을 보급해왔다. 그리고 그것이 공교육의 질 관리와 수업 개선에 크게 기여한다는 사실을 부정할 필요는 없을 것이다. 교육 당국은 제도적 기반들을 통해 교육의 방향을 안정적으로 제시하고, 하부 단위를 효과적으로 관리할 수 있어 시행착오나 낭비를 줄일 수 있을 것이다. 그럼에도 제도적 기반들은 그 자체가 관행적인 규범들의 체계로 보수적인 속성과 권위적인 성격이 강해 부정적인 영향 또한 적지 않다. 가령 자기 질서 유지를 주요 기능으로 하는 까닭에 개인의 자율성과 조직의 개혁 탄력성을 제한한다는 점이 그렇다. 달리 말해 교사들의 자발성과 위반과 탈주의 상상력을 구속한다는 것이다.

우선 교원 평가부터 짚고 넘어가지 않을 수 없다. 교원 평가는 시범 선도 학교 운영(2005~2009)을 거쳐 2010년에 전면 도입된 제도이다. 명목상 교원의 전문성 신장이 목적이다. 도입 당시 수업에 대한 관심이 크게 증가한 것은 사실이다. 좋은 수업 사례를 마킹하고, 수업 관련 연수와 강좌를 수강하느라 분주한 모습들을 볼 수 있었다. 그러나 그와 같은 관심이 그리 오래가지는 않았다. '자기'와 '수업'을 경영하기 위한 관심에서 비롯한 소비였던 까닭이다. 이렇듯 '평가' 제도는 그에 필요한 만큼만 수업을 경영하게 할 뿐 자발적 주체를 보증하지 못한다. 또한 수업 전문성 신장의 측면에서도 긍정하기 어렵다. 교육 당국이 제시한 평가 지표가 수업에 대한 새로운 상상력을 구속했고, 평가의 시선에 표준화된 전략으로 대응하면 그만인 까닭이다.

장학은 교사들의 수업 개선을 목표로, 조력과 지원을 명분으로 내세운다. 그러나 교사들은 수업 장학을 기피하는 경우가 대부분이다. 필요 이상으로 시간과 에너지를 낭비하게 되는 까닭이다. 근래에는 '컨설팅 장학'으로 변신을 시도하고 있으나 입법과 규범을 강제하는 기존의 방식을 여전히 반복하고 있다. 장학의 질과 전문성 또한 신뢰하기 어려운 수준이다. 교내 연수와 수업 컨설팅을 담당하는 수석교사들도 기대에 못 미치는 것으로 보인다. 제도 자체가 불안정한데다 2011년에 법제화된 이후로 지위와 역할에 대한 논란이 계속되고 있다. 게다가 현장에 도움이 되지 않는다는 지적도 적지 않다. 다행스러운 것은 근래에 들어 '장학의 시선'을 넘어서려는 실천 사례가 속속 등장한다는 것이다. 이에 대해서는 뒤에서 다시 논할 것이다.

장학과 마찬가지로 교육 당국이 현직 교사들의 전문성 신장을 지원하는 대표적인 방식은 현직 연수일 것이다. 교육 당국은 원격 연수부터 현장 맞춤형까지 다양한 연수를 개설하고 있다. 그러나 원격 연수나 강의식 연수가 전문성 신장에 그리 도움이 되지 않는다는 지적이 일반적이다. 콘텐츠가 부실하고, 기계적인 전달로 일관하는 까닭이다. 다행스럽게도 최근에는 연수 채널이 다양해져서 타 기관에서 제공하는 양질의 콘텐츠를 접하는 것이 그리 어렵지 않다. 학계와 현장의 최신 동향을 접할 수 있다는 점도 강점일 것이다. 나아가 단위 학교에서 구성원들에게 필요한 연수를 기획하고, 당사자들 스스로 학습을 조직하는 사례가 늘고 있어 고무적이다. 이처럼 자구의 방편을 찾는 것은 매우 긍정적인 현상이다. 교육 당국의 지원 시스템에는 기대할 게 없는 것일까?

수업연구대회도 수업 실천에 영향력을 행사하는 제도적 기반 가운데 하나였다. 수업에 대한 평가 기준이 수업의 동일성과 획일성을 강화하는 메커니즘으로 기능한 것이다. 그런 탓일까? 수업연구대회 수업들을 보면 공통적인 특징을 발견할 수 있다. 가령 수업 목표 명시, 스펙터클한 동기 유발, 학습 안내, 세 가지 내외의 활동, 형성 평가, 차시 예고로 이어지는 표준화된 절차와 형식을 따른다는 것이다. 수업 자료가 화려하고, 학생들을 매끄럽게 통솔한다는 점도 마찬가지다. 물론 기본기가 탄탄한 수업들이 많다는 사실을 모르지 않는다. 또한 수업 전문성 신장의 효과가 전혀 없다고 말할 수는 없을 것이다. 그러나 거기서 새로운 문법을 보여주는 수업 사례를 찾아보기는 어렵다. 2011년 전후로 대부분 사라졌음에도 그 영향은 여전하다. 게다가 컨설팅 장학 실천 사례 연구대회(수업 컨설팅 부문)로 변경되어 잔존하고 있는 상황이다.

그 밖에도 입법과 규범의 재생산 및 유통 경로로 기능하는 제도적 기반들이 적지 않다. 가령 지난날의 일제고사는 학력 개념을 '점수'로 극소화했다. 때문에 교실에서 학원 수업을 하게 되는 사례가 다반사였다. 교육 당국이 일제히 보급하는 교수법이나 교실 인프라도, 각종 연구대회도, 발행하는 간행물도 마찬가지다. 수업 장학의 방향에 영향을 미치는 전국 교육대학교 부설초등학교 협의회, 단위 학교의 수업 협의회, 교수용 콘텐츠를 제공하는 웹 기반 서비스 등도 영향을 미치는 요인들이다. 제도적 기반 자체를 전면적으로 부정하거나 거부해야 한다는 식의 급진적 주장을 말하려는 것이 아니다. 그와 같은 제도적 기반들에 맞서 그것의 배치와 변환을 생각해보자는 것이다. 관행적인 규범을 유지·보존하려는 제도에 브레이크를 걸어야 하지 않을까?

'일반문법'을 넘어서

제도적 기반들에 의해 형성된 수업의 문법과 감각에 대해서도 검토할 필요가 있다. 전자는 직간접으로 후자를 구속하는 메커니즘으로 작동한다. 그런 까닭에 우리는 흔히 제도적 기반들이 먼저 바뀌어야 한다고 말한다. 물론 그것이 지름길일 수 있다. 그러나 제도적 기반들이 한꺼번에 바뀔 리가 있을까? 또 그런 식으로만 사고하게 되면 제도적 기반들이 바뀌기 전까지는 아무것도 할 수 없다는 결론에 이르게 된다. 주체의 문제를 간과하게 되는 것이다. 그리고 양자의 인과 관계가 필연적인 것만은 아니지 않은가? 제도적 기반들이 구속력을 행사하는 것은 사실이나 그 중력을 넘어서는 것도 충분히 가능한 일이다. 이와 같은 맥락에서 우리는 수업의 문법과 감각의 차원에서도 '수업의 정치'를 상상해볼 수 있을 것이다.

우선 우리에게 익숙한 '목표·실행(달성)·평가' 모델을 넘어설 필요가 있다. '목표·달성·평가' 모델은 교육과정 운영뿐만 아니라 수업의 문법을 지배해온 오래된 규범으로 수업 문화의 저류를 형성하는 무의식적인 기초가 되고 있다. 사토 마나부에 따르면 1910년대 교육과정 연구자 보빗Franklin Bobbit이 포드 시스템의 기초가 된 테일러의 근대적 노무관리 원리를 바탕으로 이 모델을 고안했다고 한다.[9] 생산성과 효율성을 추구하는 공장의 작업 조직이 학교의 교육과정과 교실 수업에 도입된 것이다. 사토 마나부는 그에 대한 대안으로 '주제·탐구·표현' 모델을 제시한다. 이는 교과서를 통한 효율적인 지식 습득을 넘어 주제를 중심으로 한 활동적이고 협동적인 탐구가 가능한 방식이라는 것이다.

그에 따르면 세계 여러 나라의 학교에서 교육과정을 '주제·탐구·표현' 모델로 개혁하는 운동이 벌써 한 세기 가까이 전개되고 있다고 한다. 그러나 우리의 일반적인 관행은 여전히 '목표·실행(달성)·평가' 방식을 벗어나지 못하고 있다. 그와 같은 방식은 교사들을 교육과정의 실행자 혹은 지식의 전달자로 자리매김하며, 학생들을 수동적인 위치에 머물게 한다. 그런데 반갑게도 근래 들어 그와 같은 낡은 관행에 균열을 내는 수업 사례들을 어렵지 않게 만날 수 있다. 가령 이우학교 방지현 선생님의 사례(고1 국어, 2009)가 그렇다. 수업의 문법, 학생과 교사의 포지션, 수업안 작성, 통솔의 기반 등 여러 측면에서 기존의 관념과 습속에 균열을 내고 있다.[10] 그런

---

9. 사토 마나부, 『교육개혁을 디자인한다』, 2001, 공감, 92~93쪽.
10. 이에 대해서는 다음을 참조하라. 윤양수, 「수업의 길을 묻다」, 『수업 비평』, 2014, 살림터.

맥락에서 '수업의 정치'에 대한 상상력을 제공해준 수업이다. 또한 수업 연구를 기반으로 개인이 도달할 수 있는 탁월한 성취를 보여준 사례이기도 하다.

좀 더 소개하자면, 학생들이 오비디우스의 『변신 이야기』에 나오는 '피그말리온의 사랑'을 읽고, 토론하는 수업이다. 주제는 세 가지다. 첫 번째 주제는 현대인의 삶과 연관 지어 '피그말리온' 이야기가 암시하는 상징적인 의미와 그 문제점을 찾아보는 것이다. 모둠별로 토론하고, 발표로 그 결과를 공유한다. 두 번째 주제는 '꿈의 실현 가능성'과 '신화에 함축된 인간의 일반성'을 찾아보는 것이다. 이처럼 학생들이 토론과 발표를 수행하면서 자신의 사고와 판단에 따라 배움을 나눠 갖는 식이다. 그리고 토론은 자신의 '조각상'을 찾기 위한 글쓰기로 연결된다. 글쓰기는 과제다. 이런 방식을 학생들 스스로 나름의 지식과 담론 생산에 집단적으로 참여하고, 각자의 판단에 따라 자기 생각을 구성해가는 참여·분유participation의 모델이라 불러도 괜찮을 것이다.

이렇듯 수업은 계열화되는 활동이나 요소에 따라서 그 배치와 의미가 크게 달라진다. 그리고 수업의 배치는 그것을 구성하는 활동이나 요소의 추가 혹은 분리만으로도 전혀 다른 것으로 변환될 수 있다. 가령 '목표·달성·평가' 모델에서 '평가'를 '표현' 활동으로 대체하는 것만으로도 수업의 문법을 전혀 다르게 바꿀 수 있다는 것이다. 수업 혁신을 고민하는 교사들에게 필요한 것은 기성의 수업 모델 혹은 '문법'에 균열을 내는 그와 같은 감각이 아닐까? 모두가 '그렇게' 하게 만드는 규범과 관행을 반복적으로 재생산하는 배치와 그것의 변환을 사유하고, 전복시킬 수 있는 새로운 감수성이 필요한 것이다. 수업 실천이든 그에 대한 해석이든 그것이 기성의 감각을 재배치하는 것이라면 우리에게 희망이 될 수 없을 것이다.

자크 랑시에르Jacques Rancière를 따오자면 수업 또한 '감각적인 것'을 분배하는 문제와 크게 다르지 않으며, 그런 점에서 수업은 필연적으로 '정치'와 만나게 된다.[11] 낡은 규범과 관행, 제도와 습속에 맞서 싸우는 한에서 수업은 '정치적인 것'이 되는 것이다. 그런 맥락에서 우리가 '수업의 정치'를 말할 수 있다면, 그것은 수업과 관련한 감각 혹은 감수성의 배치를 변환하는 것과 다름이 없을 것이다. 수업을 기존의 관행과 습속에 따라 재배치하는 규범들을 철저히 피하는 것을 수업의 원리로 채택하는 것이다. 그리하여 교사들의 자리를 '거기'에 고정하는 식의 수업에 대한 규범과 관행을 해체해나가는 것이다. 이렇듯 짧게나마 랑시에르의 개념을 끌어오는 것은 수업 혁신의 미래를 전망하는 데 기여할 수 있다는 생각 때문이다.

'수업의 정치'를 위하여

최근 교육계의 이슈를 꼽으라면 '학교 혁신'을 빼놓을 수 없을 것

---

11. 이와 관련한 논의는 다음을 참조했다. 자크 랑시에르, 『감성의 분할』, 2007, 도서출판b.

이다. 학교 개혁을 열망하는 교사들이 혁신의 흐름에 대거 합류하고 있다. '혁신'을 위해서는 제도적 기반도 필요하니까. 그리고 그것이 지름길이 될 수도 있을 것이다. 도처에서 혁신을 논의하고, 개혁 드라이브를 가동하고 있다. 그런 분위기 탓일까? '혁신'은 우리의 감각을 자동화하는 일상의 언어가 된 것 같다. 물론 여전히 대세를 관망하거나 무관심한 교사들이 다수를 차지한다. "이 또한 지나가리라." 아마도 행선지가 다르기 때문일 것이다. 진보 교육감 시대의 주자들이 달려가는 곳은 어떤 곳일까? 저마다 학교 현장에서 꿈꾸는 '행복'이, 그 작은 기획들이 현실이 될 수 있을까? '학교'를 바꾸려는 '행복의 정치' 혹은 '혁신의 정치'가 '지금-여기'를 다른 시공간으로 바꿀 수 있을까?

쟁점으로 부상한 수업 혁신도 마찬가지다. 그 당위를 거부할 이유는 없을 것이다. 그렇다면 수업을 어떻게 바꾸자는 것일까? 교사들의 관심사가 여기에 있다. 그러나 정작 무엇을 바꾸자는 것인지 모호한 경우가 많다. 그런 점에서는 수업 혁신이 당위와 슬로건에 머물고 있는 게 아닌가 하는 의구심도 든다. 하지만 그것은 수업 혁신이 근원적인 물음이기 때문일 것이다. 그런 물음은 대개 분명한 정답이 없고, 때문에 답 찾기가 끝없이 반복될 수밖에 없다. 그리고 개인사적 경험 속에서 형성된 수업의 문법과 감수성이 손바닥 뒤집듯 쉽게 바꿀 수 있는 것도 아니다. 그것이 말처럼 쉽다면 반복해서 되돌아오는 물음이 될 이유도 없을 것이다. 그렇다면 낙후한 제도적 기반들과 관행적인 문법을 해체하고 새롭게 구성할 수 있는 방법이 없는 것일까?

  교사들은 '혁신'을 말하기 전부터 '이미-항상' 기존의 관행과 새로운 가치에 대해 질문을 던져왔다. 2000년대에 들어 제각기 담론과 현장을 새롭게 구축해나가고 있는 '당사자'들의 목소리에서, 수업의 새로운 흐름과 경향 속에서 우리는 '수업의 정치'를 발견할 수 있다. 그것은 입법과 규범을 재생산하는 제도적 기반들에 맞서고, 관행적인 방식을 넘어 새로운 문법을 만들어가는 것과 다름이 없을 것이다. 그러자면 우선 제도적 기반들이나 수업의 관행과 습속에 저항하는 우리들의 신체와 무의식 속에 입법과 규범의 질서가 마치 본능처럼 깊게 새겨져 있다는 사실을 상기할 필요가 있다. 그런 맥락에서는 '수업의 정치'란 그 근거ground의 아래under로 파 내려가 그 발생이나 기원의 가치를 뒤집어 보려는 계보학적 접근과 크게 다르지 않을 것이다.

  입법과 규범을 재생산하는 제도적 기반들에도 맞서야 할 것이다. 한 가지 예를 들자면 단위 학교의 수업 협의회 방식을 바꿔보는 것이다. 수업 협의회는 당사자들의 요구와 필요에 따라 얼마든지 탈구축할 수 있는 가변적인 것이다. 평가적 '시선'과 '지도'에 자리를 내주는 수업 협의회 방식을 반복할 필요는 없을 것이다. 그와 같은 바라봄과 바라보여짐의 자리매김positioning으로는 공동의 성찰과 성장을 기대하기 어려운 까닭이다. 대화와 토론을 제한하는 규범과 입법의 시선을 주저 없이 추방하는 게 우선일 것이다. 고정된 자리와 발언의 위계를 할당하는 식의 협의회 방식을 바꾸자는 것이다. 관행 혹은 편의주의와 착종되어 있는 참관록과 체크리스트의 시선도 넘어서야 한다. 수업 보기와 수업 실천을 특정한 방식으로 제한하는 까닭이다. 이와 같은 제도적 기반들에 맞서 낡은 시스템과 문화를 바꾸는 실천의 체제를 구성해가야 할 것이다.

마무리하기 전에 '수업의 정치'라는 개념을 설명해야 할 것 같다. 이를 위해서는 '정치'에 대한 통상적인 이해를 수정할 필요가 있다. 우리는 일반적으로 '정치'를 특정한 합의 체제 안에서 권력을 획득하거나 유지하는 활동으로 이해한다. 사회적 갈등을 조정하고, 치안과 질서를 유지하는 국가적인 방식을 떠올리게 되는 까닭이다. 그러나 여기서 말하는 '정치'란 앞서 논한 것처럼 수업을 제한하는 제도적 기반들과 수업의 문법 혹은 감수성을 변환하는 문제와 관련된다. 우리들의 사고와 감수성의 매트릭스를 바꾸는 것이라고 해도 무방할 것이다. 수업의 문법과 감각 혹은 수업 문화를 특정한 방식으로 강제하는 관행과 규범들의 체계를 문제 삼으려는 것이다. 그런 맥락에서 수업을 정치와 거리가 먼 것으로 보게 만드는 경계 설정도 수정해야 한다.

우리가 미시사로서 수업의 역사를 쓸 수 있다면, 무수한 실패들로 가득한 수업사史를 만나게 될 것이다. 시행착오가 없다면 기존의 관념과 규범을 넘어서는 새로운 문법 혹은 감수성의 탄생과 발명도 기대할 수 없다. 그리고 그것은 관행과 습속에 대한 비판과 부정만으로 보장되지는 않을 것이다. 기성의 관념과 규범에 대한 비판과 부정을 넘어 새로운 문법 혹은 감각을 생산하고 발명해야 할 것이다. 그리하여 교사들의 감각을 낡은 관행과 규범에 길들이는 '감각적인 것'의 분배 체계를 전복시켜야 할 것이다. 뿐만 아니라 교사들을 '그렇게' 되게 만드는 제도적 기반들과도 맞서야 할 것이다. 그런 것이 우리가 추구해야 할 '수업의 정치'가 아닐까? 즐겨 쓰는, 익숙한 문법을 돌아보며, 낯설고 이질적인 문법 혹은 감각을 생산하고 발명하는 순간마다 수업사를 새롭게 써나갈 수 있을 것이다.

수업의 문법

수업의 일반문법

근대의 학교교육은 학생들에게 일정 기간 동안 동일한 내용을 전달하는 방식을 취한다. 이를 위해 학교의 교육과정과 수업은 교과서의 내용과 지식을 전달하고, 평가하는 방식으로 전개된다. 게다가 입시 대비, 교과 진도, 다인수 학급 등과 같은 수업 환경이 수업 문화를 특정한 방향으로 제한한다. 이와 같은 상황에서 교사들이 선택한 수업의 전략은 교과서에 제시된 지식과 기능을 효율적으로 전달하는 방식이었다. 이를 '교과서·전달·평가' 모델이라 불러도 크게틀리는 표현은 아닐 것이다. 여기서 수업 전문성이란 기껏해야 그와 같은 목표를 효과적으로 달성하기 위한 교수 전략teaching strategy을 익히는 것이다. 교사 중심의 수업 문법과 습속이 일반적인 것은 그런 이유 때문일 것이다. 우선 이와 관련한 사례부터 살펴보겠다.

가령 수학 수업을 보면 '외우고 풀기'를 반복하는 것이 수업의 일반적인 문법이다. 단원이 바뀔 때마다 새로운 개념과 원리를 암기하고, 문제 풀이를 끊임없이 반복하는 식이다. 이와 같은 방식은 학생들이 고등학교를 졸업할 때까지 계속된다. 문제는 이와 같은 반복이 수학에 흥미를 잃게 만들고, 학습 피로를 누적시킨다는 것이다. 수학 교과서도 수십 년이 지나도록 별다른 변화가 없다. 게다가 난이도가 높고, 학습 내용이 많다는 점도 문제로 지적된다. 때문에 교사들이 학생들의 수학적 '사고'보다는 전달할 '진도'에 치중하게 되는 것이다. 학년 간, 학교급 간 학습 내용의 연계성과 위계에도 맹점이 있다. 한 번 놓치면 다시 따라잡기가 쉽지 않다는 것이다. 때문에 중학교 1~2학년 때 다수의 학생들이 수학을 아예 포기한다고 한다.

　'학업성취도 국제비교 평가'(PISA, 2012) 결과를 보면, 한국 학생들의 수학 성취도는 매우 높지만 흥미도는 하위권을 맴돈다. 이와 함께 '수포자'들이 늘어가는 상황을 심각하게 받아들인 것일까? 교육 당국이 2015년 3월 '제2차 수학 교육 종합계획'을 발표했다. 교육 당국은 2012년 1월에도 '제1차 수학 교육 선진화 방안'을 발표했다. 별효과가 없었던 것일까? '제2차 수학 교육 종합계획'은 2019년까지 향후 5년간의 방향과 과제를 제시하고 있다. 초중고 교육과정에서 학습량과 난이도를 적정화하겠다고 한다. 수학과 실생활의 연관성을 높이고, 문제 풀이 위주에서 과정 중심 학습으로 전환할 계획이라고 한다. 스토리텔링과 글쓰기, 프로젝트 학습 등 체험과 탐구 중심으로 수업을 진행하고, 평가 방법도 그에 맞게 연구해 보급하겠다는 내용이다.

과학 수업의 일반문법은 '정답 찾기'로 요약할 수 있다. 일반적인 수업 문화가 이로부터 크게 벗어나지는 않을 것이다. 학생들은 서둘러 정답을 찾도록 혹은 정답에 이르도록 길들여진다. 아이러니한 것은 그로 인해 과학의 세계를 탐구하기 위한 학습에서 '탐구'가 사라진다는 것이다. 게다가 과학 수업에서 탐구는 대부분 레시피가 주어진 학습으로 진행된다. 제한적으로 주어지는 탐구 문제 자체의 한계도 개방적인 탐구를 어렵게 하는 요인이 되기도 한다. 그런 까닭에 탐구 수업의 많은 장점에도 불구하고, 학생들의 탐구 능력이 향상되는 결과가 나타나지 않는다. 이렇듯 정답으로 가는 경로가 정해진 수업은 학생들로 하여금 과학의 세계에 깊이 빠져보기도 전에 멈추게 만든다. 경로를 벗어난 오류와 실패는 소모적인 낭비로 치부되기 십상이다.

이를 '질문Question-탐구Inquiry-해답Answer'의 도식으로 설명할 수도 있을 것이다. 일상의 수업은 전반적으로 학생들의 탐구 학습 Inquiry learning보다는 선생님의 전달과 설명 위주로 진행된다. 관찰이나 실험 등의 탐구 과정도 대개는 레시피가 주어진다. 그로 인해 당연하게도 학생들의 탐구 과정은 축소되거나 생략되게 된다. 게다가 학생들은 시험지 '답안' 작성 이상을 원하지 않는다. 학원이나 학교의 수업은 평가에 필요한 만큼이면 '합격'이다. 탐구를 위해 굳이 시간과 에너지를 낭비할 필요가 없는 것이다. 이와 같은 분위기에서 탐구 학습이 가당키나 한 것일까? 그런 점에서 탐구 수업의 난점은 과학 교육 자체만의 문제로 한정되지는 않을 것이다. 이 같은 상황은 교사의 의도와 상관없이 탐구를 어렵게 하는 요인이다.

이 밖에도 공개수업과 일상적인 수업, 장학 수업과 연구대회 수업, 수업 일반과 교과별 수업 등에서 관례가 된 문법과 습속들이 발견된다. 가령 공개수업은 '방어적인 설계-안전한 공개'가 일반적인 문법이다. 연구대회 수업은 대부분 수업 목표 제시부터 차시 예고에 이르기까지 표준화된 절차와 형식을 따른다. 심사 준거와 평가의 시선으로부터 자유롭지 못한 까닭이다. 그 세목들을 여기에 다 열거할 필요는 없을 것이다. 하여튼 이와 같은 관행과 습속들은 수업 문화의 저류를 형성하는 무의식적인 기반들로, 교실 수업의 문법을 지배한다. 앞에서 예시한 '외우고, 풀기'나 '정답 찾기'를 비롯하여 일반적인 관행과 습속에서 발견되는 공통적인 문법은 교수 중심 수업이라는 것이다. 즉, 교사들이 말하고, 학생들은 듣는 식이다.

일반문법을 넘어서

논의를 이어가자면, 다양한 방식을 상상해볼 수 있을 것이다. 가령 수학과 수업의 경우 배움의 공동체 수업에서 강조하는 도전 과제의 용법이나 개방형 교수법을 참조해도 좋을 것이다. 후자를 간략히 소개하자면, 과제의 개방성은 학생들이 학습에 적극적으로 참여할 수 있는 기회를 제공한다. 수학 교과서에 제시된 문제들은 대개 하나의 정답을 요구한다. 때문에 서둘러 정답을 찾게 되는 것이다. 달힌closed 문제가 학습 혹은 수업의 방향을 그런 식으로 규정한다. 반면 개방형open-ended 문제는 복수의 해답을 주문한다. 때문에 해답에 이르는 다양한 방법에 주목하게 된다. 학생들이 수학 시간에 배운 개념과 원리, 지식과 기능을 동원하여 과제 해결의 아이디어와 해법을 찾아내는 것이다. 그 과정에서 수학적 사고가 촉진·확장되는 것이 아닐까?

과학과 수업의 경우 초등의 사례를 하나 소개하자면 이렇다. 교사는 물리적 현상만 보여주고, 학생들에게 간단한 질문을 던진다. 학생들이 응답하면, 교사는 '답변response'에 대한 '평가evaluation'를 유보한 채 꼬리에 꼬리를 무는 질문으로 되돌려준다. 학생들 또한 끊임없이 다른 의견을 제시하고, 상대방의 발언과 사고에 기대어 토론과 질문을 이어간다. 그 과정에서 학생들이 사고의 한계와 문턱을 넘어서는 모습을 볼 수 있다. 주어진 레시피나 성급하게 '정답'에 다가가려는 모습은 보이지 않는다. 수업을 보는 사람도 학생들의 언어와 사고의 흐름에 깊이 빠져들 만큼 물리적 현상을 이해하기 위한 탐구 과정에 초점을 둔 수업이다. 이와 같은 방식은 초등학생들이 소화해내기 어려울 수도 있으나 탐구 학습의 가능성을 보여준다는 점에서 흥미롭다.

참여·분유의 모델도 생각해볼 수 있다. 학생들 스스로 나름의 지식과 담론의 생산에 집합적으로 참여하고, 그렇게 생산된 것을 자신의 필요와 판단, 생각과 느낌에 따라 나누어 갖는 방식이다. 참여·분유의 모델을 실행하려면 학생들을 바라보는 관점부터 수정해야 한다. 학생들을 수동적인 교육의 대상이나 전달과 계몽의 대상으로 보는 관점으로는 곤란하다. 학생들을 '지적 부랑자'가 아닌 참여와 구성의 주체로 볼 수 있어야 한다. 학생들이 지식과 담론을 구성하기에는 아직 '미숙한 존재'라는 말은 하지 말자. 학생들이 모든 것을 다 알아서 할 줄 안다고 말하려는 것이 아니다. 학생들이 어른에 비해 상대적으로 미숙한 것은 사실일지 모르나 그것이 학습에서 권한 제한의 근거가 될 수는 없다.

교육학의 주류 담론인 구성주의에서는 '능동적 구성'의 관점에서 학습을 개념화한다. 교사의 권한이 지나치게 강한 수업 방식은 학생들을 수동적으로 반응하거나 수용하는 거세된 사고의 주체로 변형시킬 공산이 크다. 교사가 사고의 흐름을 차단하고, 장악하게 되면 학생들은 순식간에 무력해질 수밖에 없다. 때문에 학생들 상호 간의 교섭이나 토론과 같은 간섭을 만들어낼 필요가 있다. 그렇게 되면 그저 주는 지식과 정보에만 관심이 있던 학생들조차 그런 상황에 반응하면서 지식 혹은 담론의 구성에 참여하게 되지 않을까. 학생들이 지식과 담론을 구성한다고 해서 정교한 언어와 추상적인 개념이 꼭 필요한 것은 아니다. 자신들의 언어로 자기 생각과 느낌을 표현할 수 있으면 된다. 그렇게 특정 개인의 경험과 지식, 사고와 상상력을 모두의 것으로 만들 수 있을 것이다. 전염과 촉발을 주고받으며 협소한 시야를 넘어서게 되고, 새로운 사고를 구성하게 되는 것이다. 그런 것이 우리가 추구해야 할 수업의 문법이 아닐까.

사토 마나부는 '주제·탐구·표현' 모델을 대안으로 제시한다. 그에 따르면 세계 여러 나라의 학교에서 교육과정을 '주제·탐구·표현' 모델로 개혁하는 운동이 벌써 한 세기 가까이 전개되고 있다고 한다. 그러나 우리의 일반적인 관행은 여전히 '목표·달성·평가' 방식을 벗어나지 못하고 있다. 교사가 교과서의 지식과 내용을 학생들에게 전달하고, 그 달성 정도를 평가하는 식이다. 1910년대 교육과정 연구자 보빗Franklin Bobbit이 포드시스템의 기초가 된 테일러의 근대적 노무관리 원리를 바탕으로 이 모델을 고안했다고 한다. 생산성과 효율성을 추구하는 공장의 작업 조직이 학교의 교육과정과 수업 방식에 도입된 것이다. 이 같은 모델은 교육의 효과도 과학적으로 계산하고, 기술적으로 통제하려고 했던 근대적 관념을 기반으로 하고 있다.

물론 학생들의 학업 수행과 성취도를 평가하는 것은 일반적인 절차다. 수업을 마무리하는 과정에서도 흔히 형성 평가formative evaluation를 실시한다. 학습자에게 피드백을 주고, 수업 방법을 개선하기 위한 방편이다. 그런데 대개의 경우 사실과 지식에 대한 기억을 환기하는 수준에서 그치기 십상이다. 반면 '주제·탐구·표현' 모델은 효율적인 지식 습득을 넘어 주제를 중심으로 한 활동적이고 협동적인 탐구가 가능한 방식이라는 것이다. 이처럼 수업은 계열화되는 활동이나 요소에 따라서 그 배치와 의미가 달라진다. '목표·달성·평가' 모델이 교수 중심의 '전달과 주입'의 배치라면, '주제·탐구·표현' 모델은 학생들이 학습의 주체로 참여할 수 있는 '탐구와 구성'의 배치라고 할 수 있다. 이처럼 배치의 변환은 수업에 대한 새로운 상상력을 제공해준다.

수업 패러다임의 변화

근대의 학교는 대규모 산업 인력을 공급하기 위한 양성소의 기능을 충실히 수행한다. 국가가 교육을 독점했고, 학교는 '공급자' 위주로 설계된 공간이었다. 표준화된 교육을 실시했고, 교실 수업은 교사 주도로 지식을 전달하는 것이 일반적인 문법이었다. 이렇듯 '교과서·전달·평가' 모델은 산업화 시대에 형성된 수업 패러다임인데, 보다시피 이는 교과서를 중심으로 하는 모델이다. 교과서가 마치 바이블처럼 권위적으로 기능하고, 그것이 수업의 방향을 규정한다. 물론 7차 교육과정이 도입되면서부터 교과서가 교재 혹은 자료 개념으로 달라지기 시작한다. 그럼에도 아직까지 교사 중심의 수업 체질을 벗어나지 못한 것이 일반적인 현실이다. 교과서가 달라진다고 수업의 문법이 그리 쉽게 바뀌는 것은 아닐 것이다.

같은 맥락에서 사토 마나부는 '목표·달성·평가' 모델을 비판한다. 이 모델이 근대 학교의 교육과정과 수업의 문법을 지배해왔다는 것이다. 그와 같은 배치는 학생을 원료로, 교사를 기술자로 설정한다는 것이다. 학생에겐 학습 주권이 없고, 교사 또한 도구적 존재에 불과하다. 사토 마나부가 대안으로 제시하는 '주제·탐구·표현' 모델에서는 교사와 학생의 지위와 역할이 새롭게 수정된다. 학생은 학습

learning의 주체로, 교사는 교수teaching의 주체로 재설정된다. 배움의 공동체가 학생의 학습 혹은 배움을 강조하기 때문에 교사의 '자리'를 상대적으로 소홀히 다루는 것처럼 보일 수도 있다. 그러나 이는 각 주체의 포지션에 따라 지위와 역할이 다른 것일 뿐이다. 이를 오인하여 교수 행위에 대해서는 침묵해야 하는 것으로 받아들일 필요는 없다.

최근에는 배움의 공동체식 수업 개혁과 학교 개혁을 적극적으로 수용하는 학교들이 늘고 있다. 이와 같은 현상에는 여러 가지 이유가 있을 것이다. 우선 학교 현장에서 그리 어렵지 않게 실행할 수 있다는 게 강점이 아닐까? 교육철학, 교사 문화, 학습 주권, 개혁 시스템 구축 등 포괄적이고 장기적인 비전을 제시하고 있다. 뿐만 아니라 수업 원리, 수업 실천, 수업연구회 운영 등 실행 차원에서도 손에 잡히는 실행 매뉴얼을 제공하고 있다. 게다가 진보 교육감 시대의 혁신학교 운동이 급속한 확산의 계기가 되고 있음은 물론이다. 그렇게 '혁신'의 모델로 수용되면서 등장한 성공적인 사례들도 폭발적인 반향을 불러일으키고 있다. 그럼에도 보다 근원적인 것은 앞서 말한 것처럼 배움의 공동체 운동에 주체 해방의 계기가 내재되어 있기 때문이 아닐까? 학생들의 학습 '주권'을 강조하는 흐름은 한국 사회와 아시아에 한정된 국지적인 현상이 아니다.

근래에 화제가 되었던 거꾸로교실Flipped Classroom도 같은 맥락에서 이해할 수 있다. 거꾸로교실은 2014년에 KBS가 다큐멘터리(「21세기 교육혁명-미래교실을 찾아서」)로 소개하면서 크게 화제가 되었다.

2013년 2학기 부산 서명초와 동평중의 실험을 소개하는 내용이다. 교실 수업은 대개 학습 내용을 전달·설명하는 데에 많은 시간을 소모한다. 때문에 정작 필요한 학습 활동은 뒷전으로 밀려나기 십상이다. 거꾸로교실은 이와 같은 상황을 뒤집는다. 동영상 강의 미리 보기로 수업 시간에 충분한 학습 시간을 확보한다는 발상이다. 거꾸로교실 역시 학생의 배움을 중심으로 수업을 디자인한다는 점에서 매우 긍정적이다. 2015년 3월 현재 KBS1에서 4부작으로 방영하고 있는 「거꾸로교실의 마법-1,000개의 교실」도 수업의 진화를 보여주는 매우 흥미로운 보고서다.

거꾸로교실은 교사들에게 특별한 훈련을 요구하지 않는다. 별도의 인프라나 제도적 기반도 필요로 하지 않는다. 학생들은 자신의 필요에 따라 동영상 강의를 반복적으로 시청할 수 있다. 이렇듯 학습 내용에 대한 기본적인 이해를 바탕으로 하기 때문에 수업 시간을 의미 있게 보낼 수 있다. 때문에 배움의 질과 깊이가 달라지는 것이다. '주입과 전달'의 문법을 넘어 '응용과 탐구'가 가능하다는 점에서는 수업에 대한 상상력을 확장해주기도 한다. 이와 같은 매력 때문에 교과와 학교급을 가리지 않고 벌써 의미 있는 효과를 내는 것이 아닐까? 굳이 시험 성적 향상을 자기 정당화의 근거로 제시할 필요는 없을 것이다. 학력 개념을 새롭게 정립해야 할 시점에서 다시 점수라는 극소화된 학력 개념으로 되돌아갈 이유가 있을까?

물론 입시와 시험의 압박으로부터 자유로운 수업을 기대하기란 아직 요원한 일일 것이다. 그렇다고 학생들이 배움의 즐거움으로부터 소외될 수는 없다. 배움의 공동체 수업이나 거꾸로교실이 이를 잘 보여주지 않는가? 이들은 공통적으로 학습 혹은 배움을 강조하는 패러다임의 전환을 함축한다는 점에서 주목할 만한 사례들이다. 학생들에게 학습의 주권을 돌려주고, 교사들의 수업 전문성의 의미를 새롭게 환기한다. 이렇듯 학생과 교사의 포지션을 새롭게 설정한다는 점에서는 '근대 이후' 혹은 21세기 수업의 방향을 보여주는 '저항과 구성'의 기획이라고 해도 그리 지나친 표현은 아닐 것이다. 이와 같은 맥락에서 우리가 '수업의 정치'를 말할 수 있다면, 그것은 기존의 관행과 규범으로 환원되지 않는 새로운 문법과 감수성을 발명하는 것이 아닐까?

문법의 전환을 위하여

근대의 학교교육은 '교과서·전달·평가' 혹은 '목표·달성·평가' 모델을 기반으로 한다. 앞에서 말한 것처럼 이와 같은 모델은 교사들에게 표준화된 교육과정의 실행자 혹은 표준화된 교과서의 전달자라는 역할과 기능을, 학생들에게는 수동적인 위치를 할당한다. 당연한 귀결로 교사들은 '효율적인 전달'을 교수 전략으로 채택하게 되고, 학생들은 '암기'를 학습 전략으로 채택할 수밖에 없다. 그렇게 '전달과 수용' 혹은 '주입과 암기'의 배치가 완성되는 것이다. 교수 중심의 수업 문법은 그와 같은 배치에서 양산된 수업 문화일 것이다. 게다가 장학과 평가 같은 제도적 기반들이 이를 강화하는 기능을 수행한다. 수업은 그렇게 교사 효과성teacher effectiveness 혹은 교수 효과성teaching effectiveness을 계산하는 장학과 평가의 '통제' 대상이 되었던 것이다.

지금의 교실 수업은 달라졌을까? '21세기 교실에서 20세기 교사들이 19세기 방식으로 학생들을 가르치고 있다'는 말이 있다. 가볍게 넘길 우스갯소리가 아니다. 이는 시대에 뒤떨어진 수업 방식에 대한 비판이다. 말하자면 수업 패러다임의 변화를 주문하는 것이다. 때문에 학계와 현장은 다양한 연구와 실천으로 시대적 요청에 답하기 위해 노력을 경주하고 있다. 1990년대부터 빠르게 확산된 질적 연구의 성과를 기반으로 새롭게 등장한 개념과 담론들은 그런 맥락에서 이해할 수 있을 것이다. 수업 비평, 수업 이해, 수업 코칭, 수업 컨설팅, 배움의 공동체 운동 등을 말하는 것이다. 2000년대 중반 이후부터는 새로운 문법과 감각을 보여주는 수업 사례들도 어렵지 않게 만날 수 있다. 앞에서 말한 '거꾸로교실'도 같은 맥락에서 이해할 수 있다.

마무리하기 전에 간략하게나마 '수업의 문법'이라는 용어를 설명해야겠다. '문법文法, grammar'이란 언어의 구성과 운용상의 규칙을 말하는 것이다. 그처럼 수업에도 나름의 문법이 있다. 이는 규칙이라기보다는 수업 현상을 관류하는 일반적인 특성과 그 변환을 따져보려는 것이다. '사랑의 문법'이나 '생각의 문법'처럼 쓰는 수사적 표현에 가깝다고 해도 무방할 것이다. 지금까지 이 글에서 논한 수업의 문법은 교실 수업에서 관찰되는 수업의 양상을 일반화한 것이긴 하나, 모든 수업 현상에 적용되는 것은 아니다. 일반화는 공통적인 특성을 부각시키는 까닭에 차이를 간과하는 결과를 낳을 수 있다. 그럼에도 이런 표현을 쓰는 것은 수업에 대한 상상력을 촉발하는 데 얼마간 도움이 될 수 있다고 생각하기 때문이다.

혁신학교 운동의 영향일까, 교육학의 세계적인 흐름 때문일까? 교실 수업에 대한 관심과 논의가 다채롭고 풍성하다. 그럼에도 우리의 신체에 새겨진 수업 체질을 바꾸자면 시간이 걸릴 것으로 보인다. 수업 문법의 전환은 학생 중심으로 수업을 디자인하는 것과 다름이 없을 것이다. 학생의 배움을 중심으로 수업을 보고, 계획하고, 실행하는 감수성을 발명하는 것이다. 그렇게 기존의 문법을 해체하고, 사고와 감각을 새롭게 구성하는 일에서 시작해야 하는 게 아닐까? 그리하여 전환기의 학교는 얼마간 수업의 문법과 감수성을 새롭게 실험하는 공간이 되어야 할 것이다. 이를 위해서는 교사를 도구적 존재로 보는 '기술 합리성technical rationality' 패러다임도 넘어서야 한다. 이와 같은 근대적 관념으로는 수업을 대안적으로 사유할 수 없는 까닭이다.

수업의 문법을 교수 중심에서 학습 중심으로 탈구성하기 위한 실험과 운동은 끊임없이 시도되었다. 근래에는 진보 교육감 시대의 혁신학교 운동이 수업 혁신을 가속화하는 계기가 되고 있다. 그럼에도 변화가 기대만큼 빠르게 나타나지는 않을 것으로 보인다. 아쉬움이 있다면, 진보 교육감 시대가 학교를 혁신학교와 일반 학교로 분할하고 있다는 점이다. 혁신학교는 '혁신'을 추구하면서 나름의 성과를 내고 있지만, 일반 학교의 교사들은 여전히 '일반'에 머물러 있는 상황이다. 때문에 상대적으로 수업 패러다임의 변화를 피부로 체감하기 어려운 것이 현실이다. 학교의 변화 혹은 수업 혁신은 혁신학교에 한정되는 문제가 아니다. 또한 제도와 주체의 변화는 선후가 없는 문제일 것이다. '일반'에 머물 것이 아니라 스스로 변화의 주체로 나서야 한다.

배움의 공동체 수업이나 거꾸로교실이 21세기 수업 혁신의 해법이 될 수 있을까? 교사들은 이제 수업 패러다임이 변해야 한다는 인식에는 공감한다. 교사 중심에서 학생 중심으로 수업의 문법과 감각을 탈구성해야 한다는 것이다. 그리 새삼스러울 것도 없는 사실이다. 최근 몇 년 사이에 급속하게 부상한 디베이트 수업, 스토리텔링 수업, 배움의 공동체식 수업, 거꾸로교실 등의 사례들은 그런 맥락에서 이해할 수 있다. 이와 같은 방식들이 수업 트렌드로 부상하면서 이를 유행처럼 소비하는 부정적인 경향도 없지 않다. 그와 같은 태도는 경계할 필요가 있다. 기존의 문법과 감수성을 일거에 바꿀 수 있는 마법 같은 수업 전략이 존재할까? 수업사가 보여주듯 그것이 어느 한 가지 방법으로 해결될 수 있는 문제는 아닐 것이다.

수업 협의회 문화가 바뀌면
수업이 바뀐다

윤양수

장악 프레임

매일같이 업무가 밀려든다. 저녁에도 '달리기'를 멈출 수가 없다. '학교의 시간'은 어디로 향하는 것일까? 가끔씩 불안이 엄습할 때가 있다. 견뎌낼 수 있을까? 부표처럼 떠다니다 끝나버리는 것은 아닐까? 이것이 단지 개인이 느끼는 심리적 문제일까? 그렇지는 않을 것이다. 교사라면 누구나 공유하는 집단 감정 혹은 무의식일 것이다. 경영의 논리와 경쟁 시스템에 장악된 '학교의 시간'은 교사들의 무의식에 낙오의 불안과 배제의 공포를 새겨 넣는다. 때문에 그것이 적응이든 탈주든 '달리기'를 멈추지 못한다. 자칫 뒤처지거나 배제되어 쓸모없는 '잉여'가 될지도 모른다는 불안과 공포에 시달리는 것이다.

그렇게 '장악 시스템'이 완성된다. 그 배치 안에서 우리는 교사라는 존재로 살아남을 수 있을까? 학교가 사회 진입에 필요한 지식과 정보를 독점하던 시대는 지나갔다. 업무나 생활지도와 수업은 갈수록 어려워진다. 근래의 '교육 불가능' 담론은 '교사-되기'의 불가능성으로 읽어도 크게 무리는 없을 것이다. 교사로서의 자긍심自矜心은커녕 교환가치의 유지 혹은 생존에 매달리는 신체로 전락했다고. 하기야 교육이란 것이 취업을 위한 '스펙'으로 전락했으니 교사의 존재론을 따져 묻는 일은 자학과 모멸을 자초하는 몽상인지도 모르겠다. 과연 자신의 존재를 배반하는 냉소와 무기력을 벗어날 수 있을까?

게다가 장학이 돌아왔다. 아니, 그렇게 느껴진다. 컨설팅 장학과 책무성 장학이라는 미명으로 교사의 능력과 경영의 책임을 묻겠다는 것이다. 교실 수업과 학교 경영을 감독하고, 교육 당국의 시책을 관철하겠다는 것이다. 교사들에게는 수업 전문성teaching professionalism이 없고, 학교에는 책무성accountability이 없다는 교육 당국의 도발이다. '컨설팅 장학'이란 이름으로 포지션을 바꾸려던 노력이 허사로 돌아간 것일까? 하기야 자발성을 강제하는 불가능한 네이밍이었으니까. 컨설팅을 장학으로 변질시켰으니 당연한 귀결일 것이다. 그럼에도 교육 당국은 정책의 실패와 무능의 책임을 학교와 교사들에게 전가한다.

그런데 정작 책무성이 부족한 것은 책무성을 유별나게 강조하는 교육 당국이 아닐까? 교육 시책의 시행을 마무리하기도 전에, 그 시행의 오류를 검증하기도 전에 직무 담당자들이 교체되거나 임기가 끝나는 일이 다반사 아닌가? 그렇게 책임을 면하게 되는 까닭에 실정과 오류를 추궁당할 일도 없을 것이다. 그렇다면 교육 당국의 실정과 오류는 누가 책임져야 할까? 굳이 무리수를 둘 필요도 없을 것이다. 당장의 실적과 성과를 계산할 수 없는 시책과 비전은 단지 과욕과 무능의 증거가 될 뿐이다. 결국 직무 담당자들이 재임 기간을 넘어 앞날을 내다보는 교육 시책을 수립·추진할 이유가 없는 것이다.

'컨설팅 장학'은 혼종적인 새로운 방식과는 거리가 멀다. 자율성과 자발성을 강제한다는 점에서 기존의 프레임과 차이가 없다. '컨설팅'을 앞세운다고 강압의 이미지를 완충할 수 있을까? 또한 책무성의 강조는 과업에 대한 성과와 실적을 평가 지표에 따라 계산count하라는 교육 당국의 '명령어'나 마찬가지다. 결국 장악의 강화로, 통제와 관리 시스템의 강화로 돌아온 것이다. 이렇듯 교육 당국은 교사와 학교를 치안의 대상으로 간주한다. 이를 '장악 프레임'이라 불러도 지나친 표현은 아닐 것이다. 장학이 누런 송곳니를 다시 드러내는 까닭을 더 설명할 필요는 없을 것이다. 그러나 이 늙은 포식자가 황혼을 피할 수 있을까?

교사들은 장학의 강화에 거부감을 나타낸다. 장학이 일종의 스트레스로 각인된 까닭이다. 물론 장학은 수업과 경영 개선을 목표로, 조력과 지원을 명분으로 내세운다. 그러나 규범과 입법의 비대칭적인 배치로 인해 조력과 지원의 용법을 기대하기는 어렵다. 수업 장학으로 한정해서 말하자면, 교사들은 또다시 접대용 수업 준비와 '주례사' 혹은 '지도'로 끝나는 수업 협의회에 시간과 에너지를 낭비할 것이다. 교육 당국은 장학 지원단의 팀플레이 방식으로 실적과 성과를 계산하고, 교사들은 '스펙'과 '점수'를 관리하면 그만이다. 결국 교사들의 존재를 배반하는 '장학의 악몽'이 반복될 것이다.

변화의 조건들

앞서 말했듯이 교육 당국의 '장악 프레임'은 교직사회에 불안과 공포를 부추긴다. 그리하여 교사들의 사고와 실천을 특정한 방식으로 강제하려는 목적을 효과적으로 달성한다. 장학의 강화도 같은 맥락에서 이해할 수 있는데, 지배와 통제의 권한을 강화하려는 퇴행적인 시책일 뿐이다. 교육의 분권화와 자율화의 후퇴는 필연적이며, 교사들의 자율성과 자발성은 배제의 대상이 될 수밖에 없다. 수업과 경영 개선은 공허한 환상일 뿐 교육 당국은 '성과 벨트' 혹은 '업무 벨트'의 도구가 필요한 것이다. 이와 같은 맥락에서 성과 주체를 호명하는 성과 사회는 규율 사회의 업그레이드 버전이라고 해도 틀린 말은 아니다.

그렇기 때문에 교사들이 가르치는 존재로서의 효능감을 경험하기가 어렵다. 알면서도 행동하지 않는 냉소와 의욕 상실의 무기력에 빠질 수밖에. 혹은 변화와 성과에 무관심할밖에. 물론 교사들이 교육 당국의 시책과 무능을 탓하며, 전문성 신장에 노력을 기울이지 않는 것도 부인할 수 없는 사실이다. 그러니까 제도의 지원과 강제가 필요하다는 것일까? 그러나 그것이 장학의 강화와 같은 방식이라면 사양하겠다. 현직 교사들의 전문적 자질 향상을 지원할 수 있는 시스템과는 거리가 먼 까닭이다. 이를 은폐한 채 교사들을 개발 주체로 내몰지 않는가? 그러기에 장학의 강화가 추가된 업무 이상으로 다가오지 않는 것이다. '장학의 강화'라는 담론의 배치는 이와 같은 난점을 피하기 어려울 것이다.

어디 그뿐일까? 교육 당국이 현직 교육으로 시행하는 연수도 마찬가지다. 지나치게 이론과 지식 위주로 진행되기 때문에 학교 현장과는 거리가 멀다. 교사들의 다양한 요구와 관심사를 제대로 반영하지 못하는 것이다. 강의식의 획일적인 전달 방식도 교사들을 수동적인 위치에 머물게 한다. 따라서 학교 현장의 문제 해결이나 수업 전문성 신장에 크게 도움이 되지 않는다는 지적이 일반적이다. 게다가 학교 평가나 개인 성과급에 연수 실적을 반영하고, 의무 이수 시간까지 부과한다. 그로 인해 클릭으로 이수 시간을 채우는 경우가 다반사 아닌가? 그런 점에서 연수 또한 업무와 크게 다를 바 없을 것이다.

이 같은 현직 연수나 장학의 배치 안에서 수업 전문성 신장을 기대할 수 있을까? 교사들 스스로 자구책을 마련하고, 성장의 서사를 만들어가야 한다. 다행히도 최근 십 년 사이에 등장한 새로운 개념과 담론들이 자발적인 실행의 환경을 제공하고 있다. 수업 컨설팅, 수업 이해, 수업 코칭, 배움의 공동체와 수업 개혁, 수업 비평과 같은 새로운 개념과 담론들이 출현한 것이다. 이와 함께 자발적으로 구성된 교사학습공동체professional learning community의 성장 사례들도 각성의 계기가 되고 있다. 그 가운데서도 수업 비평은 공동의 성찰과 성장에 유용한 도구가 될 수 있다고 생각한다.

수업 장학은 규범과 입법의 평가적 시선을 특징으로 한다. 거기에 결합된 컨설팅은 본래의 의미를 망실한 채 자발성을 강제하는 장치로 변질된다. 그리하여 수업 실천과 관련하여 '설계-실행-평가'로 이어지는 '장악 프레임'이 완성되는 것이다. 설계와 실행은 장학의 시선과 준거를 벗어나기 어렵다. 수업 협의회는 교사 효과성teacher effectiveness 혹은 교수 효과성teaching effectiveness을 따지는 '지도'나 공허한 '주례사'로 마무리된다. 수업에 대해 즐겁게 혹은 의미 있게 대화할 수 있는 자리를 기대하기 어렵다. 그와 같은 수업 협의회에 굳이 에너지를 소모할 필요가 있을까? 자기 단속과 매너리즘으로 대응하면 그만일 것이다.

수업 비평은 수업 장학의 평가적 시선과는 다르다. 공동의 성찰과 성장을 위한 '호혜성의 윤리'를 바탕으로 하기 때문이다. 그런 까닭에 수업 비평을 도구로 수업 전문성 신장은 물론 낙후한 수업 협의회 문화를 개선할 수 있다는 생각이다. 실제로 교사 양성 기관, 학교 현장, 연수 기관, 교사학습공동체 등이 수업 비평을 다양한 방식으로 활용하고 있다. 수업 비평이 성찰과 성장의 도구로 그만한 가치가 있기 때문이리라. 최근에 확산되고 있는 수업 컨설팅이나 배움의 공동체 운동과도 접속할 필요가 있을 것이다. 수업 비평을 유연

하게 확장·가동하기 위한 이론과 실행의 자원으로 활용할 수 있는
까닭이다.

수업 비평의 활용

수업 비평을 수업 협의회의 도구로 활용하려면 유연하게 가동해
야 한다. 전문가 비평은 일반적으로 '보기-전사-기술-글쓰기'와 같
은 절차를 거친다. 비평자의 관점을 분명하게 드러내어 수업 비평문
을 쓰는 까닭에 '평가'와 동류로 취급될 수도 있을 것이다. 그러나
'평가'라는 용어를 공유한다고 그 의미와 용법까지 같다고 말할 수
는 없다. 물론 단위 학교에서 '전문가 비평'을 그대로 따올 필요는 없
다. 그보다는 '보기-전사-토론-글쓰기'를 기본 포맷으로 당사자들
의 요구와 상황에 맞게 변형하여 활용하는 것이 좋다. 덧붙이자면
수업 비평을 고정된 포맷으로, 형식과 절차에 대한 강박으로 받아
들일 필요가 없다는 것이다. 형식과 절차보다는 용법이 중요하지 않
을까?

그럼에도 단위 학교에서 수업 비평을 가동하는 것은 쉽지 않은
일이다. 교사들은 대개 '비평'의 관점으로 수업에 접근하는 방식의
새로움에는 공감한다. 그러나 실행에는 난색을 표한다. 적지 않은 시
간과 에너지가 요구되기 때문이다. '학교의 시간'은 그런 낭비(?)를
허용하지 않는다. 그런 까닭에 수업 비평을 '무겁게' 가동하는 방식

으로는 실효를 기대하기 어렵다. 단위 학교에서도 가동할 수 있는 좀 더 '가벼운' 방식으로 핸들링할 필요가 있다. 교사들은 대부분 수업에 대해 '이야기를 나누는 즐거움'에 공감한다. 이를 바탕으로 당사자들의 요구와 학교의 실정에 맞게 만들어나가는 게 효과적일 것이다.

우선 수업 동영상을 보고 부담 없이 이야기를 나누는 방식으로 접근하면 좋을 것이다. 시·도 교육청이나 에듀넷을 이용하면 수업 동영상을 손쉽게 열람할 수 있다. 청주교대 교사전문성개발센터 자료실Video Library에서도 좋은 수업을 만날 수 있다. 익숙해지면 당사자들의 수업을 보는 것이 좋다. 누구나 수업을 공개하므로 그리 어렵지 않을 것이다. 전사transcription는 수업을 언어 텍스트로 옮기는 작업이다. 여럿이 나누면 부담을 줄일 수 있으며, 필요한 부분만 전사해도 무방하다. 수업을 보고, 전사하면서 떠오르는 생각을 메모해 두면 좋다. 해당 수업과 관련한 자료를 찾아 공부해도 좋을 것이다.

대화와 토론은 서로 다른 시선들이 소통하는 시간으로 비중을 둘 필요가 있다. 이를 위해서는 참여자들 간에 수평적인 관계를 정립해야 한다. 수업 협의회에 '지도'나 '주례사'가 개입되면 대화와 토론이 어려워진다. '지도'가 규범과 입법의 권위로 작동하며 대화와 토론을 제한하게 되기 때문이다. 그렇게 되면 경사진 대화를 피할 수 없으며, 불편한 경험으로 기억되기 십상이다. 게다가 그것이 빈곤한 경험과 진부한 언어의 반복이면 악몽이 되고 만다. 수업 비평은 해석과 비평의 권위를 주장하지 않는다. 다양한 의견들이 자유롭게 오갈 뿐이다. 때문에 특권의 시선이 사라지고, 수평적인 대화가 가능하다. 대화와 토론의 '부피'가 늘어나고, 서로를 촉발하는 대화 공간을 기대할 수 있다.

기술description은 한 편의 완결된 수업 내러티브를 구성하는 작업이다. 상황에 따라 축소하거나 생략해도 무방하다. 물론 완결된 기술을 시도해보는 것도 좋을 것이다. 글쓰기는 선택이다. 후기, 소감, 단상, 토론문, 리뷰, 비평문 등 다양한 방식이 가능하다. 글쓰기는 수업 실천과 함께 수업을 보는 안목과 수업 능력을 기를 수 있는 수련의 방편이 된다. 그럼에도 글쓰기는 부담스러운 작업이다. 단위 학교에서 수업 비평을 활용할 경우에는 글쓰기를 강조하기보다는 대화와 토론에 초점을 두는 게 나을 것이다. 물론 글쓰기를 일부러 배제할 필요는 없다. 쓴 글을 발표하며 의견을 나누는 것도 좋은 방법이다. 이 밖에도 수업 설계나 수업 관련 세미나를 추가할 수도 있을 것이다.

여기서 수업 비평을 지나치게 '가벼운' 방식으로 가동할 경우 '비평'이 의미를 잃는 것은 아닐까 의구심이 생길 수 있다. 그럴 수도 있다. 이는 수업 비평뿐만 아니라 다른 개념과 담론도 마찬가지다. 그럼에도 '비평'의 완결성을 고집하지 않는다면, 그것이 도움이 될 수 있다면 상관없을 것이다. 그런 맥락에서 배움의 공동체, 수업 컨설팅, 수업 코칭의 방식도 수업 비평의 자원으로 활용할 수 있을 것이다. 상황에 따라서는 각기 다른 담론과 방식의 경계를 넘나들 수 있는 감각도 필요하다. 수업 비평에 충실해야 하지만 외연의 확장이,

횡단과 접속이 도움이 되기도 하는 까닭이다.

수업 협의회 문화 개선

수업 협의회 문화란 '수업에 대해 대화를 나누는 방식'이라고 간단하게 요약할 수 있다. 그리고 이는 특정한 규칙과 가치에 바탕을 두고 형성된다. 우리는 수업 협의회를 학교 안의 작은 제도로 사고할 필요가 있다. 기존의 수업 협의회 방식은 자명한 것이 아니다. 당사자들의 요구와 필요에 따라 얼마든지 탈구축할 수 있는 가변적인 것이다. 장학의 강화는 기존의 수업 협의회 문화를 강제할 공산이 크다. 평가적 시선과 '지도'에 자리를 내주는 수업 협의회 방식을 또다시 반복해야 할까? 그와 같은 바라봄과 바라보여짐의 자리매김으로는 공동의 성찰과 성장을 기대하기 어렵다.

우선 대화와 토론을 제한하는 규범과 입법의 시선을 주저 없이 추방해야 한다. 특정 발언자를 배제하자는 말이 아니다. 고정된 자리와 발언의 위계를 할당하는 식의 협의회 방식을 바꾸자는 것이다. 가령 최종으로 배치하는 '지도 및 조언'은 수업자와 참관자들의 발언과 대화를 단속하는 중력으로 작용한다. 동료 교사들의 평가적 시선도 불편하기는 마찬가지다. 그래서 유쾌한 수업 대화를 기대하기 어려운 것이다. 게다가 수업에 관한 논의가 맥없이 '지도'로 수축되는 결과도 피하기 어렵다. 이와 같은 방식으로 호혜적인 수업 대화를 기대할 수 있을까? 더 이상 평가적 시선과 지도에 비중을 둘 필요는 없을 것이다.

오래된 관행 혹은 편의주의와 착종되어 있는 참관록과 체크리스트의 시선도 넘어서야 한다. 수업 관찰의 도구나 분석의 자료로 활용할 수 있음을 모르는 것은 아니다. 그럼에도 이는 특정한 시선으로 수업을 보게 만들며, 새로운 시도에 방해가 되기도 하는 까닭이다. 수업을 보면서 자유롭게 기록해도 괜찮을 것이다. 학습자와 수업자 면담이나 설문 등도 좋은 방법이다. 그와 같은 방식으로 학습자의 활동과 경험을 '채증'하면 되지 않을까? 학습의 경로, 학습자가 겪는 어려움, 도약의 순간, 학습의 메커니즘 등 학습자 관련 정보와 자료를 수집할 수 있는 방식이면 된다. 그렇게 모은 팩트와 자료를 근거로 수업 협의회 혹은 대화와 토론을 진행하는 것이다.

대화와 토론의 과정에서는 서로에게 기대어 배울 수 있는 '호혜성의 윤리'를 강조해야 한다. 수업 장학이나 수업 평가의 관행을 아는 이들이라면 누구나 공감할 것이다. 규범과 입법의 권위는, 평가자의 오만과 편견은 대화와 토론은커녕 등을 돌리는 '상처의 감수성'으로 귀착되고 만다. 물론 수업을 보는 시선은 다양할 수 있다. 그리고 성찰과 배움은 이견과 차이에서 비롯된다. 따라서 관계의 기술을 강조하는 것일 뿐 호혜성의 윤리를 보호의 방벽으로 착각할 필요는 없다. 수업 협의회 문화를 개선한다는 것은 수업자와 관찰자가 호혜적인 배움의 관계를 구성하고, 그런 문화를 만들어가는 것이다.

수업 협의회를 성찰과 성장을 위한 시스템으로 탈구축할 수 있다면, 수업 연구를 지속하는 '교사-되기'의 서사가 가능해진다. 그러자면 시스템과 주체의 변화라는 이중의 변환이 필요하다. 냉소와 무기력을 넘어, 자기 단속과 매너리즘을 넘어 동료 교사들과 함께 지식과 의견을 나눌 수 있어야 한다. 그렇게 함께 성장할 수 있는 동료성 collegiality을 구축해야 한다. 그럴 수 있다면 당사자들이 거부감 없이 자유롭게 대화하고 토론할 수 있는 수업 협의회를 구성할 수 있다. 그리하여 공동의 성장과 그 지속이 가능한 시스템으로, 문화로 정착해가야 할 것이다. 이를 실행할 수 없다면, 업무에 매달려 하루하루를 견디는 삶에서 전문성 신장 혹은 성장의 서사는 요원한 일이다.

사토 마나부는 "수업이 바뀌면 학교가 바뀐다"고 말했다. 교사들은 이를 비틀어 "학교가 바뀌어야 수업이 바뀐다"고 말한다. 제도 혹은 시스템을 겨냥한 불만이다. 그러나 시스템과 문화의 개선이 필요한 조건일지는 모르나 그것이 주체의 변화를 보증하는 것은 아니다. 교사들 스스로 낡은 시스템과 문화를 바꾸는 실천의 체제를 구성해가야 한다. 그리하여 우리는 이렇게 말할 수 있을 것이다. "수업 협의회 문화가 바뀌면 수업이 바뀐다"고. 또한 변화와 성장은 항구적인 과정이기에 정체의 고비와 도약의 문턱이 반복해서 돌아오는 것이다. 외부와의 접속이나 사례 연구로, 다양한 구성적 실천과 공부로 고비와 문턱을 넘어야 한다. 수업 협의회 문화 개선은 수업을 바꾸는 질점이 될 것이라 믿는다.

수업 사례 **관계 짓기, 탐구와 해석의 수업극장**

윤양수

이 수업은 초등학교 5학년 사회과 역사 수업(인천 발산초, 2012)[12]이다. 2015년 청주교육대학교 교육연구원에서 주최한 '제1회 수업 비평 공모전' 대상 수업들 가운데 하나다. 주최 측은 2009년부터 '창의적 수업 사례 공모전'을 통해 새로운 수업 사례를 발굴하여 VOD로 서비스하고 있다. 그런 만큼 수업 비평 공모전의 대상 수업 또한 대안적인 사례를 선별했을 것으로 짐작된다. 따라서 이 수업을 통해 교사들의 새로운 도전과 탐구의 일면을 볼 수 있을 것으로 기대한다. 수업자 해설에 따르면, 임영태 선생님은 '관계 짓기를 통한 역사 해석력 신장과 역사적 관점 갖기'를 주제로 다년간 실행 연구를 진행해온 것으로 보인다. 이 수업에서도 그렇게 자신이 개발한 '관계 짓기' 수업 모형을 활용하고 있다. 사회과 수업 모형의 하나인 '범례

---

12. 청주교육대학교 교육연구원 교사전문성개발센터 수업 동영상 자료실Video Library에서 수업 동영상과 수업자 해설을 볼 수 있다.

학습'에서 아이디어를 따왔다고 한다.

임 선생님에 따르면, '관계 짓기' 수업 모형은 개個의 단계(기본 학습), 유형類型의 단계(비교 학습), 법칙성法則性의 단계, 자기 이해自己 理解의 4단계로 구성된다. 사회과 역사 수업의 단원 정리 학습에 적용한다고 한다. 학생들의 활동을 보면, 역사적 사실들 간의 관련성 파악, 역사관계도 만들기, 비판 및 토론, 한 줄로 표현하기가 각 단계에 대응하는 가시적인 활동들이다. 특히 학생들이 만드는 '역사관계도'가 인상적이다. 이는 학생들이 정리한, 한 시대에 대한 조감도로 해석을 둘러싼 교전의 장소가 되기도 한다. 이처럼 교구(보드, 90×150cm가량)와 자료(역사 카드, 관계 가락, 역사관계도)가 학생들의 능동적인 참여와 배움을 견인하는 '끌개'로 기능한다. 임 선생님의 핸들링 방식이 매우 독특하다. 수업의 흐름을 따라가며 '관계 짓기' 수업의 의미와 가능성을 따져볼 생각이다.

수업 보기

우선 2007 개정 교육과정을 간략하게 살펴보면, '개화기'는 초5-2 사회 2단원 '새로운 문물의 수용과 자주 독립'에서 다루는 내용이다. 이 단원은 다섯 개의 소단원, '외세의 침략과 조선의 개항', '자주독립을 위한 노력', '근대 문물의 수용과 일상생활의 변화', '국권 상실과 민족의 수난', 그리고 '주권 수호와 독립운동의 전개'로 구성되어 있다. 임 선생님은 이 단원을 '개화기'와 '일제강점기'로 나누어 재구성했다고 한다. 그리고 오늘은 '외세의 침략과 조선의 개항', '자주독립을 위한 노력'을 하나의 연대기로 재구성한 '개화기'에 대한 학습을 마무리하는 시간이다. 말하자면 단원 정리 학습인 셈이다. 오늘은 개화기를 다양하게 해석해보고, 중요한 흐름을 정리해보는 시간이다. 개화기가 격동기였던 만큼 학습할 내용이 적지 않음에도 학생들이 그리 어렵지 않게 소화해낸다. 그 비결이 궁금하다.

도입

선생님이 컴퓨터에서 무엇인가를 찾고 있다. 학생들은 조용히 시작을 기다린다. 잠시 후 임 선생님이 학생들에게 동영상 시청을 안내한다. 오늘의 학습 주제와 관련된 내용이다. 동영상이 실행되고, 배경음악이 흐른다. 드라마 「명성황후」의 삽입곡으로, 조수미가 부르는 '나 가거든'이다. 귀에 익은 노래라서 그런지 마치 전경처럼 가슴을 파고든다. 화면에는 이양선, 흥선대원군(?), 척화비 등 '개화기'를 보여주는 이미지들이 배경음악을 타고 파노라마처럼 지나간다. 그동안 공부한 사건과 인물들을 상기시키려는 것일까, 워밍업을 하려는 것일까? 선생님이 동영상을 멈추고, 학생들에게 묻는다.

교사 이게 뭐냐?

학생들 척화비.

교사 뜻이 뭔데?

학생들 그거, 배척하는 거요.

병인양요와 강화도에서 다 시 멈추고, 학생들과 이야기 를 주고받는다. 천주교 신자 들에 대한 박해를 간단히 언급하고, 강화도에 대해 상 대적으로 길게 이야기를 나

자료 동영상 시청

눈다. 강화도는 지리적으로 중요한 위치라서 고려시대와 조선시대의 역사에 계속해서 등장한다는 것이다. 노래가 절정으로 치닫고, 명성 황후가 나온다. "명성황후의 사진이라고 하는데 실제로 맞는지는 확 실치 않아요." 선생님이 간략하게 코멘트를 덧붙인다. 강화도 조약, 갑신정변, 을미사변, 서재필 등으로 이어지며 '멈추고 보기'를 반복 한다. 이처럼 동영상 보기를 마무리하고, 선생님이 학생들에게 질문 을 한다.

> **교사** 오늘 여기까지가 여러분이 관계 짓기 할 시대인데, 몇 가 지 질문할게요. 여기까지 나왔던 역사적 사실들, 기억나 는 거 있어요?
>
> **학생들** 네.

선생님이 학생들에게 기억나는 역사적 사실들을 얘기해보라고 말

한다. 학생들이 자유롭게 역사적 사건들을 거명하고, 선생님은 학생들의 말을 받아 손가락을 꼽으며 사건들을 열거한다. 병인양요, 을미사변, 쇄국정책, 아관파천, 운요호 사건, 남연군 묘 도굴 사건, 갑오개혁, 갑신정변, 병인박해, 독립협회 등 많은 사건들이 열거된다. 역사적 인물들도 같은 방식으로 거명한다. 김옥균, 명성황후, 고종, 흥선대원군, 김홍집, 서재필 등 개화기의 인사들이 언급된다. 이어 역사적 사실과 인물들을 연결 지어 본다.

> **교사** 그러면 방금 얘기한 역사적 사실이랑 인물이랑 같이 연결
> 되게(말해보세요). 누구의 누구…….
> **학생** 흥선대원군의 쇄국정책.
> **교사** 또?
> **학생** 갑신정변의 김옥균.
> **교사** 갑신정변의 김옥균……. 김옥균의?
> **학생들** 갑신정변.

학생들의 이해를 돕기 위한 것이다. 선생님은 이처럼 역사적 사실들을 관계 지어 해석해보는 학습이 중요하다며 학습 주제를 안내한다. 개화기의 중요한 흐름을 정리해보는 것이다. 오늘 학습에서는 역사적 사실들 간의 관계를 설정할 때 인과, 지리, 사회적 관계를 주의해서 살피라고 당부한다. 그러고는 학습 활동을 안내한다. 역사관계도 만들기, 상대방 비판하고 관계 가락 떼어내기, 중심 카드 설정하

기, 한 줄 역사 판단하기의 순서로 진행할 예정이다.

역사관계도 만들기

안내가 끝나기 무섭게 학생들이 움직인다. 자리에서 일어나느라 의자 미는 소리가 요란하다. 익숙한 활동인 듯 모둠별로 역사 카드(사건, 인물, 사회, 지리, 문화재)를 한 벌씩 가져오고, 바로 활동을 시작한다. 카드를 활용하여 '역사관계도'를 만드는 것이다. 교실 가장자리, 각 모둠의 뒤쪽에는 보드(90×150cm가량)가 준비되어 있다. 순서를 바꿔 보드의 중앙에 중심 카드를 부착·기록하는 모둠도 눈에 띈다. 카드를 보드에 배치하기에 앞서 우선 책상 위에 늘어놓고, 관계를 파악하느라 분주하다. 카드의 뒷면에 기록된 내용을 살피고, 서로 의논을 해가며 손을 바쁘게 놀린다. 선생님은 학생들의 활동을 돌아보고 있다. 그러면서 학생들의 질문에 응하거나 코치를 하기도 한다. 대화가 겹쳐서 발언을 식별하기는 어렵다.

A모둠은 준비가 된 듯 책상에 분류해놓은 카드를 보드에 옮겨 배치하기 시작한다. 먼저 중심 카드에 관계도의 제목을 적는다. 쇄국과 개화의 갈림길! 대조적인 키워드로 개화기의 특징을 표현하고 있다. B모둠은 친구들과 의견을 교환하며 블랙보드에 카

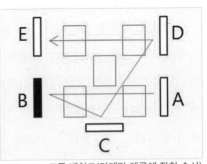

모둠 배치도(카메라 앵글에 잡힌 순서)

드를 배치하고 있다. 카드를 찾다가 선생님께 도움을 청하기도 한다.

> **학생** 선생님, 고종(카드) 있어요?
>
> **교사** 고종, 고종이랑 명성황후?
>
> **학생** 네.
>
> **교사** 갖다 드릴게요.
>
> **교사** (가리키며) 중심 카드를 여기다 놓을 거야?

중심 카드의 위치를 중앙으로 옮기고, 배치한 카드의 위치를 변경하기도 한다. 친러파, 러시아군, 러시아공사관, 선교사 학교, 을사조약, 원산학사, 헤이그 특사, 우정국, 인천의 일본 건물, 근대화의 노력, 고종황제 즉위, 순종, 서재필 등의 카드가 눈에 들어온다. B모둠은 우선 인물(카드)과 사건(카드)을 일어난 순서대로 배치하는 듯하다. 명성황후, 고종, 을미사변 등의 시간적 선후와 관계를 놓고 계속 고민하는 듯하다. C모둠 역시 같은 작업을 진행하고 있다. C모둠은 카드를 배치하면서 관계 가락도 함께 표시하고 있다. D모둠은 지리적 관계(녹색 화살표)를 여러 군데 표시했다.

이렇듯 필요한 카드를 찾고, 의견을 주고받으며 저마다 작업에 몰두하고 있다. 작업이 진척되면서 카드의 위치를 옮기거나 카드들 간의 관계를 표시하는 모습들도 눈에 띈다. 선생님은 학생들의 작업을 격려하거나 가볍게 코치한다. "자, 10분 남았습니다. 10분." 선생님이 학생들에게 남은 시간을 알린다. 학생들은 여전히 역사관계도 만들기 작업에 여념이 없다.

B모둠은 카드 배치가 끝난 듯 관계 가락을 붙이고 있다. 서재필과 독립신문 발행은 종속적인 속성을 나타내는 인과 관계로 설정한다. 을미사변과 러시아공사관, 러시아공사관과 고종황제 즉위는 사회적인 영향력을 나타내는 사회적 관계 가락으로 표시한다. 그러고는 무슨 문제가 생긴 듯 다 같이 모둠 책상으로 이동한다.

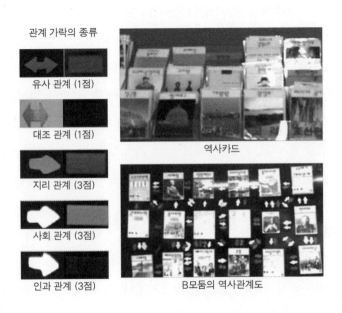

관계 가락의 종류

유사 관계 (1점)

대조 관계 (1점)

지리 관계 (3점)

사회 관계 (3점)

인과 관계 (3점)

역사카드

B모둠의 역사관계도

C모둠이 해석한 관계는 꽤나 복잡하다. 지리나 유사 관계 등의 단선적인 관계뿐만 아니라 2~4가지 속성들이 중첩된 관계들도 상당수 눈에 띈다. 카드들의 위치를 재조정하거나 관계 가락을 붙일 때마다 의견을 나누는 모습도 인상적이다. "선생님, 일본 돼요?" 한 학생이

선생님을 부른다. 중심 카드의 제목을 말하는 것이다. "일본이라고 쓰는 것보다 일본의 무엇, 이런 식으로 하는 게 낫지 않을까?" 선생님이 가볍게 코치한다. 이에 다른 학생이 '간섭'이라고 말을 받는다. 중심 카드의 제목을 정하는 순간이다. '일본의 간섭'이다.

B모둠이 다시 보드 앞으로 돌아와서 관계 가락을 붙이고 있다. 비교적 사회적 관계와 인과적 관계의 비중이 높은 편이다. 유사, 대조, 지리, 그리고 2~3가지가 중첩된 관계들이 여럿이다. 가령 을사조약과 해외 독립운동은 대조적 속성과 사회적 영향으로 관계를 나타냈다. 무리가 없는 해석으로 보인다. 다소 의아한 해석도 눈에 띈다. 헤이그 특사와 해외 독립운동을 대조, 인과, 지리, 사회적 관계로, 친러파와 러시아군은 대조, 사회, 인과 관계로 설정했다. 이들의 관계를 '대조'로 파악한 까닭이 무척 궁금하다. 중심 카드의 제목은 '일본의 침략의 시작'으로 정한 듯하다.

발표 및 공유

이제 모둠별로, 관계도로 정리한 역사를 발표할 차례다. "해석한 역사를 정리해서 발표해봅시다." 선생님의 안내에 따라 학생들이 발표할 내용을 정리하고 있다. 그 사이에 선생님은 학생들이 완성한 다섯 개의 역사관계도를 둘러보고 있다. "어, 상당히 어려운 주제인데 잘했네." 선생님이 혼잣말처럼 한마디 던진다. "자, 발표 한번 해봅시다." 그런데 아직 정리가 안 된 모양이다. 선생님은 시간을 좀 더 주고, 모둠을 돌며 상황을 살핀다.

교사 오케이. 또? 정민이.

정민 친러파와 러시아 는 인과 관계인 데 그 이유는 친 러파가 있었기 때문에 러시아 군을 만들어서,

자신의 해석을 발표하는 정민이

러시아에 혜택(?)이 되는 것을 했기 때문에 친러파와 러시 아가 인과 관계라고 생각합니다.

교사 어, 또? 호준이.

호준 '을미사변과 일본'이 명성황후가 수교 협상에 걸림돌이 되 어 살해한 것이니 이것이 간섭의 일부라 볼 수 있고, 독립 협회가 일본의 간섭으로 인해 만들어졌기 때문에 인과라 고 생각해요.

학생들이 각자 나름의 해석을 발표한다. B모둠의 정민이는 친러파 와 러시아에, C모둠의 호준이는 을미사변과 일본, 그리고 독립협회 에 주목하고 있다. A모둠의 민주는 을미사변 당시 고종의 피신에 대 해 의견을 낸다. 고종이 러시아공사관으로 피신한 것을 지리적 관계 로 볼 수 있다는 것이다. D모둠의 준상이는 김홍집의 갑오개혁에 주 목한다. 갑오개혁이 사회적으로 큰 영향을 끼쳤을 것이라는 해석이 다. E모둠의 선호는 갑신정변과 강화도 조약에 대해 의견을 낸다. 일

본의 개입이 두 사건의 공통점이라는 것이다. A모둠의 혜원이는 갑신정변과 척화비를 대조 관계로 볼 수 있다고 해석한다.

비판 및 토론

상대 모둠의 해석을 비판하면서 '관계 가락'을 제거하는 활동이다. 역사 해석을 둘러싼 논쟁 혹은 교전이 예상된다. 우선 모둠별로 문지기들이 두 명씩 나선다. 자기 모둠의 해석을 지켜내는 역할이다. 그리고 나머지 학생들은 지정된 모둠을 찾아가 공격하는 역할을 맡는다. 상대 모둠의 문지기에게 역사적 사실들에 대한 해석(유사, 대조, 지리, 사회, 인과 관계)이 타당한지 묻고 따지는 것이다. 문지기의 설명이 타당하지 않으면 해당 관계 가락을 떼어낼 수 있다. 도중에 의견이 충돌하거나 해결할 수 없을 경우에는 선생님께 도움을 요청하면 된다.

문지기와 사냥꾼의 논쟁 혹은 교전

학생들이 역사관계도 앞에 모여들어 옥신각신 공방을 펼치기 시작한다. 모둠 자리는 텅 비고, 논객(?)들이 교실 가장자리에 장사진을 이루고 있다. 선생님은 모둠을 돌며 학생들의 활동을 살핀다. 그러다가 학생들이 요청하면 도움을 주는 방식으로 토론을 거든다. 지나다가 문지기들에게 질문을 던지거나 반론을 제기하는 방식으로 논쟁을 부추기기도 한다. 선생님이 안내한 활동 시간이 훌쩍 지났다. 그럼에도 갈수록 열기가 달아오른다. 학생들이 교전의 재미에 푹 빠진 모양이다. 공방이 동시다발로 벌어지는 까닭에 발언을 뚜렷하게 가려들을 수 없다는 점이 다소 아쉽다. 학생들의 발언을 그대로 옮길 수 있다면! 20분쯤 흘렀을까? 선생님이 종료를 알리며 자리를 정돈한다.

알게 된 사실 발표하기

> **교사** 자, 4번, 5번 해보시고, 문지기들은 5번에서 중심 카드를 왜 그렇게 설정했는지 설명해주시고요.
>
> **학생** 5번이요?
>
> **교사** 4번, 5번 해주시고, 5번에서는 문지기들은 중심 카드 설정의 이유를 말해주시고 다른 사람들은 4번으로 가세요.

교과서 단원 정리 학습 문제를 말하는 것으로 짐작된다. 모둠별로 의논을 시작한다. 간간이 작은 목소리가 들리고, 필기하는 모습을 볼 수 있다. 시대(?)별로 가지런히 정리된 역사 카드 진열대가 앵글에 잡힌다. 학습 자료로 구입한 것 같기도 하고, 컴퓨터로 인쇄하여 만든 것 같기도 하다. 제작한 것이라면, 어떤 과정을 거쳤을지 무척 궁금하다. 과제를 마치고, 선생님의 안내에 따라 이 시간에 새롭게 알게 된 역사적 사실을 발표한다.

윤하 명성황후가 친러
파의 도움을 받
아 가지고 친러
파일 것 같아요.

교사 아, 명성황후가
친러파이다? 예,
하균이?

명성황후가 친러파?

하균 물불이랑 저기 중심 카드가 인과가 설정되어 있어서 물어
봤는데, 개화기로 인해 전기가 들어와서 물불과 저 중심
카드가 인과 관계가 설정됐다고 들었습니다.

선생님은 학생들의 발표에 별다른 코멘트를 달지 않고, 그대로 들
어준다. C모둠의 호준이는 서재필과 이양선에 대해 이야기한다. 서재
필이 우리나라의 독립을 위해 일했다면, 이양선은 우리나라를 침략
한 배이기 때문에 서로 대조 관계로 볼 수 있다는 것이다. 호준이의
발표를 끝으로 활동을 마무리한다. "오늘 새로운 사실을 알게 된 사
람 한번 손들어보세요." 선생님의 요청에 반수가량이 손을 든 것으
로 보인다. 이렇게 발표를 간단히 마치고 다음 활동으로 넘어간다.

중심 카드 설명하기

교사 각 조별로 중심 카드를 설명해봅시다. 여기 조부터 할게요.

선호 저희 조는 '외국에 의한 개항'이라고 했습니다. 왜냐하면 병인양요와 신미양요로 인하여 국력이 약해져서 강화도 조약으로 개항이 되었고, 갑신정변도 개항이 되고 나서 외국의 도움을 받아 일어났기 때문에 저희는 '외국에 의한 개항'이라고 생각합니다.

B모둠은 '일본의 침략의 시작'으로 정했다. 간단히 요약하자면, 고종의 황제 즉위, 아관파천, 헤이그 특사, 을사조약 등이 일본으로 인해 비롯되었다는 설명이다. C모둠은 '일본의 간섭'이라고 적었다. 개화기의 많은 사건들이 대부분 일본 때문에 발생하기 때문이라는 것이다. A모둠은 개화기를 '쇄국과 개화의 갈림길'로 포착했다. 어느 한쪽을 선택할 수밖에 없었던 상황을 강조하려는 것일까? 병인양요, 신미양요 등의 사건들로 인해 쇄국정책을 펼치게 된다는 설명이다. "우리 개화기 역사를 배울 때 저게 좀 와 닿지 않았니? 쇄국과 개화의 갈림길!" 임 선생님은 괜찮은 것 같다는 코멘트를 덧붙인다. 칭찬이 자연스럽다. 학생들도 공감을 표시하는 듯하다. D모둠은 '나라를 바꾸기 위한 노력'으로 정했다.

개화기, 쇄국과 개화의 갈림길!

교사 이게 현경이가 죽어도 이해가 안 된다는 그거(학생들 웃음).

준상 왜냐하면 고종도 나라를 바꾸기 위해서 개화정책을 실시
      했고,

교사 고종은 어떤 나라를 원했을까?

준상 고종은 제가 보기에는 러시아 쪽을 원했을 것 같아요.

교사 러시아 같은 모습? 이유가 뭐야?

준상 왜냐하면 을미사변이 일어났을 때 자신의 신변이 위험하
      다는 것을 알고 러시아공사관으로 도망쳤기 때문에 러시
      아를 믿었다고 생각합니다.

　　발표 도중에 선생님이 질문을 던진다. 준상이의 답변이 길어질 것
을 예상한 개입으로 보인다. 준상이는 두 번째 이유로 '개화기 학교'
를 거론한다. 인재를 육성하여 나라를 부강하게 만들기 위한 노력이
었기 때문이라는 것이다. 또한 갑오개혁도 학교를 만들어 인재를 육
성하자는 내용을 포함하고 있어서 그렇게 결정하게 되었다고 덧붙인
다. 설명이 끝나자 학생들이 갑작스레 역사관계도의 관계 설정을 문
제 삼는다. "저기 강화도 조약하고 개화기 학교 학생이 왜 사회적 관
계예요?" A모둠의 민주가 D모둠의 발표자 준상이에게 묻는다. 준
상이는 강화도 조약 이후에 나타나는 사회적 변화라고 답하는 것으
로 보이나 가려들을 수가 없다. 임 선생님은 흐름을 끊지 않고, 그런
학생들을 지켜본다. 기다렸다는 듯 A모둠의 혜원이도 B모둠의 관계
설정을 따져 묻는다.

혜원 저거 친러파 맞죠? 친러파 밑에 러시아군이잖아요. 그게 왜 대조예요?

정민 친러파는 러시아에서 하는 것을 확인해 가지고 나라를 위해서 하는 애들이고, 러시아군은 지시를 받고 활동하는 애들인데요. 애들이 똑같이 계속 몇 번을 물어봐요.

앞선 활동에서 속 시원하게 해결하지 못한 것으로 보인다. 말하자면 '공격과 방어'의 연장전인 셈이다. B모둠의 정민이가 답답하다는 듯 답변을 내놓지만 석연치

19세기의 대외 관계와 명성황후가 왜 인과 관계인가?

가 않다. "그걸 대조 관계로 보기 힘들잖아." 결국엔 선생님의 조정으로 마무리된다. "19세기 대외 관계와 명성황후가 왜 인과 관계예요?" C모둠의 은영이도 B모둠에게 질문을 던진다. 당시 명성황후는 친러파였고, 그로 인해 일본이 명성황후를 시해하게 된다는 설명이다. 이쯤에서 마무리하고, 선생님이 각 모둠의 중심 카드를 연결·종합하여 개화기의 흐름을 정리한다.

교사 (E모둠의 중심 카드를 가리키며) 자, 외국에 의한 개항, 누구에 의한 개항이에요?

학생들 외국.

교사 어떤 외국?

학생들 일본.

그래서 일본의 간섭이 시작되었다는 것이다(B모둠). 그러다 보니까 일본의 침략이 시작되었고(C모둠), 우리는 방어를 위해서 개화정책을 적극적으로 추진하게 된다는 것이다. 그런 것을 나라를 바꾸기 위한 노력으로 볼 수 있다고(D모둠). 그렇듯 개화기가 쇄국과 개화의 갈림길에 있었다는 것이다(A모둠). 선생님의 '연결·종합'이 학생들의 감탄을 자아낸다. "우리가 판단하기에는 쇄국이 너무 길었다고 보는 거죠. 갈림길에서 빨리 개화 쪽으로 갔으면 달라질 수 있었을 텐데." 선생님이 한마디 추가하며 활동을 마무리한다.

한 줄로 표현하기

마무리할 차례다. 개화기의 역사를 한 문장으로 정리하여 발표하는 방식이다. 이전의 활동으로 어느 정도 공유가 된 상황이라서 그리 어렵지 않을 것으로 보인다. "비유도 괜찮아요?" 한 학생이 질문한다. "비유도 좋고, 다 좋아요. 정답 없어요. 편하게 하세요." 선생님이 방향을 제시한다. 잠시 후 준비가 된 듯 발표가 시작된다. 대부분의 학생들이 발표한다. 그 일부를 옮기자면 이렇다. '혼란스러운 시대', '질풍노도의 시기', '나라가 발전할 수 있는 시기', '나라를 바꾸기 위한 노력들이 상당했던 시기', '혼돈의 시기', '나라의 문을 여는 시기', '외국들의 침략', '우리나라의 빛과 그림자', '우리나라를 차지하기 위한 전쟁이 반복되는 시대', '전쟁으로 피해가 많았던 시대' 등 다양한 표현들이 쏟아져 나온다. 개화기를 '당구'에 비유하는 학생도 있다. 공들이 부딪히는 순간의 역동적인 움직임을 떠올린 것일까?

> **준상** 개화기는 진화이다.
>
> **교사** 왜?
>
> **준상** 개화기 시대를 거쳐서 근대 사회로 들어오잖아요. 그러니까 근대로 들어가기 위한 최 종 관문으로서, 진화를 이루기 위한 마지막 관문…….

준상이는 개화기를 근대와 관련 지어 파악하고 있다. 역사를 보는 시야가 제법이다. 호준이는 개화기가 '우리나라의 자랑'이라고 말한다. 개화기에 우리나라를 위해서 김옥균 같은 이들이 많은 일을 해냈기 때문이라는 것이다. 호준이의 발표가 끝나기 무섭게 D모둠의 준상이가 따지듯 질문을 던진다. "우리나라가 일본한테 먹힌 게 자랑입니까?" "일본한테 먹혔지만, 싸웠으니까 그걸 자랑이라고 할 수 있겠지." 호준이가 응수한다. "그전에 일본에게 먹히는 과정을 극복했으면 모를 텐데. 그걸 자

준상이와 호준이의 '연장전'

랑이라고 할 순 없어. 좀 슬픈……." 준상이가 다시 반박한다. "근데 이게 정답이 있어요?" "나가서 싸우세요. 나가서."(웃음) 선생님은 이 쯤에서 수업을 마무리한다.

관계 짓기, 역사적 사실에 대한 탐구와 해석

2007 개정 교육과정에서는 5학년 1, 2학기에 역사를 배운다. 단원을 열거하자면 이렇다. '하나 된 겨레', '다양한 문화를 꽃피운 고려', '유교 전통이 자리 잡은 조선', '조선 사회의 새로운 움직임', '새로운 문물의 수용과 자주독립', '대한민국의 발전과 오늘의 우리'로 4~6개씩의 소단원으로 구성되어 있다. 단원명을 보면 주제별로 구성된 것처럼 보이나 실은 연대기로 구성되었음을 알 수 있다. 이에 임 선생님은 6개의 대단원을 11개의 연대기로 재구성했다고 한다. 그리고 학습한 내용을 보충·심화하는 단원 정리 학습에 '관계 짓기' 수업 모형을 적용한다고 한다. '관계 짓기' 수업은 단원 정리 학습에 적합한 모형으로, 학생들에게 역사를 스스로 해석해보는 경험을 제공하기 위한 것이다.

우선 관계 짓기 수업 모형부터 짚고 넘어가야겠다. 전술한 것처럼 '관계 짓기' 수업 모형은 개의 단계, 유형의 단계, 법칙성의 단계, 자기 이해의 4단계로 구성된다. 부연하자면, 개의 단계는 학생들이 수업 시간에 배운 역사적 개념이나 사실을 정립하고 서로의 관계에 대해 생각해보는 단계다. 유형의 단계에서는 역사 카드(사건, 인물, 사회, 지리, 문화재)와 관계 가락을 활용하여 '역사관계도'를 만들고, 정보를 수집하여 그 근거를 마련한다. 법칙성의 단계는 다른 모둠의 역사관계도를 비교·분석하는 단계다. 자기 이해의 단계에서는 해당 연대기에 대해 자기 나름의 생각을 표현해보는 것이 포인트이다. 임 선생님에 따르면, 사회과 '범례 학습'을 변용한 수업 모형이라고 한다.

수업의 흐름을 요약하자면 이렇다. 우선 학생들이 '개화기'와 관련한 자료 동영상을 시청한다. 동영상 보기를 마치고, 선생님은 학생들과 함께 떠오르는 역사적 사실과 인물들을 관련 지어 본다. 그동안 배운 내용을 떠올려보고, 워밍업을 하려는 것이다. 이 수업에서 개의 단계는 역사 카드를 활용하여 역사적 사실들 간의 관련성을 생각해보는 것이다. 이어 유형의 단계에서는 모둠별로 역사관계도를 만든다. 보드에 카드를 배치하고, 이들 간의 관계를 표시하는 작업이다. 이는 개화기에 대한 나름의 해석으로 보드의 중앙에는 중심 카드를 배치한다. 역사관계도 만들기가 사실fact을 해석하는 작업이라면, 중심 카드는 역사관계도의 제목에 해당한다. 이로써 한 시대의 조감도가 완성된다. 그리고 발표로 해석을 공유한다.

상대 모둠과 해석을 둘러싼 논쟁 혹은 교전을 벌이는 장면도 흥미진진하다. 역사관계도를 보며 해석의 오류를 비판하고, 관계 가락을 떼어내는 식이다. 각 모둠의 문지기들이 수비를 맡는다. 관계 가락 사냥에 나선 학생들이 보드 앞에 장사진을 치고, 문지기와 옥신각신 공방을 펼친다. 논쟁의 도가니가 따로 없다. 작은 교실에 이와 같은 장면scene을 연출할 수 있다니! 집단지성이 풀가동되는 장면이 랄까? 선생님도 틈을 놓치지 않고 질문을 던지거나 반론을 제기하는 방식으로 교전을 부추긴다. 이는 법칙성의 단계에 해당하는 활동이다. 다음은 중심 카드를 설명하는 순서다. 개화기를 보는 감각과 관점을 압축적으로 표현하고 있다. 그리고 자기 이해의 단계로, 개화기의 역사를 한 줄로 정리하여 발표하면서 수업을 마무리한다.

초등학교에서는 1년간 선사시대부터 근현대사에 이르기까지 방대한 분량의 한국사를 공부하게 된다. 그런 까닭에 역사 수업은 보통 시간 순서에 따른 연대기적 접근 혹은 전 시대를 다루는 통사적 접근으로 이루어진다. 이와 같은 방식은 한국사의 흐름과 주요 변천 과정을 파악하는 데 효율적이다. 반면 '깊이' 있는 접근이 어렵다는 난점을 피할 수 없다. 게다가 초등의 경우 학생들이 시간의 흐름과 변화에 대한 이해력이 부족하다는 점도 문제가 된다. 그와 같은 이유로 역사 수업은 지루한 시간이 되거나 '의자 고행'이 되기 십상이다. 그런데 임 선생님은 교구와 자료를 활용하여 그와 같은 난점을 가볍게 넘어선다. 그 방식 또한 매우 독특하다. 그런 까닭에 학생들이 흥미를 갖고 빠져들게 되는 것이다.

역사 카드와 관계 가락은 '관계 짓기' 수업의 문법을 잘 보여주는 자료들이다. 역사 카드에는 인물, 사건, 지리, 문화재 등에 관한 정보가 기록되어 있다. 카드의 앞면은 제목과 이미지로, 뒷면은 그에 관한 해설로 구성되어 있다. 관계 가락은 역사적 사실들 간의 관계를 나타내는 기호를 말한다. 유사, 대조, 지리, 사회, 인과 관계를 표시할 수 있으며, 종류별로 배점이 다르다. 이는 관계 설정 시 사고 혹은 시야를 넓혀주는 장치가 된다. 역사 카드가 개화기의 역사적 사실들을 파악하는 자료로 쓰인다면, 역사관계도는 학생들 나름의 개화기에 대한 해석이라고 할 수 있다. 자료와 관련하여 설명을 길게 늘어놓는 까닭은 그것이 수업의 특이점으로 작용하기 때문이다. 이에 관해서는 뒤에서 다시 논할 것이다.

자료는 보통 학생들의 흥미를 유발하거나 이해를 돕고, 학습 효과를 높여주는 기능을 한다. 그런데 이 수업에서는 단지 거기에 머물지 않는다. 학생들이 능동적으로 참여할 수 있는 학습 공간을 창출한다는 점에서 눈여겨볼 필요가 있다. 중심 카드의 설정도 같은 맥락에서 이해할 수 있을 것이다. 그로 인해 주체의 포지션도 달라진다. 학생들이 탐구와 해석의 주체로, 교사는 수업을 디자인하고 곁에서 학생들을 돕는 조력자로 설정된다. 학생은 수동적인 위치에서 학습learning의 주체로, 교사는 전달자에서 교수teaching 행위의 주체로 재설정되는 것이다. 학생들은 그렇게 역사 탐구 및 해석에 참여하고, 서로의 생각과 앎을 나눠 갖는다. 의견 교환과 교전을 통해 자기도 모르게 배움을 주고받게 되는 것이다.

학생들이 역사를 해석한다고 해서 정교한 언어와 추상적인 개념이 꼭 필요한 것은 아니다. 자신의 언어로 생각과 앎을 표현·구성할 수 있으면 되는 것이 아닐까? 역사관계도 만들기 작업도, 우연히 벌어지는 토론과 논쟁도 그런 맥락에서 이해할 수 있을 것이다. 가령 모둠별 작업으로 완성되는 역사관계도가 그렇다. 학생들이 정하는 중심 카드도 마찬가지다. 관계 설정을 놓고 벌이는 혜원이와 정민이의 연장전도, 후반부의 준상이와 호준이의 논쟁도 마찬가지다. 이처럼 예측 가능한 모습도, 우연한 논쟁도 모두 탐구와 배움의 주체가 발견되는 지점들이다. 물론 오류와 착오가 없지 않다. 그러나 이 수업은 말끔한 해석과 정답을 찾아가는 시간이 아니다. 아마 정민이도, 호준이도 자신의 판단을 되돌아보게 될 것이다.

A모둠은 개화기를 '쇄국과 개화의 갈림길'로 포착한다. '일본의 간섭'이나 '일본의 침략의 시작'도, '나라를 바꾸기 위한 노력'도 탐구 없이는 가능한 표현이 아니다. '한 줄로 표현하기'에서 볼 수 있는 준상이의 판단은 또 어떤가? 개화기를 근대와 관련 지어 파악하는 모습은 배움의 수준을 잘 보여준다. 특히 A모둠의 제목과 준상이의 표현은 한 시대의 흐름을 파악하고, 전후 맥락을 짚어낸다는 점에서 넓은 시야를 볼 수 있는 해석이다. 배운다는 것은 그렇게 학습한 내용을 자기화하는 것이 아닐까? 그렇게 자기 관점을 만들어가는 것에 다름 아닐 것이다. 이는 범례 학습의 강조점을 잘 보여주는 지점이기도 하다. '관계 짓기' 수업극장에서 우리가 눈여겨봐야 할 것은 그런 것이 아닐까?

교구와 자료, 참여와 배움을 견인하는 '끌개'

사회과 역사 수업의 일반문법은 교과서가 전하는 사실과 기록을 암기하고 이해하는 수준을 크게 벗어나지 않는다. 그러나 임 선생님의 수업은 전혀 다르다. 학생들에게 사실에 대한 '암기와 이해'를 넘어 '탐구와 해석'의 공간을 열어준다. 그 비결이 무엇일까? 그와 같은 배치의 변환에 특이점으로 작용하는 것이 바로 교구와 자료이다. 앞에서 말한 것처럼 역사관계도는 역사 카드와 관계 가락으로 구성된 일종의 서사라는 점에서 개화기에 대한 해석에 다름 아니다. 뿐만 아니라 해석을 둘러싼 토론과 교전의 장소가 되기도 한다. 이렇듯 임 선생님의 설계에는 문지기와 사냥꾼의 교전이라는 게임의 요소가 내재되어 있다. 때문에 열기가 달아오르고, 학생들이 활동에 몰입하게 되는 것이 아닐까?

초등학교 고학년은 수학 다음으로 사회를 공부하기 어려운 교과로 꼽는다. 사회 교과에서도 특히 역사 영역이 어렵다고 한다. 초등 교과서 자체가 선사시대부터 근현대사에 이르는 한국사의 요약본으로 내용 자체가 방대한 까닭이다. 또한 용어가 많고 추상적이며, 대부분 언어라는 상징적 표상symbolic representation으로 표현되기 때문이다. 게다가 체감할 수 없는 시간적 거리도 접근을 어렵게 한다. 때문에 학생들이 이해하고 받아들이기가 쉽지 않은 것이다. 이 수업은 그와 같은 난점을 극복하는 아이디어가 빛난다. 특히 역사 카드와 관계 가락은 역사를 보고 만질 수 있게 가시화해주는 촉감적인 자료다. 역사 카드는 언어로 진술된 완결된 텍스트를 풀어놓는다. 이로써 고정된 해석 혹은 척도화된 기록이 편집 가능한 '자료'로 바뀌는 것이다.

역사는 사실을 연구 혹은 편집하여 구성한 서사와 다름이 없다. 그리고 그것은 '기록하는 자'의 관점에 따라 달라질 수 있다. 일반적인 수업에서 역사는 이미 해석된 것으로 주어진다. 교과서와 교사가 전달하는 역사를 말하는 것이다. 때문에 학생들은 굳이 탐구와 해석에 노력을 쏟을 필요가 없다. 교사도 교과서의 내용을 전달하기 바쁜 것이 현실이다. 때문에 역사는 암기하고, 이해해야 할 고정된 기록과 다름없다. 이처럼 주어진 역사는 학생들의 사고를 거세한다. 반면 역사 카드는 학생들에게 탐구와 해석을 주문한다. 전술한 것처럼 역사 카드가 이미 주어진, 고정된 기록을 해석 이전으로 되돌려 놓는 까닭이다.

역사적 사실은 배열 혹은 편집에 따라 그 의미가 달라질 수 있다. 그런 맥락에서 역사 카드는 해석의 도구가 된다. 하나의 척도 혹은 정답으로서의 역사가 사라지고, 구성의 관점에서 사고하게 되는 것이다. 그렇게 자기 관점 혹은 해석을 갖게 되기에 비판과 토론도 가능해지는 것이다. 역사관계도 만들기와 비판 및 토론은 역사적 사고력이 풀가동되는 과정이기도 하다. 자료 분석, 비판적 사고와 탐구력, 추리력과 판단력 등과 같은 '역사적 사고력'의 신장에 효과적인 활동이다. 하나의 척도 혹은 정답이 없듯이 자신의 관점 혹은 해석 또한 무결한 것일 수 없다. 때문에 비판 및 토론 활동을 배치한 것일 게다. 그런 까닭에 학생들이 무관심한 과거의 기록을 넘어 의미 있는 도전으로 역사를 경험하게 되는 것이다.

그렇게 한바탕 교전을 치르고 나면 자신도 모르는 사이에 달라진 시야를 갖게 되지 않을까? 그를 통해 '역사적 문식력historical literacy'을 기를 수 있을 것이다. 그리고 이와 같은 활동을 통해 개화기에 대한 해석과 판단을 자기화하는 것이다. '한 줄로 표현하기'도 같은 맥락에서 이해할 수 있다. 이 수업이 해석을 강조한 나머지 사실을 소홀히 다루는 것처럼 보일 수 있다. 그게 사실이라면 문지기들이 사냥꾼의 도전을 방어하기 어려울 것이다. 마찬가지로 상대 모둠을 공략하기도 어려울 것이다. 팩트 없는 논리 혹은 해석이 가능할까? 역사 카드(사실)가 판단의 근거가 되지 않는가? 그런 맥락에서 이 수업이 역사적 사실을 소홀히 취급한다고 말하기는 어려울 것이다.

교구의 활용도 보기 드문 사례를 제공한다. 역사관계도 만들기 작업에 이용하는 이동식 보드를 말하는 것이다. 모둠별로 1개씩 다섯 개를 사용한다. 이 수업에서 보드는 단순한 작업대 이상의 의미를 갖는다. 보드라는 평면이 자료(역사 카드, 관계 가락)와 결합하여 탐구 공간으로, 문지기와 사냥꾼의 토론 공간으로 확장된다. 매우 역동적인 학습 공간으로 전환되는 것이다. 대형 보드를 활용함으로써 누구나 볼 수 있는 조감도를 만들 수 있고, 학생들이 논쟁과 교전에 가담할 수 있게 된다. 이처럼 교구도 학생들의 배움을 견인하는 끌개로 작용한다. 시간이 허락한다면 다른 모둠도 찾아다니며, 관계 가락을 사냥할 수 있을 것이다. 또한 혜원이와 정민이처럼 '연장전'이 벌어지는 공간이 되기도 한다.

물론 아쉬움이 없는 것은 아니다. 관계 가락이 한정되어 관계 설정이 제한될 수 있다는 점이다. 5종의 관계 가락으로 역사적 사실들 간의 관계를 충분히 표현할 수 있을까? 관계의 다양한 양상을 사고하기에는 한계가 있지 않을까 싶다. 동종의 관계라 하더라도 그 양상에 차이가 있을 수 있기 때문이다. 물론 여러 가지 기호를 사용하여 동시에 2가지 이상의 관계를 설정할 수 있다. 또한 관계의 속성에 크게 차이가 없다면 다섯 가지 범주로 포괄할 수도 있을 것이다. 그리고 기호로 나타낼 수 없는 부분은 별도의 설명으로 보충할 수도 있을 것이다. 그럼에도 한정된 기호는 사고의 폭을 제한하게 된다. 이를 보완하기 위해 중심 카드처럼 기타 관계를 설정할 수 있는 옵션 기호를 사용한다면 어떨까 싶다. 물론 기호가 복잡하면, 활용하기 어렵다는 점도 감안해야 할 것이다.

마무리 단계에서 일어나는 준상이와 호준이의 논쟁도 그렇다. 개화기를 '우리나라의 자랑'이라고 표현하는 호준이의 의견을 준상이가 바로 반박하고 나선다. '한 줄로 표현하기' 활동에서 뜻하지 않게 발생하는 논쟁이다. 그러나 이 논쟁은 불발로 그치고 만다. 수업을 마무리할 시간이 다 되었기 때문이다. 어찌 보면 수업의 흐름을 벗어나는 것처럼 보일 수 있다. 그러나 이 또한 해석이 아직 끝나지 않았음을 보여주는 또 하나의 '연장전'이 아닐까? 그런 점에서 수업의 흐름과 무관하지 않다고 생각한다. 토론이나 논쟁이 꼭 정답을 찾기 위한 것도 아니다. 이와 같은 논쟁에는 시간을 좀 더 할애해도 괜찮을 것이다. 수업을 마무리할 상황임을 모르는 것은 아니다. 다소 아쉬움이 남는다는 말이다.

학습 주권의 소재를 잘 보여주는 수업이다. 특히 역사관계도는 그 자체로 의견 교환의 산물이다. 게다가 카드를 적절히 배치하는 퍼즐링 전략도 필요로 한다. 하나의 위치가 정해지면 다른 카드와의 관계 설정에 제약이 생길 수 있기 때문이다. 그리고 카드들 간의 관계 설정에 따라 다양한 해석도 가능하다. 이처럼 이 수업은 교구와 자료가 '끌개' 구실을 하는 특이한 사례다. '관계 짓기' 수업은 교구와 자료, 학습 공간과 의견 교환, 관계 가락의 시각적인 디자인과 배점, 중심 카드의 기능, 문지기와 사냥꾼의 교전, 한 줄로 표현하기 등이 매우 정교하게 구성되어 있다. 게다가 '연장전'의 여백까지 볼 수 있다. 마치 자기 완결적으로 작동하는 시스템처럼 보인다. 이와 같은 수업 디자인을 뭐라고 불러야 할까?

✝임 선생님이 2006년부터 다년간의 실행 연구로 이루어낸 성과를 볼 수 있는 수업이다. 연구와 실천이 결합된 노하우와 독창적인 아이디어가 빛난다. 학생들이 스스로 배움의 주체가 될 수 있는 수업 디자인이라는 점에서도 긍정적이다. 또한 선생님이 개입하는 방식도 눈여겨볼 만하다. '진리'의 전도사가 아닌 조력자로 선을 긋는다. 학생들의 활동과 사고의 흐름을 방해하지 않으려는 것이다. 교사의 과도한 개입이나 정리는 학생들의 탐구를 무용한 것으로 되돌릴 수 있기 때문이다. 이를 굳이 방관으로 오인할 필요는 없을 것이다. 값싼 비유일지 모르겠으나 무림의 고수를 만나 새로운 초식을 배운 느낌이다. 많은 교사들이 이 수업을 보고, 이야기 나눌 수 있으면 좋겠다. 혼자서 보기 아까운 수업이다.

덧붙이자면, 기승전결이 뚜렷한 한 편의 단막극을 본 것 같다. 학습 공간을 창출하는 임 선생님의 미장센이 매우 독특하다. 하이라이트는 단연 보드에 완성되어가는 역사관계도, 이어지는 비판 및 토론 활동일 것이다. 당연한 귀결로 역사적 사고력 혹은 해석의 안목을 기를 수 있는 가능성을 잘 보여주는 수업이다. 학생들의 탐구와 해석을 볼 수 있다는 점에서는 역사 수업 패러다임의 전환을 보여준다고 해도 지나친 표현은 아닐 것이다. 관계 짓기 수업은 다시 보고 싶은 드라마가 될 것 같다. 상당한 완성도를 보이고 있음에도 미완의 수업 모형이라고, 연구를 계속할 계획이라고 한다. 지속적인 연구과 실행으로 업그레이드 버전이 나오길 기대한다. 그리하여 임 선생님의 수업극장이 다시 개봉되길!

2부

수업의 전환

디베이트,[13] 이대로 좋을까?

장군

디베이트Debate 붐이라 하면 과할 것이다. 그렇다고 일시적인 유행으로 치부하기엔 잔상이 뚜렷한 편이다. 지금은 잦아들었지만 여전히 그 품을 확대하고 있는 것이 사실이다. 2015년 3월 현재 우리나라 디베이트 코치는 6,000여 명이 넘는다. 케빈 리Kevin. Lee에 의하면, 이는 미국과 한국의 인구를 고려할 때 이미 미국을 넘어선 숫자라고 한다. 다른 지표를 보자. 2012년 대전 지역 교직원 150명을 대상으로 한 조사가 있다. 이 설문에서 디베이트의 학습 방법 개선 효과와 직무 연수 참여 의사를 물었을 때 긍정적인 응답률은 각각 89.2%와 83.9%에 이르렀다. 연수 직후라는 상황을 참작해도 무시할 수 없는 호응이다. 교육 당국의 의지도 각별하다.

---

13. 케빈 리의 정의를 따라 형식을 갖춘 찬반 대립토론으로 의미를 제한한다. 특별한 언급이 없는 한 '케빈 리 식 디베이트'를 가리키며, 좁은 의미로는 그중 '퍼블릭 포럼 디베이트Public Forum Debate 포맷'만을 뜻한다.

전남교육지원청은 2012년을 시작으로 2015년에도 '독서·토론 수업 활성화'를 역점 과제로 선정했다. 전주교육지원청은 아예 특색 사업을 '비판적 사고와 고등 정신 함양을 위한 디베이트 및 토론 교육 확대(2015)'로 운영하고 있다. 대구교육지원청도 '디베이트 중심 도시 대구 만들기(2013)' 프로젝트를 진행했다. 부산교육지원청의 경우는 최근 '다 같이 토의·토론 수업(2015)' 종합 추진 계획을 발표했다. 요즘은 인문학 교육의 중요성이 강조되면서 주춤했던 디베이트가 다시 탄력을 받고 있다. 디베이트가 학습 영역에서 학생 생활 영역을 거쳐 교육 전반으로까지 확대되고 있는 것이다. 그 효과에 대한 의문을 떠나 그 파급력은 놀랄 만하다.

디베이트는 2010년 말 케빈 리에 의해 본격적으로 소개되자마자 급속히 전파되기 시작해 지금까지 이르렀다. 그가 '천지개벽'이라고 자축할 만한 일이다. 일단 교육 당국과 학부모는 적극적으로 열광하는 듯하다. 교사와 학생도 이의 없이 승인하는 것처럼 보인다. 교육학자들에게도 별다른 반발은 없다. 주체와 입장마다 속내는 다르겠지만, 일찍이 이러한 만장일치가 있었던가? 보수와 진보 진영을 넘나들며 환영받는 것을 보면 조금은 어리둥절할 정도다. 그나마 이와 유사했던 반응은 2008년 '통합교과형 논술 고사'가 발표된 이후의 논술 열풍 정도라 할 수 있겠다. 그러나 논술은 애초에 대입이라는 경제적 가치로 환산해 출발한 것이었다.

그 신드롬은 사회 전반의 집단 히스테리와 다름없었다. 그래서 결국 현장에서는, 적어도 초등에서는 환멸과 회의로 되받아졌다. 디베이트는 사정이 다르다. 일단 '소통'이라는 시대적 화두를 때맞게 잘 거머쥐고 있다. 유리한 위치에서 출발한 것이다. 거기에 학생 중심 수업, 자기 주도적 학습력 강화 등 교육의 해묵은 과제 또한 충분히 감싸고 있다. "공부의 오케스트라"라고 케빈 리가 이름 붙일 만큼 종합적인 학습 요소도 갖추고 있다. 부차적으로 형식을 갖춘 토론이라는 점은 매뉴얼이 되어 교사들이 편히 접근할 수 있는 실용성까지 담보해준다. 일단 익숙해지기만 하면 주제를 바꾸는 것만으로 수업을 이끌어나갈 수 있다는 점도 매력적이다. 한마디로 디베이트는 꽤 효용적인 셈이다. 물론 지금처럼 제도를 업은 디베이트가 바람직하다 볼 수만은 없다. 당장에라도 교육 당국에 의해 실적 도구로 전락할 위험이 있기 때문이다. 제도로부터 출발할 때 굴절과 왜곡의 위험을 오롯이 견딜 수 있는 교육 이론이나 방법은 그리 많지 않다. 그래서 그것의 되먹임을 돌아보지 않는다면 한순간에 현장이 외면할 수도 있다. 게다가 디베이트에 대한 믿음과 확신이 지나쳐서일까? 아니면 열정에 비례하는 조급증 때문일까? 점점 상업적으로 반듯하게 포장하려는 전략은 우려할 만하다. 입시 위주의 교육을 비판하며 동시에 대입 맞춤형으로 홍보하는 양가성은 지나친 면이 없지 않다.

케빈 리는 "모든 학생들이 매주 모여 디베이트하는 그날까지!"를 슬로건으로 내걸었다. 이를 현실화하려는 욕망에 지금처럼 '모든'과 '매주'를 강조한다면 필연적으로 교육 당국과 시장에 의지할 수밖에 없다. 그리고 그것이 디베이트의 목표와 어떻게 줄타기를 할 수 있을

지 의문이다. 어쨌든 디베이트는 "대한민국 교육을 바꾸는" 불씨 역할을 할 수도 있고, 그저 불안을 근원으로 한 또 하나의 스탬피드 현상stampede phenomenon에 불과할 수도 있다. 아마도 그 사이 어디쯤이겠지만, 현재로서는 그 향방을 가늠하기가 어렵다. 하지만 이렇게 물을 수는 있겠다. 그렇다면 디베이트를 이대로 받아들여도 좋을까?

승부를 넘어

박성후와 최봉희는 『Focus Debate』에서 "전투적이고 대립적인 토론은 시너지를 만들어내지 못한다"고 말한다. "승부에 급급한 대립 토론은 서로에게 상처를 입힐 뿐이고" 이것은 결국 "비생산적이고 비교육적인 행위"라는 것이다. 그래서 "창조적 시너지를 만들기 위한 아름다운 소통의 과정"이 필요하다고 강조한다. 유동걸은 좀 더 전투적으로 『토론의 전사』에서 "디베이트라는 서양식 토론이 언어나 논리의 싸움꾼을 양산할 조짐"을 보인다고 걱정한다. "대립과 승패를 축으로 하는 디베이트 교육의 바탕에 소통과 화합의 철학이 없다면" 디베이트는 "강자들에게는 강력한 무기가 되고 약자들을 논리의 피해자"로 만든다는 것이다. 그래서 디베이트가 "현실을 강화하는 불평등의 괴물"을 만드는 데 공헌할지도 모른다고 개탄한다.

일견 두 책의 저자 모두 디베이트를 권장하는 책에서 디베이트를 끌어내리려는 것처럼 보인다. 그러나 이는 모순이 아니다. 그들이 겨냥하는 것은 비록 직설적인 언급은 없지만 케빈 리가 주장하는 디베이트인 '케빈 리 식 퍼블릭 포럼 디베이트 포맷'이다. 그래서 두 저자는 책 전반에 걸쳐 경청과 소통을 강조하고, 대립과 승부를 비판한다. 그리고 결론적으로 박성후와 최봉희는 '포커스focus 디베이트'를, 유동걸은 '다양한 토론 방식'을 해법으로 내놓는다. 이 비판은 일견 타당하나 케빈 리로서는 답답한 면이 없지 않으리라.

일단 경청과 소통의 문제, 케빈 리가 이를 소홀히 취급하고 있다는 것은 지나친 흠잡기 아닐까? 굳이 케빈 리가 말한 효과를 언급하지 않더라도 '경청'하지 않고 '소통'하지 않고 디베이트를 할 수 있을 리 없다. 물론 그들이 주장하는 디베이트와 케빈 리 식 디베이트에서 경청과 소통의 질적인 차이를 묻는 것이라면 의견이 갈릴 수는 있겠다. 그러나 어느 쪽이든 디베이트는 경청과 소통이 기본이다. 대립을 지적하는 문제 또한 그러하다. 디베이트는 일반적으로 찬반 대립토론의 의미를 가진다. 그 대립을 문제라고 보았다면 애초에 다른 디베이트를 대안으로 내놓는 것은 자가당착에 불과할 수 있다.

그렇기에 박성후와 최봉희는 디베이트라는 개념을 '디스커션discussion'으로까지 확장하며 문제를 제기한다. 그렇지만 이것은 얼핏 반칙처럼 보이기도 한다. 전제를 부정하면 논의 자체가 불가능해진다. 토론을 왜 토의처럼 하지 않느냐고 따진다면 그다지 할 수 있는 말은 없을 것이다. 유동걸 또한 디베이트의 범위를 케빈 리와는 다르게 사용하고 있다. 그도 꽤 포괄적으로 두고 있기에 "서구식 찬반 대립토론인 디베이트" 이외에 '협상 토론'이나 '이야기식 토론'도 디베이트의 하나라고 제안하는 것이다. 개념의 차이가 논의를 어렵게 하지만 그것을 떠나 어떻든 간에 두 저자가 '대립'에 상당한 거부감을 보인다는 것은 이것으로 확실해 보인다.

이는 이해할 만한 일이다. 대립과 경쟁으로 왜곡된 지금의 학교교육에 신물 나는 이라면 대립이라는 말에 알레르기 반응을 일으키지 않을 도리가 없다. 이미 임계점에 다다른 대립과 경쟁에 또 하나를 추가하는 것처럼 보이기 때문이다. 더구나 비고츠키Lev. Vygotsky 교육철학과 핀란드 사례에서 보듯 이제는 협력의 원리로 구성되어야 할 교육이 다시 대립과 경쟁이라니 걱정이 앞설 만도 하다. 디베이트가 대립토론이라는 정의를 확장하지 않는 이상 이런 오해를 완벽히 비켜 가기는 어렵다. 다만 소모적인 대립이 아니라는 점, 다대다 토론으로 팀원 간에 협력이 이루어진다는 점, 오히려 사회적 상호작용 측면에서 비고츠키 교육철학을 계승한다는 점 등으로 반론할 수 있겠으나 여전히 미심쩍을 것이다.

그 찜찜함의 근원은 대립이겠지만, '승부'로 인해 더욱 강화되는 측면이 있다. 케빈 리 식 디베이트는 심판 혹은 판정단에 의해 승패가 나뉜다. 이는 애초에 케빈 리가 수입한 포맷 자체가 대회 방식이었기 때문이다. 물론 그는 대회의 목적이 "동기 부여와 격려, 자극"이기에 "승리 자체가 궁극적 목표"가 된다면 디베이트의 의미가 상실된다고 경고한다. 그의 일반적인 변론을 살피지 않더라도 대회라면 승부를 내는 방식을 충분히 수긍할 만하다. 그러나 대회용 포맷이 학급 디베이트 모델로 자리 잡는 순간에 달라진 배치는 의미 또한 다르게 형성한다. 승부가 꼭 필요한지를 되물어볼 수 있는 것이다.

결론부터 말하자면 학급 디베이트 포맷에서 승부는 없는 게 낫다. 피드백은 판정단이나 교사의 강평으로도 충분하다. 채점표를 변형한 체크리스트나 자유 글쓰기를 통해 자기 평가로 나아가는 것도 괜찮을 것이다. 때때로 예기치 않게 승부를 내어 긴장을 유지하는 전술적인 유연함도 필요하다. 그러나 학급 디베이트에서 항상 승패를 가른다는 것은 결국 디베이트를 말다툼의 장으로 만들 공산이 크다. 그렇지 않아도 숙련된 디베이터가 아니라면 디베이트는 논쟁이 언쟁으로 탈바꿈하기 쉽다. 그런데 승패까지 맞물리면 논리를 재구성하기보다는 상대에 대한 공격과 자기 방어에 더욱 치중하기 마련이다.

게다가 이 승리와 패배를 가치의 승리와 패배로 오인할 수 있다는 점에서 더욱 위험하다. 승부가 시너지를 만들 수도 있는 대립을 제로섬 게임zero-sum game으로 만드는 것이다. 그리고 결국 이 점이 앞서 말한 두 책의 저자가 우려하는 부분이 아닐까? 학급 디베이트에서 승부를 버리는 것은 그다지 어렵지 않다. 이는 퍼블릭 포럼 디베이트 포맷 그 자체에 손을 대는 것도 아니기에 부담도 적다. 그리고 굳이 그러지 않아도 자연스럽게 학생들은 스스로 평가와 판단을 내리기 마련이다. 승부가 사라진다고 해서 의미도 사라지는 것은 아니지 않은가? 앞으로 출현할 학급형 디베이트 모델에서 승부의 유혹이 사라지기를 기대한다.

논리를 넘어

벤저민 프랭클린Benjamin Franklin의 도덕적 수학moral algebra은 합리적 사유의 예로 즐겨 인용된다. 그는 중요한 의사결정을 할 경우, 그에 대한 찬성과 반대를 수시로 메모하였다. 그리고 그 찬반을 비교하여 찬성의 이유 한 가지가 반대의 이유 세 가지와 비슷하다면 서로 맞교환하며 삭제해나간 후, 비교 검토하여 판단 도구로 삼았다. 그가 사용한 이 의사결정 방식은 오늘날 경영 컨설턴트들의 이론적 도구의 바탕이 된다고 한다. 이 방식은 합리적 사고의 전형이다. 디베이트 또한 이 사고의 범주에 놓여 있는 것처럼 보인다. 논리, 합리, 이성 등 그 무엇이라 부르든 디베이트는 이 버팀목 없이는 유지가 불가능하다.

디베이트가 이렇게 손쉽게 학교에 안착할 수 있었던 것도 진보나 보수 진영 너 나 할 것 없이 우리 사회의 비논리, 불합리, 반이성을 경계했기 때문이다. 흔히 말하는 토론 문화의 부재가 토론 교육을 자연스럽게 호명한 것이다. 그러나 논리와 합리적 사고를 강조하는 디베이트는 비논리와 불합리에 대항하기도 하지만, 이로 인해 뜻하지 않게 직관과 감성을 도외시하기도 한다. 이는 디베이트가 하드보일드hard-boiled한 교육을 불러온다는 과장된 주장을 하려는 게 아니다. 단지 프랭클린과 같은 견결한 공리주의자처럼 디베이트가 논리와 합리를 지나치게 강조하다 보면 계량 가능하지 않은 이면은 결코 보지 못할 것이라는 점을 경고하는 것이다.

기본적으로 디베이트는 제 주장의 정당성을 입증하는 것이다. 그에 따라 적당한 또는 전략적으로 유리한 근거들을 찾기 마련이다. 그 근거의 튼실함을 더하기 위해 데이터와 수치를 인용하는 것이 보통이다. 사례를 두툼히 하는 것도 중요하다. 문제는 그러한 통계와 예증들이 디베이트 내에서 대체로 효율성과 경제성으로 귀속된다는 점이다. 그리고 이러한 공리주의적 사고가 합리와 불합리, 논리와 비논리를 가르는 기준이 된다. 과학과 수학적 사고를 담보로 하는 데이터와 수치가 없다면 주장에 힘이 실리지 않게 되는 것이다. 그것이 없다면 핸디캡을 감내해야 한다.

이 시선으로는 도롱뇽의 생명을 구하자던 지율 스님은 결코 이해될 수 없다. 그는 비상식적이고 비논리적이며 합리성이 결여된 전근대적인 인간, 과학으로 계몽되어야 할 인간이 되고 마는 것이다. 거기에 통계의 허구성까지 감안하면 데이터와 수치에 의존하여 의견을 개진하는 디베이트 방식은 재고해볼 필요가 있다. 그것을 그대로 인정한다면 결국 공리의 연쇄만 불러올 뿐이다. '우리가 더 경제적이다, 우리가 더 효율적이다.' 이것을 과연 디베이트라 부를 수 있을까? 모든 대립이 공리의 장으로 포섭되는 순간 디베이트는 효력을 다한다. 그래서 그저 수치의 싸움으로 남지 않으려면 논리를 넘는 감성이 필요하다.

디베이트를 경험하다 보면 주장을 입증하기 위해 사용하는 근거들이 공리주의로 자주 환원되는 것만큼이나 형식적 법치주의에 경도되는 경우도 잦다. 애초에 법이란 것이 이성과 합리, 공공성에 바탕을 둔 것이니 근거로 포섭되는 것은 일면 당연하다. '이러한 법이 있다, 그것은 법에 어긋난다'는 말은 데이터와 수치처럼 디베이트에서 위력을 발휘한다. 그러니 앞서 예시한 지율 스님의 사례 또한 이 법리 안에서는 인지 불가능 영역이 될 수밖에 없다. 마사 누스바움Martha Nussbaum은 『시적 정의』에서 "재판관으로서의 시인"에 관해 말한다. "충분히 이성적이기 위해 공상과 공감"에 능한 재판관, 시적 심판을 할 수 있는 재판관이 필요하다는 것이다.

논쟁에서 우위를 점하기 위해 법과 판례에 기대는 것은 안전한 일이고, 이를 이해하지 못하는 바도 아니다. 그러나 디베이트는 사실만으로 이루어지는 것이 아니라 평가와 해석의 문제다. 논리와 합리만으로는 화석화된 상식에 의문을 던질 수 없다. 디베이트에서 다루어지는 다양하고 도전적인 주제는 학교교육에 질문과 상상이라는 새로움을 가져왔다. 그러나 그 질문과 상상이 과정 속에서 훼손된다면 이는 얼마나 허망한 일일까? 그래서 논리와 합리만으로는 포착할 수 없는 것들에 대해 디베이트는 좀 더 너그러워야 한다.

논리 구축이 필수 요소라 할 수 있는 디베이트에 감성을 덧붙이자는 이야기가 모호할 수도 있겠다. 오해를 덜기 위해 일단 감정과 감성을 분리하자. 감정은 자극에 대한 마음의 반응이다. 그것이 그저 감각의 결과라면 감성은 그 자극을 감지하는 더듬이, 감각할 수 있는 역량이다. 이미 일상화되고 자동화된 것들조차 다시 새롭게 바라볼 수 있게 하는 능력이기도 하다. 마사 누스바움이 말한 것도 그러한 것일 테고 디베이트에 필요한 것도 그것이다. 물론 이것이 디베이트 활동만으로 이루어질 리 만무하다. 설명한다고 되는 것도 아니고, 일거에 이러한 감수성을 학생들이 체득할 수도 없다. 그러니 현실적으로 디베이트의 내용과 구조에 그러한 감성을 가능하도록 하는 장치라도 마련해야 한다. 디베이트의 단계 중 '마지막 초점'을 잘 활용하는 것도 괜찮은 방법 중 하나다. 그러나 그보다는 '독서'와 '글쓰기'를 도입하는 것이 필요하다고 본다.

핀켈Donald L. Finkel은 『침묵으로 가르치기』에서 학생들이 "책과 글로 말하게 하라"고 이야기한다. 문학 작품을 읽고 토론하고 탐구한 주제들을 글로써 주고받으라는 것이다. 디베이트에 적용한다면 문학 작품에서 주제를 추출하는 것과 토론 이후 에세이를 쓰는 것이 해당할 것이다. 전자가 디베이트의 내용에 감성을 불어넣는 기능을 한다면, 후자는 디베이트 구조에 감성을 보태는 세팅이 될 것이다. 제 감정도 제어하기 버거워하는 학생들에게 논리를 넘어 감성을 요구하는 것이 무리일 수도 있겠다. 그래서 제대로 논리를 직조하는 것만도 대단한 일이겠지만, 감성이 결여된 디베이트는 공허한 이론 놀이에 머무르기 쉽다. 디베이트로 '말'을 말하는 것을 넘어 '삶'을 말하고자 한다면 감성이야말로 그 실천의 길을 걷게 하는 친구일 것이다.

기술을 넘어

칙센트미하이Mihaly Csikszentmihalyi는 학습 상황에서 몰입Flow의 조건 가운데 하나로 도전challange level과 능력skill level이 균형을 갖추어야 한다고 말한다. 여기에서 도전은 과제의 난이도를 의미한다. 그리고 최적의 경험인 몰입은 과제와 실력의 두 변수가 모두 높을 때 일어난다고 한다. 디베이트는 주제에 따라 다르겠으나 대체로 높은 과제에 해당한다. '배움의 공동체' 방식으로 말하자면 일종의 도전 과제에 해당할 것이다. 현재로서는 일상적인 학습 상황에서 일상적으로 수행해온 과제는 분명 아니기 때문이다. 그리고 이러한 높은 과제에 대한 반응은 능력이 낮을 때는 불안anxiety으로, 능력이 중간쯤일 경우는 각성arousal으로 나타난다고 한다.

디베이트는 이미 과제가 충분히 높은 채로 주어지기 때문에 불안과 각성을 넘어 몰입에 다가가려면 결국 학습자인 디베이터의 능력을 끌어올려야 한다. 디베이터의 능력을 높인다는 것은 두 가지를 의미한다. 디베이트의 형식이나 기술에 숙달되는 것과 디베이트 주제topic를 장악하는 것이다. 전자는 반복 경험으로 충분히 극복할 수 있으나, 후자는 단정할 수가 없다. 그때그때 주제마다 편차가 생기는 것이다. 두 가지 모두 조화를 이루면 바람직하겠지만 주제를 통찰하기는 쉽지 않으니 많은 경우 기술에 치중한다. 형식과 절차를 마스터한 이후에 토론 기술에 곧잘 경도되는 것이다.

어떤 과제든 기술이 필요하다. 자전거 타기와 같은 과제는 비교적 단순해서 기본적인 조정력과 협응성만 있다면 누구나 익힐 수 있다. 그리고 이러한 단순한 과제는 대체로 기술을 익히는 것이 과제 수행에 도움이 된다. 기술의 정도와 과제 수행이 정비례 관계에 있는 것이다. 그러나 복잡한 과제는 좀 다르다. 글쓰기를 예로 들어보자. 글쓰기에도 기술이 있고, 그 기술이 일면 도움을 주는 것처럼 보인다. 그러나 글쓰기는 기술 이외에 디베이트의 토픽과 대비되듯 주제 의식이 있다. 아무리 멋진 문체도 세계관이 부박하다면 좋은 글이 되지 못한다. 기술로 가려지지 않는 것이다. 이것은 기술의 한계 효용을 말하려는 게 아니다. 프로에게도 기술이 일정 지점에서 고착되는 것은 흔한 일이니 이를 핑계 삼을 수는 없다. 그보다는 능숙한 기술이 오히려 과제 수행도를 떨어뜨릴 수도 있음을 의미한다.

제 문체에 홀려 '공부'를 등한시하는 수많은 예비 혹은 프로 글쟁이들을 보라. 그들에게 기술은 오히려 과제 수행의 독이 된다. 디베이트도 그와 다르지 않다. 논쟁의 기술을 익히는 것은 분명 디베이트를 세련되게 해줄 것이다. 각종 논리적 공격과 방어의 기술인 오류 찾기, 빈틈 찌르기, 통계 공격 뒤집기 등이 그러하다. 그러나 이것이 과연 디베이트의 본질인가 하면 그렇다고 대답하기는 어렵다. 더구나 논쟁에서는 이 모든 기술이 뒤섞이고 만다. 일반화를 공격하며 일반화로 도망가고, 권위의 오류를 지적하며 동시에 권위에 호소한다. 싸움에 이기려고 기술에 의지하는 것이다. 왜, 어떤 싸움인지는 망각하는 것! 논쟁의 기량을 뽐내는 와중에 그렇게 주제와 가치는 휘발된다.

실제 학급 디베이트에서 학생들의 주장은 언어적 오류들로 빼곡하기 마련이다. 소소한 용어 사용부터 비유와 예시에 이르기까지 불충분하고 부적절한 것투성이다. 교사나 전문적인 디베이터라면 그래도 그 맥락에 집중하겠지만 아무래도 학생들에겐 벅차다. 그러다 보니 교차 질의의 상당수 또한 그런 상대방 실수를 드러내고, 자신의 실수를 변명하는 데 소모된다. 물론 이런 과정 또한 필요한 일이다. 그런 와중에 자기 생각을 정제하는 법과 언어를 명료히 하는 법을 익힐 것이다. 다만 무게중심이 너무 그쪽으로 기운다면 문제가 아닐까? 현재의 디베이트는 스피치 기술을 선두로 하여 상당수 '테크닉'에 힘을 실어주고 있다.

케빈 리가 운영하는 '투게더 디베이트 클럽together debate club'에서 실시하는 학생 디베이트 대회의 심판 채점표는 이를 잘 보여준다. 채점표는 크게 태도, 형식, 전략, 스피치speech로 나뉜다. 각 부분은 다시 네다섯 개의 요인으로 구분된다. 그중 실제적인 주제에 관해 숙고할 수 있는 부분은 '전략'과 '형식'의 일부분 정도이다. '태도'나 '스피치' 항목은 디베이트 주제와는 사실 무관하다. 형식 항목의 반 이상도 디베이트의 절차에 관한 이해도를 평가하는 것뿐이다. 모두의 동의를 얻기는 어렵겠지만 태도나 스피치는 결국 기술적인 곁가지에 불과하다. "태도: 단정한 옷차림"과 "스피치: 올바른 표준어 사용"을 하지 않았다는 것이 감점 대상으로 작용하는 것은 논란의 여지가 있다. 그 기술적인 곁가지를 자꾸 강조하다 보면 디베이트는 결국 재미만 남는 말싸움에 그치고 말 것이다.

학교 공간에서 기술에 경도되는 것이 비단 디베이트뿐만은 아닐 것이다. 사실 사회 전반이 상례이기도 하다. 그러니 학습은 물론 교사에 대한 존경조차 예절의 기술로 환원되는 마당에 디베이트만 예외이길 바라는 것은 우스운 일이다. 그럼에도 기대를 버리지 못하는 것은 디베이트가 공교육의 틀에서는 감히 할 수 없었던 가치들을 이야기할 수 있도록 하는 정당한 도구가 되기 때문이다. 안락사 문제나 사형 제도부터 무상급식과 청소년 인권까지 언감생심 꿈도 꾸지 못할 것들을 학생들이 잠시라도 돌아보게 할 수 있다는 점이다. 디베이트의 어떤 단점이나 부정적 측면을 충분히 상쇄하고도 남을 이 '파격'! 그런데 애써 들여온 그러한 질문이 테크닉으로 인해 침잠된다면 아쉬움은 둘째치고 절망스러울 수밖에 없다. 더구나 어찌할 수 없이 되풀이되는 현상처럼 보인다면 더욱 그렇다.

디베이트는 한정된 시간에 이루어지는 토론이다. 그 한정된 시간 안에 최대한 상대 팀 약점을 들춰야 한다. 이러한 제약이 테크닉에 의지하게 만드는 건지도 모르겠다. 물론 충분한 리서치research로 극복해갈 수도 있겠지만 어쩐지 회의적이다. 앞서 말했듯 사회는 사유보다는 기술을 요구하기 때문이다. 우치다 타츠루는 『스승은 있다』에서 "배운다는 것은 유용한 기술과 지식을 전수받는 것이 아니다"라고 말한다. 그런 면에서 학생들이 디베이트를 통해 사회에서 유용한 논쟁의 기술을 익혔다고 자족하지 않기를 바란다. "한 사람 한 사람이 자신의 그릇에 맞춰서 각각 다른 것을 배우는 것, 그것이야말로 배움의 창조성, 배움의 주체성이다." 대신 각자의 그릇에 맞춰

작으면 작은 대로 크면 큰 대로 논제의 가치를 더듬어갈 수 있기를, 디베이트가 배움의 주체성을 형성하는 데 작게라도 이바지하기를 바란다.

†디베이트는 만능이 아니다. 현 교육의 가려운 지점을 잘 찾고 잘 긁어주고 있지만 손이 덜 닿는 곳이 없을 리 없다. 영원히 디베이트만으로는 감당하지 못할 부분도 있다. 디베이트뿐만 아니라 대부분 교육 이론과 방법이 그러할 것이다. 그러니 그 덜 닿는 부분을 증거 삼아 디베이트의 한계라고 못 박는다면 억울한 일이 될지 모른다. 디베이트는 가려운 곳을 긁기에 좋은 손톱을 가졌다. 물론 아니라고 여기는 이들도 있을 것이다. 좋은 손톱이라는 비유에 동의한다 해도 누구에게는 너무 날이 서서 깎아내야 할 것이다. 이 글의 '승부를 넘어'의 승패 버리기가 바로 그러하겠다. 누구에게는 너무 무뎌서 잘 벼려야 할 것이다. 이 글의 '논리를 넘어'의 책을 통해 말하기처럼. 그것이 케빈 리가 말한 "적절한 변형"이자 우리 학급의 디베이트 모델을 창안하는 일이 될 것이다.

때로는 손톱 다듬기를 넘어 등긁개까지 쥐어주어야 할지도 모른다. 이 글의 '논리를 넘어'의 '에세이 쓰기'는 그 등긁개를 가정한다. 그런데도 닿지 않는다면? 그건 디베이트가 감당할 수 있는 일이 아니다. 그러니 명확히 해두자. 디베이트는 수많은 교육 방법 중 하나에 불과하다. 지금 그것이 우뚝 솟아 있고 그럴 만한 자격도 갖춘 듯 보이지만 대부분의 교육 방법이 그러하듯 할 수 있는 일은 한정되어 있다. 게다가 디베이트로 인해 도리어 가려움증이 도지는 부분도 있을 것이다. 이 글의 '기술을 넘어'의 논조가 그러하다. 어떻든 간에 디베이트는 가려운 부분을 긁을 수 있을 뿐 그 가려움까지 멈추게 할 수는 없다. 물론 그건 일개 교육 방법일 뿐인 디베이트 혼자 감당해야 할 몫은 아니다. 오늘 디베이트를 배우고 자란 학생들의 미래 모습은, 미래의 교육은 어떠할까? 그저 그들의 세상에선 긁을 곳이 좀 덜했으면 좋겠다.

초등 스토리텔링 수학의 가능성

바야흐로 스토리텔링Storytelling의 시대다. 문화 콘텐츠부터 기업 마케팅에 이르기까지 영역이 미치지 않는 곳이 없다. 스펙보다 스토리라는 말도 심심찮게 들려온다. 물론 그 개념은 1995년 콜로라도의 '디지털 스토리텔링 페스티벌'에서 기원한 것이다. 그러나 신조어로 등장한 것일 뿐 실질적인 스토리텔링의 역사는 구술 시대 이전까지 거슬러 올라간다. 조너선 갓셜Jonathan Gottschall이 『스토리텔링 애니멀』에서 밝혔듯 인간은 어쩌면 "호모 픽투스Homo fictus"로 태생부터 "스토리텔링의 마음을 가진 유인원"일지 모른다. 천일야화의 셰에라자드Scheherazade를 상기해보라. 그런 까닭에 근원적인 욕망으로 스토리텔링이 교육과 조우하는 것은 자연스러운 일이다. 이를 보여주는 지표 하나가 학습만화로 대표되는 어린이 출판 시장에서의 스토리텔링 도서 호황이다.

그렇게 교육은 스토리텔링을 필연적으로 호명할 수밖에 없다. 거기에서 교육의 건조성과 경직성을 보완할 '재미'와 '이해', '감성'이라는 지원군을 만날 수 있기 때문이다. 에듀테인먼트Edutainment로서 스토리텔링은 '재미'를, 커뮤니케이션Communication으로서 스토리텔링은 '감성'을 동반한다. 장기 기억과 '이해'에 도움이 된다는 것은 증명된 사실이다. 이뿐만이 아니다. 좋은 스토리텔링은 '의미 있는 학습 활동'[14]을 추동한다. 몰입으로 안내하는 지름길까지 마련할 수도 있다. 그런 까닭에 국어과 문학이나 사회과 역사 영역에서 스토리텔링은 결코 낯선 이름이 아니다. 이미 스토리텔링 부각 이전에도 수많은 교사들이 그것을 의식적이든, 무의식적이든 교수법으로 애용해오지 않았는가?

수학과의 경우는 어떠할까? 전무했다고 볼 수는 없겠지만 교과 특성상 스토리텔링이 들어설 여지는 협소할 수밖에 없었다. 이런 사정 때문에 우리나라 수학 교육과정에 스토리텔링이 본격적으로 도입된 것은 2012년부터다. 교육부가 '수학 교육 선진화 방안'[15]을 발표한 것이 그 시작이다. 스토리텔링은 그중 '쉽게 이해하고 재미있게 배우는 수학'을 위한 하나의 방편으로 선택되었다. 그 과제로 스토리텔링 교과서 개발이 시작되었고, 2015년 5~6학년군까지 스토리텔링이 모두 구현됨으로써 마무리되었다. 이러한 교과서의 재편은 앞서 언급한 스토리텔링의 효과인 재미와 이해, 감성을 과연 담보할 수

---

14. 박인기 등 지음,『스토리텔링과 수업기술』, 2013, 사회평론아카데미, 38~39쪽. 의미 있는 학습 활동으로 경험의 명료화, 구체적 종합적 이해, 가치 발견의 경험을 들고 있다.
15. 교육과학기술부,「수학 교육 선진화 방안 보도자료」, 2012. '생각하는 힘을 키우는 수학', '쉽게 이해하고 재미있게 배우는 수학', '더불어 함께하는 수학'을 기본 방향으로 정하였다.

있을까? 아직은 평가하기 어렵겠지만 굳이 냉소할 필요도 없으리라. 수학은 초등학생들에게 대체로 싫어하는 교과 1순위를 달리는 과목이다. 여기에 문제 풀이 중심의 수학 교육은 이를 더욱 악화하는 중이다. 그러니 수학에 대한 거부와 혐오를 완화할 수만 있다면 그 도입을 환영하지 않을 이유는 없다.

물론 수학을 엄밀한 학문으로 강조하는 이들이나, 그 효율성과 실현 가능성을 의심하는 이들에게는 불만스러울 것이다. 스토리텔링이 추상적 사고를 요구하는 수학의 논리 자체를 허물고 결국 학력저하로 귀결될 것이라는 기우나 추론과 원리와 기호를 어떻게 이야기화할 수 있겠는가라는 질문을 모르는 바가 아니다. 그럼에도 수학과 스토리텔링은 위험성보다 그 잠재성을 먼저 눈여겨봐야 할 듯싶다. TIMSS의 국제학력비교평가[16] 결과가 보여주듯이 수학 능력의 부족보다는 수학하는 태도의 결여가 오늘 우리가 직면한 수학 교육의 현실이기 때문이다.

개편된 수학 교과서를 들여다보자. 단원 도입 1차시에 곧바로 스토리텔링이 등장한다. 이는 단원의 전체적인 제재를 파악하자는 의도이다. 본문 차시가 시작되는 '생각 열기' 또한 스토리텔링과 연계하도록 되어 있다. 이는 단원에 따라 이후 활동 전체에까지 확장되기도 한다. 마무리로 제시되는 '창의 마당'에도 '체험 마당', '놀이마

----

16. 수학·과학성취도비교연구. 2011년 초등학교 4학년 수학 성취도는 세계 2위. 하지만 수학 공부를 좋아한다는 비율은 23%(국제 평균 48%), 수학에 자신 있다는 비율은 11%(국제 평균 34%)에 불과하다. 중학교로 올라가면 이는 더욱 떨어진다. 중학교 수학 선호도 8%(국제 평균 26%), 수학 자신감 3%(국제 평균 14%).

당'과 함께 '이야기 마당'이 삽입되어 있다. 교과서 전체에 스토리텔링을 공들여 배치한 흔적이 엿보인다. 게다가 "스토리텔링 내용을 생각 열기에 넣을 경우 지면을 많이 차지하고…… 읽기에 치중하는 난점을 해결"하기 위해 그 내용을 지도서에 별도로 수록했다고도 한다. 체제는 물론 활용 방법까지 깊이 숙고한 결정이리라. 그 내용도 잠깐 살펴보자.

교육부는 스토리텔링 유형을 수학사 탐구형, 실생활 연계형, 혼합형으로 구성했다. 실생활 연계형에 치중한 면은 없지 않으나 어쨌든 내용 개발에 고심한 점은 분명해 보인다. 물론 이런 선의가 스토리텔링의 품品을 보장하는 것은 아니다. 그 점은 차근한 연구와 꾸준한 실행을 통해 평가되어야 할 것이다. 지금껏 스토리텔링을 명확한 정의 없이 단일어처럼 사용하였다. 짐작 불가능한 용어가 아니기 때문이다. 필요에 따라 학술적인 주석이 필요할 수도 있을 것이다. 다만 이 글에서는 '스토리를 말하는 것' 혹은 'story와 'telling'의 복합어 정도로만 간추리도록 하겠다. 물론 텔링은 다시 'tell'과 'ing'로 세분하기도 한다. 이때 'ing'는 화자와 청자의 상호작용interactive 과정을 뜻할 것이다. 이러한 간략한 구분을 바탕으로 현 수학과 스토리텔링을 들추어보자. 먼저 스토리다.

Story-telling

　스토리는 이야기다. 굳이 동어 반복을 하는 이유는 그것이 스토리텔링의 정초이기 때문이다. 모래 위에 성을 쌓을 수는 없다. 부실한 이야기는 외면당하기 마련이다. 교사는 창작자가 아니기에 스토리 구성에 어떤 식으로든 곤란을 겪을 수밖에 없다. 서사학 narratology의 성과에 기대는 것이 가장 현명하겠으나 그 또한 전문적인 영역으로 발 내딛기가 쉬운 일만은 아니다. 이때 황신웅의 아이디어는 실질적인 참고가 될 만하다. 그는 스토리의 패턴과 장르 두 가지로 직조된 '스토리텔링 스타일 매트릭스'[17]를 제안한다. 패턴은 '추구, 탐구, 시험, 구출' 등을, 장르는 '드라마, 다큐, 공포, 모험' 등을 가리킨다. 이를테면 패턴의 '구출'과 장르의 '모험'을 결합하여 '구출 모험담'을 구성할 수 있다는 식이다.

　좀 더 수학과 스토리 특성에 집중하고자 한다면 리나 자스키스 Rina Zazkis의 조언을 귀담아듣는 것도 괜찮으리라. 그는 수학 스토리를 흥미진진하게 하는 구성 요소로 일곱 가지[18]를 든다. '줄거리, 갈등, 이미지, 인간적인 면, 궁금함 혹은 경이로움, 유머, 패턴'이 그것이다. 다른 항목이야 일반적이라 할 수 있겠지만, '패턴'의 경우는 수학과 스토리의 특질적인 요소로 창작에 고려할 만한 사항이다.

---

17. 황신웅, 『스토리텔링, 교육을 아우르다』, 2014, 성균관대학교출판부, 130~134쪽.
18. 리나 자스키스·피터 릴제달 공저, 『스토리텔링으로 수학 가르치기』, 2013, 경문사, 15~40쪽.

물론 스토리를 분석하는 여러 층위가 있는 만큼 그 항목이야 끊임 없이 추가할 수도 있다. '반전', '아이러니', '카타르시스' 등이 이에 해당할 것이다. 그중에서 어떤 경우에도 누락할 수 없는 기본이라 부를 만한 것은 아마도 플롯plot과 인물character, 갈등conflict이리라. 이것을 바탕으로 현 수학 교과의 스토리는 어떤 지점에 있는지 살펴 보자.

결론적으로 만족할 만한 수준이라고 인정하기는 어렵다. 먼저 플롯의 밋밋함이 눈에 띈다. 맥없는 플롯은 이야기를 왜소하게 만들고 학습자의 집중을 흐트러뜨리기 마련이다. 한마디로 재미없는 이야기가 되는 것이다. 모두 그렇다고 볼 수는 없지만 수학 교과서 스토리 중 몇몇은 플롯의 밀도가 현저히 떨어진다. 의도된 수학적 메시지에 묻혀 "이야기가 원하는 것을 말하게 하라"[19]는 격언은 온데간데없다. 대신 시간 흐름에 따른 기술에 수학 문제만을 얹어놓은 형상이 여럿이다. 이는 문장제 문제word-problems를 좌우로 잡아 늘여놓은 이야기식 문제story-problems와 다름없다. 구조화된 스토리라기보다는 한 토막의 삽화에 불과한 것이다.

인물의 덤덤함 또한 지적될 만하다. 기본적인 주인공조차 별다른 매력이 없다. 이를테면 '세돌이'나 '단비'를 '승호'나 '수빈'이로 바꾸어도 어떤 문제가 되지 않는다. 캐릭터에 고유한 숨결이 부재하기 때문이다. 물론 단편화된 이야기 안에서 그것이 용이할 리는 없다. 그

19. 마이클 티어노, 『스토리텔링의 비밀』, 2008, 아우라, 21쪽.

러나 감정이입의 대상이 사라지면 이야기 또한 생명을 잃는다는 점은 언제나 염두에 두어야 한다. 인물은 '스토리의 주인'이다. 이로 인해 갈등 또한 소소하다. 말썽도, 적대자도, 내면의 다툼도 평이한 수준이다. 지나친 수학적 목적이 갈등이라는 강력한 문학적 장치를 갉아먹은 형국이다. 갈등 해결 과정이 없는 이야기는 이야기라 부르기도 사실 민망하다. 그것은 지루한 일상의 기록과 차이가 없다. 요약하자면 수학 교과서 스토리는 밋밋한 플롯, 덤덤한 인물, 소소한 갈등이라는 한계에 갇혀 있다. 틀만 갖춘 형식적인 스토리보단 내용적으로도 세련된 스토리가 필요한 시점이라 하겠다.

물론 이러한 비판은 일면 지나친 면도 없지 않다. 수학과 스토리의 각별한 지점인 의도와 목적이 강할 수밖에 없다는 점, 분량과 시간의 제약을 받는다는 점을 왜 참작하지 않느냐는 물음이 정당하기 때문이다. 이것은 일반적인 스토리 창작 기법만으로 해결될 수 없다. '이야기 스스로 이야기'하기엔 제한 조건이 너무 가혹한 셈이다. 그럼에도 불가능한 것만은 아니다. 당장 1학년 2학기의 2단원 '헨젤과 그레텔', 2학년 1학기의 '콩 도깨비' 모티브 같은 경우를 보라. 평가는 다를 수 있겠지만 이야기 완성도가 높다 할 수 있다. 이러한 예가 희귀한 경우는 아니기에 수학 스토리의 특수성이라는 핑계로 마냥 눙칠 수만은 없다. 여기에서 대칭적인 두 해법이 등장한다.

먼저 굳이 수학의 모든 영역을 스토리화할 필요가 있느냐는 되물음이 있다. 역으로 그렇기에 오히려 다양한 이야기가 필요하다는 반론이 있다. 어느 한 경우가 옳다고 단정하기는 어렵다. 그럼에도 불

충분한 스토리에 살을 입히자는 의견에까지 이의를 제기하는 이는 드물 것이다. 수학 스토리를 돌아보는 것은 스토리텔링 수업의 성패를 미리 가늠하는 시금석이 될 수 있다. 교과서에 제시된 스토리가 완벽하지 않은 것은 당연하다. 누구도 그렇게 할 수 없기 때문이다. 그렇기에 주어진 스토리의 수용을 넘어 깁고 여미는 과정을 지속해야만 한다. 더불어 작가적 마인드를 갖고 스토리의 창안에도 노력해야 한다. 수학과 스토리에서 풍성한 장르, 탄탄한 구조, 기막힌 반전 등을 기대하는 것은 그저 환상에 불과할지 모른다. 그러나 꾸준히 스토리가 재구성되고 창조되고 순환된다면 언젠간 그럴싸한 몇몇 수학 스토리를 우리는 얻게 되지 않을까? 이야기는 그렇게 진화하는 것이다.

story-Telling

"'스토리'가 내용을 나타낸다면, '텔링'은 '어떻게'라는 형식을 나타낸다."[20] 즉 텔링은 이야기를 전하는 방법이다. '어떻게' 전달할 것인가? 구술이 대표적이라 할 수 있겠지만 게임, 연극, 팬터마임, 영화, 만화, 광고 등 텔링의 매체는 무궁무진하다. 미디어와 기술의 발달이 텔링을 극적으로 확장한 덕분이다. 그런 점에서 "감성적이고

----

20. 김정희, 『스토리텔링이란 무엇인가』, 2014, 커뮤니케이션북스, viii쪽.

직관적인 영상 세대의 어린이들에게는 그에 알맞은 접근이 필요"하다는 교사용 지도서의 안내는 매우 적절하다. 물론 그렇다고 하여 전통적인 텔링인 구술을 낡은 것으로 여길 필요는 없다. 후술하겠지만 구술은 'ing'의 측면에서 여전히 탁월하다. 구술의 종류는 여럿이다. 일반적인 이야기 들려주기부터 낭독이나 구연하는 방식 등이 있다. 여기에 이미지를 결합할 수도 있고 액션을 추가할 수도 있다. 무엇이 됐든 그것이 스토리에 생기를 부여하는 것은 분명하다.

텔링이 이야기를 전하는 매체에만 머무는 것은 아니다. 수업 진행에서 교수의 전략 또한 텔링의 영역이다. 이를테면 스토리의 도입 시기를 결정하거나 이야기를 환기하거나 적용하는 일련의 과정 등이 그러하다. 이러한 수업 과정의 절차는 엘리스Ellis와 브루스터Brewster의 스토리텔링 3단계 학습 모형을 참조하거나 변용하는 것이 큰 도움이 될 것이다. 실제적인 테크닉 또한 당연히 텔링에 해당한다. 구술이라면 목소리의 강약부터 이야기 템포를 조절하는 것까지 포함한다. 이미지를 사용한다면 이미지 선정, 배치, 결합 등이 그러할 것이다. 정리하자면 텔링은 매체와 전략, 기술을 모두 포함하는 개념이다.

매체의 경우 이미 언급한 것처럼 각양각색으로 특정한 방식을 권유하기 어려울 정도이다. 시, 동화, 편지, 드라마 등 헤아릴 수 없다. 노래와 같은 음악적 표현도, 수학과는 거리가 먼 듯한 율동과 같은 신체적 표현도 가능하다. 둘을 연합한 '뮤지컬' 같은 경우도 상상하지 못하리란 법은 없다. 특히 디지털이나 엔터테인먼트를 활용하는 것은 "감성적이고 직관적인 영상 세대의 어린이들"에게 적절한 접근이 될 것이다. 예를 들자면 디지털 게임을 기반으로 하는 스토리텔링의 경우 수학에 대해 불안을 갖거나 느린 학습자들에게 알맞은 형식이 되리라. 전략에 따라 매체를 서로 엮거나 혼용하는 것도 괜찮다. 텔링 이후 스토리를 노래로 요약한다거나 게임의 퀘스트적 서사나 아이템 등을 차용할 수도 있다. 이러한 전략은 교사가 구안하기 나름일 것이다. 교사의 경험과 창조성이 중요한 셈이다.

이야기를 전달하는 기술적인 측면 또한 교사의 역량에 기댈 수밖에 없다. 이야기 장사꾼이었던 전기수傳奇叟만큼은 못 되더라도 그에 근접하려는 노력은 필요하다. 이러한 텔링에서 주의할 점은 그것이 '수학적 개념'을 지나치게 뭉그러뜨리지 말아야 한다는 것이다. 사실 스토리텔링의 스토리 자체만 해도 이미 학문적 의미로서 수학은 어느 정도 희석된 채 학생들에게 받아들여지기 마련이다. 그런데 텔링까지 과하면 그 균형이 수학에서 순수 스토리 쪽으로 온전히 기울기 쉽다. 경험으로 극복되는 것이기에 특별히 해결책을 제시할 수는 없겠지만 텔링을 의식하고 항상 유념해두는 것은 필요한 일이다.

텔링의 과잉이 두렵다고 그것을 과소평가할 까닭도 없다. 좋은 텔링은 때로는 그 스토리의 열악함을 감추고 빈 곳을 메운다. 실제로 괜찮은 스토리를 엉성하게 전달하는 것보다 그저 그런 스토리를 세련되게 전달하는 것이 학생의 이목을 끄는 데에 도움이 되기도 한다. 물론 그럼에도 여전히 한계는 존재할 것이다. 주의 집중을 넘어 수학적 내용과 유기적인 관계를 맺기 위해서는 좋은 스토리가 선결

조건이다. 다만 텔링 또한 고유의 영역이라는 점은 인정해야 한다. 텔링을 스토리의 장식품decoration만으로 치부하기엔 그 효용이 너무 크다. 시선을 붙잡는 것 자체만 해도 초등 수학에서는 대단한 의미가 있지 않은가. 스토리와 텔링을 대등한 관계로 놓기엔 애매하겠지만 텔링을 부수적인 것으로만 여겨도 곤란하다.

그런 까닭에 텔링은 다양한 수업 기법을 차용하고 적용할 필요가 있다. 협동 학습 모델로 이루어지는 스토리텔링, ICT를 활용한 스토리텔링, 토론을 가미한 스토리텔링 등이 그렇다. 예 하나를 자세히 보태자면 권순현 같은 경우는 '연극적 스토리텔링'[21]을 제안한다. 일종의 교육 연극을 도입한 텔링이라 할 수 있다. 호흡과 발성부터 감정을 연기로 표현하는 것까지 연극적으로 텔링을 구성하고 실행하는 것이다. 이렇게 교사 각자의 관심사로부터 출발하면 텔링은 지금보다 훨씬 다채롭고 풍성해지리라. 지금까지 텔링에 관해 서술했지만 의도적으로 'Tell'에 집중하였다. 남은 'ing'를 마저 살펴보자.

story-tell-Ing

"'ing'는 진행형의 의미를 가지며 이야기를 하는 사람과 듣는 사람이 상황을 공유하고 소통한다는 의미를 내포한다."[22] 'ing'는 이런

....
21. 권순현, 『교실을 춤추게 하는 감동의 수업여행』, 2014, 즐거운학교, 182~192쪽.
22. EBS 다큐프라임 '이야기의 힘' 제작팀, 『이야기의 힘』, 2011, 황금물고기, 223쪽.

의미로 현장적이고 맥락적이며 즉흥적이다. 그래서 수업의 상황과 학생의 상황을 교사가 감지하는 능력이 중요하다. 그 더듬이가 시원찮다면 화자와 청자 사이의 긴밀한 대화는 소멸된다. 그러한 민감성이 일단은 바탕이 되고, 기술이 첨가되어 진행형으로서 'ing'가 완성된다. 물론 이에 필요한 교사의 기술은 텔링의 그것과 어느 정도 포개질 것이다. 그러니 반복하는 대신 여기에서는 그중 구술, 이야기 들려주기로서 'ing'에 주목해보자. 구술에 주목하는 이유는 그것이 가장 기본이면서도 절대적인 영향력을 갖고 있기 때문이다. 교사가 직접 수행하는 스토리텔링만큼 학생들을 참여의 장으로 초대할 수 있는 것은 드물다.

그런데 이 들려주기가 종종 '읽기(학습지)'와 '읽어주기'로 귀착되는 경향이 있다. 그것은 이야기의 정확성에 대한 요구나 시간적 여유 혹은 들려주기의 부담 때문이리라. 이유야 어떻든 그로 인해 'ing'의 과정, 상황과 맥락을 변주하는 즐거움, 함께 이야기를 나눈다는 역동성 또한 실종된다. 교사의 특이성으로 풍부해질 (비)언어적 행위가 사라짐으로써 읽기(학습지)와 읽어주기는 교사의 개성을 제거하고 획일화한다. 아니 학생 개별의 추임새나 리액션까지 거둠으로써 학생 또한 동일화하는지도 모른다. 조금은 과장하였지만 스토리텔링의 과정에서 이야기 읽기나 이야기 읽어주기가 'ing'의 일부를 앗아가는 것은 틀림없다.

읽기와 읽어주기가 근본적으로 '읽기-듣기'를 쌍으로 한다면 들려주기는 '말하기-듣기'를 짝으로 한다. 읽어주기는 문자, 음성언어의 이종적 결합이고 들려주기는 음성언어의 동일조합인 셈이다. 읽기와 읽어주기가 정보 전달, 분석 내지 설득을 위해 기능한다면, 들려주기는 이해와 감응을 목적으로 한다. 들려주기가 좀 더 스토리텔링의 본질에 가까운 것이다. 때로는 읽기와 읽어주기의 섬세함과 반복이 필요할 때도 있다. 들려주기의 듣기만으로 내용 파악이 어렵다면 보조 자료로서 읽기는 중요하다. 그러나 'ing'의 측면에서 읽기는 말할 것도 없고 동일한 듣기의 영역이라 해도 읽어주기의 듣기와 들려주기의 듣기는 사뭇 다른 결을 가진다. 논리적으로 설명하기는 어렵지만, 읽기와 읽어주기로는 결코 충족할 수 없는 정서가 들려주기에는 있다.

"인디언 어머니들은 길을 가다가 아름다운 꽃을 보면 그 꽃의 색깔이며 모양과 향기 등을 태아에게 일일이 설명"해준다고 한다. "아름다운 풍광이나 저녁노을을 만나도"[23] 마찬가지다. 그러한 감정의 교감과 교류! 읽기와 읽어주기보다 들려주기가 요구되는 까닭이다. 스토리텔링에서 할머니가 잠결에서 들려주시던 옛이야기의 운치를 되살려보자는 건 그저 상징적인 은유일 수 있다. 시대착오적인 회고일 수도 있다. 그럼에도 우리에게 필요한 건 재미난 이야기를 재미있게 풀어내며 마음을 나누는 능력이다. 제삼자로 남는 건조한 화자로서 교사가 아니라 이야기 속으로, 학생들 속으로 성큼 걸어 들어가는 교사가 필요하다.

....
23. 서정록, 『잃어버린 지혜, 듣기』, 2007, 샘터, 25쪽.

교사와 학생의 교감을 넘어 학생과 학생을 잇게 하려면 학생들을 스토리 창작 주체로 자리매김하게 하는 것이 좋다. 교사용 지도서에서는 이를 "학생과 상호작용하면서 다양한 방식으로 의미를 구성하여 이야기를 만들어가는 스토리 구성story making까지도 포함하는 관점"이라고 말한다. 어쩌면 'ing의 종착점이 있다면 바로 이것일 테다. 스스로 수학 이야기를 창작하고 화자가 되는 스토리 메이커story maker로서 학생-되기! 아니 이는 'ing'를 넘어 스토리텔링의 정점이라고 부를 만하다. 교사에게도 이는 특별한 도움이 된다. 개인의 수학 내용 이해 정도를 파악할 수 있다는 점에서 먼저 평가의 도구로 활용할 수 있다. 어느 지점에서 주로 학생들이 머뭇거리는지도 가려낼 수 있기에 피드백에도 용이하다. 수업의 재료로도 사용할 수 있고, 덤으로 스토리의 곁가지로 추측하여 학생의 관심사와 같은 정보를 찾아낼 수도 있다.

물론 처음부터 성과를 얻을 리는 만무하다. 어떤 학생은 오직 수학적으로만 표현할 수 있을지도 모른다. 반대로 어떤 학생은 수학보다는 순전히 문학적인 관점에서 스토리에 집중할지도 모른다. 그러나 과정으로서 'ing'라면 그것이 문제라 할 수는 없다. 그렇게 이야기를 만들어가는 과정 자체가 수학적 사고 과정의 하나이기 때문이다. 오히려 걱정해야 할 것은 수학과 스토리텔링이 아직 갈 길이 멀다는 점일 것이다. 사설 교육기관의 호들갑에 비하면 학교 현장의 수학 스토리텔링에 대한 관심은 걸음마 수준이다. 기껏해야 문제를 이야기로 위장한 수준에 머물러 있다고 해도 과언이 아니다. 이렇게

걸음이 느린 데에는 그만한 이유가 있겠지만, 그 점이 못내 아쉬운 것은 어쩔 수가 없다.[24]

† 많은 기억은 이야기로 남는다. 그 역도 마찬가지다. 많은 이야기는 기억으로 남는다. 스토리텔링이 학습 전략으로 유효하다는 것은 그 때문일 것이다. 그러나 그것이 전부는 아니다. 이해와 기억을 보조하는 매개체로서의 효능은 스토리텔링의 과학적 요소일 뿐이다. 영화 「박사가 사랑한 수식」[25]에는 오일러의 공식Euler's identity이 등장한다. '$e^{\pi i}+1=0$', 세상에서 가장 아름다운 공식으로 불리는 이 수식을 비전공자가 파악하기는 어려울 것이다. 영화를 본다고 새삼 이해의 깊이가 달라지는 것도 아니다. 그럼에도 그 공식이 왜 가장 아름다운지는 수긍할 수 있게 된다. 교사 루트$\sqrt{}$의 이야기를 듣다 보면 그렇게 '느끼게' 된다. 전혀 모르는데도 배울 수 있는 이 감각! 이것을 '무지한 스승'의 거울로서 '무지한 제자'라고 부르면 될까?

"π =3.141592653···, i=$\sqrt{-1}$, e =2.7182818284···. π는 어디까지나 한없이 계속되는 무리수입니다. 무한한 우주로부터 π가 e의 품으

---

24. 2015년 3월 교육부는 '제2차 수학 교육 종합계획'을 발표하였다. 여기에는 '수학 교육 선진화 방안(2012)'의 추진 성과와 한계, 이후의 계획이 포함되어 있다. 그중 스토리텔링과 관련된 부분을 살펴보자면 먼저 '스토리텔링 방식에 대한 충분한 연구 및 공감대 부족'을 그 한계로 들고 있다. 이의 해결을 위해 제시한 것은 '스토리텔링 수학 수업 우수 사례 발굴·보급 등을 통해 스토리텔링 방식 수학 교육의 현장 착근 지원', '스토리텔링 방식을 가미한 수학 교과서의 수정·보완 및 다양한 교수학습 자료의 지속적인 개발', '학교급별 특성, 학교 수업 환경, 수학 내용 요소 등을 고려한 스토리텔링 방식 적용'이다.
25. 고이즈미 다카시Takashi Koizumi 감독, 2006년 개봉. 오가와 요코Ogawa Yoko의 동명의 소설 『博士の愛した数式』을 바탕으로 한 영화다.

로 내려앉습니다. 그리고 부끄럼쟁이 i와 악수를 합니다. e도 i도 π 도 결코 연관성이 없습니다. 하지만 한 사람의 인간이 단 한 가지 더하기를 하면 세상은 바뀝니다. 모순되는 것들이 통일이 되어 제로가 됩니다."

이 대사는 전체 영화 스토리와 어우러져 무한한 감응을 불러일으킨다. 스토리텔링에 어떤 힘이 있다면 그것은 '이해와 기억'보다는 이러한 '감성'이 아닐까? $e^{\pi i}+1=0$. 오늘날 수학과에서 스토리텔링이 그 +1이 되기를 바란다면 순진한 낭만일지 모르겠다. 그럼에도 스토리텔링이 여전히 산수算數로 작동하는 수학에, 이 끝없는 지체에 하나의 파원波源이 되기를 기대한다.

배움의 공동체, 도전 과제 살피기

장군

배움의 공동체에 대한 관심이 예사롭지 않다. 2012년 현재 배움의 공동체를 도입하고 있는 학교는 120여 곳에 이른다. 2004년부터 본격적으로 시작한 배움의 공동체 운동이 10여 년이 지난 지금 전국에서 개화한 셈이다. 배움의 공동체 연구회를 대표하는 손우정도 "이렇게 빨리 교실이 열리고 수업이 바뀌고 학교가 바뀔 것이라고 상상하지 못했다"[26]라고 말할 정도다. 진보 교육감의 대표적인 공약이라 할 수 있는 혁신학교에서도 배움의 공동체 철학은 중요한 준거가 된다. 초등교육과정연구모임이 『행복한 혁신학교 만들기』에서 제시한 혁신학교의 일반 원칙을 보자. "협력을 통한 어린이의 전면적 발달, 민주주의 구현, 교육 공공성 확립"은 배움의 공동체의 철학적 원리인 '탁월성excellence, 민주주의democracy, 공공성public philosophy'

----

26. 손우정, 『배움의 공동체』, 2012, 해냄, 8쪽.

에 맞춘 듯이 포개진다.

그뿐만이 아니다. 성열관과 이순철이 『혁신학교』에서 수업 혁신으로 강조하는 '협력 수업' 또한 사토 마나부의 '협동적 배움collaborative learning'[27]과 긴밀한 관련을 보인다. 실제 배움의 공동체를 주도적으로 견인하고 있는 이우학교나 장곡중학교는 어떨까? 이우학교의 방지현은 배움의 공동체를 경험하고 "이건 진짜구나"라는 감탄스러운 소회를 밝혔다. 장곡중학교 박현숙 또한 "매일매일 기적"이라며 경이로움을 아끼지 않는다. 혁신학교의 상당수가 배움의 공동체 철학에 직간접적으로 영향을 받고 있음은 주지의 사실이다.

배움의 공동체는 어떻게 이런 신뢰를 얻을 수 있었을까? 혁신학교 모델부터 수업 협의회에 이르기까지 배움의 공동체에 어렵지 않게 공명하는 이유는 무엇일까? 그것은 철학적 담론과 수업을 바라보는 관점의 전환에 기인한 것이리라. 철학적 담론은 교육 이론가를 포함하는 연구자적 교사에게 풍부한 영감을 제공하였다. 실천가적인 교사에게도 선명한 상을 보여주었음은 물론이다. 즉 배움의 공동체는 혁신학교의 이상과 구체적인 실현체로서 학교 모두에게 만족할 만한 비전을 제공한 것이다. 거기에 수업에 대한 관점의 전환

---

27. 배움의 공동체 연구회에서는 collaborative learning을 협동적 배움으로 cooperative learning을 협력 학습으로 번역한다. 이 글에서는 그와는 반대로 collaborative learning을 협동적 배움(협력 학습)의 의미로 cooperative learning을 협동 학습의 의미로 사용한다. 그 이유는 '협동적 배움collaborative learning'이 기존의 구조화된 '협동 학습cooperative learning'과 혼동될 우려가 있기 때문이다. 의견을 덧붙이자면 collaborative learning도 협력적 배움으로 재번역하는 것이 깔끔하다고 생각하지만, 그러기에는 '협동적 배움'은 이미 배움의 공동체를 대표하는 주요 개념이 되어버렸다.

은 장학 패러다임에 대한 반발과 잘 맞물렸다. 가르침보다 배움에 초점을 두는 접근 또한 현장 교사에게 신선한 자극의 계기가 되었으리라.

물론 그 이전에도 수업 장학에 대항하여 이혁규의 '수업 비평'이, 교사의 가르침보다 학생의 배움을 중시하는 서근원의 '아이의 눈으로 수업 보기'가 있었다. 그러나 모두 수업의 실행보다는 연구로 접근한다는 면에서 현실적인 제약과 파급력의 한계가 있었던 것이 사실이다. 반면에 배움의 공동체는 구체적인 실천을 통한 수업 혁신을 추구한다. 그리고 이 수업 혁신의 근저에는 몇몇 중요한 키워드가 자리 잡고 있다. 그것은 '듣기'와 '협동적 배움', '도전 과제'이다. 이 글의 관심사는 그중 도전 과제에 한정되지만 듣기나 협동적 배움과 분리될 수 없기에 그 핵심부터 먼저 살펴보기로 하자.

경청, 협동적 배움 그리고 도전 과제

먼저 듣기는 사토 마나부가 여러 저술에서 되풀이했듯 "서로 듣는 관계"를 전제로 한다. "듣기야말로 수업에서 교사 활동의 중핵"이고 "서로 배우는 관계를 만들어가기 위한" 기틀이다. 교사부터 '배려'하고 '존중'하며 '정중'하게 아이 한 명 한 명의 목소리에 귀를 기울여야 하는 것이다. 그가 말하는 '연결하기'나 '되돌리기', '테일러링tailoring'이나 '오케스트레이팅orchestrating'도 모두 이 듣기에서 비롯된다. 경청으로 바꾸어 불러도 좋을 이 적극적 듣기는 배움의 공동체의 알맹이이자 고갱이이다. 듣기를 제하고 배움의 공동체를 논하기란 불가능에 가깝다. 부산한 활기에 아직도 경도되는 초등 수업에서 이 사색적 듣기는 특히 시사하는 바가 크다.

사토 마나부가 강조하는 또 하나의 수업 원리는 협동적 배움이다. 협동적 배움이 필요한 이유를 그는 "이를 조직하지 않고는 한 명한 명에게 배움이 이루어지게 하는 것이 불가능하기 때문이고, 높은 수준으로 이끌기 위해 불가결하기 때문"이라고 말한다. 서로 가르치는 관계가 아닌 배우는 관계인 '호혜적 배움reciprocal learning'을 이루어야 한다는 것이다. 일제 학습을 넘어 다양성을 중시하는 모둠에 의한 협동적 배움을 도입해야 하는 이유도 그 때문이다. 구체적인 실천 지침으로 남녀 혼합 4인 모둠을 추천하기도 한다. 협동적 배움은 그의 말처럼 팀 학습이나 집단 학습과 다르다. '한국협동학습센터'에서 주축이 되어 전파한 협동 학습과도 차이가 있다. 용어는 유사하지만 보상, 신호, 역할, 규칙 등으로 구현되는 구조화된 또래 학습과 협동적 배움은 '자발성'과 '호혜성'에서 그 궤를 달리한다. 김현섭이 『수업을 바꾸다』에서 밝힌 것처럼 협동 학습보다 한 단계 발전한 단계가 협력 학습(협동적 배움)[28]이다.

....

28. 김현섭, 『수업을 바꾸다』, 2013, 한국협동학습센터, 204쪽. 앞서 각주에서 밝혔듯 김현섭 또한 collaborative learning을 비고츠키 철학을 바탕으로 한 협력 학습과 협동적 배움으로, cooperative learning을 존슨이 발전시킨 교수학습 방법론인 협동 학습의 의미로 사용하고 있다. 배움의 공동체는 이 용법을 정반대로 사용하고 있지만, 이 글에서는 김현섭의 의견을 따른다.

도전 과제는 그럼 어떨까? 결론부터 말하자면 모호한 구석이 없지 않다. 도전 과제는 사토 마나부가 기초 학력 복고주의back to the basics를 비판하며 배움에는 점프가 필요하다고 밝힌 이래로 핵심적인 수업 원리가 되고 있다. 그러나 이는 앞서 서술한 듣기나 협동적 배움과는 달리 명확히 포착되는 개념이 아니다. '수준 높은', '점프가 있는', '탐구가 있는', '도약하는', '어느 정도의 난이도가 있는', '질 높은' 등으로 수식되어 글 맥락 안에서 해석할 수 있을 뿐이다. 실제적인 사례를 통해 추론할 수도 있겠다. 이는 도전 과제의 개념을 정립하는 것이 불가능하다는 까닭도 있을 것이고, 그럴 필요성이 없기 때문이기도 하다. 불가능하다는 것은 그 경계나 외연을 확정하기 곤란하다는 뜻이다. 범위를 규정하는 순간 귀착되어 역동성이 실종될 가능성이 크다. 오히려 뚜렷하고 명백한 해독이 도전 과제를 획일화하고 형식화할 수 있다.

불필요하다는 것은 충분히 의미 전달이 이루어지고 있다는 판단 때문이다. 또는 여러 조건에서 가변성이 있는 만큼 굳이 개념을 확정해야 할 까닭이 없다는 의미이기도 하다. 그러니 도전 과제는 결국 용법으로 표현되어야 하고 역할의 적정성 또한 사후적으로 승인될 수밖에 없는지 모른다. 지금처럼 살핏한 개념이 도전 과제의 창발을 돕는다고 볼 수도 있다. 그런 의도적인 불완전성에도 불구하고 도전 과제를 아우르는 어떤 윤곽에 관해 숙고해볼 필요는 있겠다. 이것은 도전 과제를 일정한 구획 안으로 포섭하려는 것이 아니다. 그보다는 도전 과제에 대한 사유의 지도를 하나씩 그려보자는 뜻이다.

그렇다면 실제로 배움의 공동체를 실천하는 교사들은 도전 과제에 대하여 어떻게 생각하고 있을까? 이우학교에서 그 단초를 엿볼 수 있다. '제5회 이우학교 수업 공개의 날(2010)' 자료집을 보자. "도전 과제는 그저 어려운 문제만으로는 되지 않는, 교과에 대한 교사들의 높은 수준의 지식과 교양을 전제로 한다. 교과별로 추구해야 할 도전적 과제의 성격도 논의해볼 필요가 있다", "도전 과제 자체는 어렵지 않다고 생각한다. 제 경우는 기존 논술 문제를 변형시키기도 하고, 제시문을 재조합하고 문제를 만들기도 했다", "다른 교과 같은 경우 고등학교에서는 수능 문제가 도전 과제인 것 같다" 등 서로 상이한 발언이 실려 있다. 그만큼 배움의 공동체를 표방하고 있는 이우학교 내에서도 인식이 통일되었다고 보기는 힘들다. 여러 방향을 지닌 구성적인 개념으로 작동하고 있는 것이다.

방지현의 '국어 피그말리온 수업안(2009)'에서도 도전 과제에 대한 언급을 볼 수 있다. "도전 과제를 만드는 것도 어렵지만 도전 과제로 기능을 하는지 파악하기도 쉽지 않다." 이러한 토로는 실제 도전 과제를 제작하고 적용하는 교사의 현실적인 난제를 잘 드러낸다. 물론 그 이후의 논의를 통해 도전 과제 성격이나 구성 등에 대해 합의한 부분과 진전된 사항도 있을 것이다. 그러나 도전 과제의 가변성을 고려하면 이를 규명하는 문제는 여전히 탐색과 실험 중이라 여기는 것이 좋을 듯하다. 어쩌면 그것은 닦아낼 수 없는 불투명성일 수도 있다. 그럼에도 그러한 꾸준한 응시와 대면이 도전 과제를 재발견하게 하리란 건 의심의 여지가 없으리라.

차이를 통해 도전 과제를 좀 더 드러내기 위해 도전 과제가 다른 학습 과제들과 어떤 지점에서 이질적인지 살펴보자. 도전 과제가 여타의 학습 과제와 도드라지게 구별되는 지점은 바로 협동적 배움의 유무이다. 선행 학습이나 심화 과제도 도전 과제처럼 일반적으로 학생의 능력보다 수준 높은 과제가 주어진다. 하지만 그것은 대체로 학생 개인 몫으로 남겨진다. 협동적 배움보다 개인 능력 발휘를 통한 과제 해결이 우선이라는 점이다. 선행 학습이야 말할 것도 없고 심화 학습도 학습 수준을 상향 조정하는 이유가 개인 학습자의 실력 강화라는 점에서 별반 다르지 않다. 물론 일반적인 심화 학습을 비롯하여 수준별 심화 학습이 모둠 협력을 통해서 구현되는 경우도 있다. 소그룹 활동으로 서로의 사고를 촉진하게 하는 과정은 수업에서 흔히 관찰되는 장면이다.

그러나 상술했듯 '자발성'과 '호혜성'의 측면에서 사토 마나부가 의도한 협동적 배움과 거리가 있다. 그나마 탐구 과제 정도가 도전 과제와 유사하지만 탐구 과제는 지나치게 외연이 넓다. 게다가 그 탐구 과제 또한 개인 탐구로만 그칠 수 있다는 점에서 도전 과제와 등치하기에 곤란하다. 즉 선행 학습이든, 심화 과제나 탐구 과제든 도전 과제와 어떤 교집합을 이룰 수는 있겠다. 그 접점의 영역으로 아마도 탐구 과제가 가장 근삿값을 갖고 있을 것이다. 그러나 이들 모두 협동적 배움을 필요조건으로 요구하지 않는다는 점에서 명백한 차이가 있다.

도전 과제와 협동적 배움

여기에서 한 가지 명제를 도출해보자. '도전 과제는 협동적 배움이다.' 이 명제는 앞서 언급한 '수준 높은'부터 '질 높은'까지 도전 과제를 수식하는 여러 표현의 공통성을 발견하는 실마리가 된다. 그것은 바로 '협동적 배움을 불러일으킬 만한 수준'의 과제라 할 수 있다. '수준 높은'이나 '질 높은' 모두 '협동적 배움을 불러일으킬 만한'이라는 표현으로 대체 가능하다. 여기에서 '불러일으킬 만하다'는 것은 주로 내적 동기를 의미하겠지만 외적 동기에 의해 추동될 수도 있겠다. 하여간 그 과제가 '협동적 배움을 불러일으킬 만한' 것이어야 하고, 이는 간소하게나마 매력과 접근성으로 설명할 수 있다. 과제가 매력적이더라도 수준이 지나치게 높아 협동적 배움으로도 접근하기 어렵다면 이는 도전 과제가 되지 못할 것이다. 수준을 갖추어도 과제 자체가 매력적이지 못하다면 이 또한 도전 과제에 걸맞지 않을 것이다.

그렇다면 도전 과제의 수준은 도대체 어느 정도를 말하는 것일까? 애초에 이에 대해 명확히 규정하기란 불가능하다. 그나마 칙센트미하이를 통해 의미 폭을 좁혀 볼 수 있다. 그는 몰입Flow을 "쉽지는 않지만 그렇다고 아주 버겁지도 않은 과제'를 극복하는 데, 한 사람의 실력을 온통 쏟아부을 때 나타나는 현상"이라고 말한다. 도전 과제의 '수준 높은'이란 것도 바로 이러한 과제를 의미하지 않을까? 여전히 두루뭉술하긴 해도 '쉽지는 않지만 그렇다고 아주 버겁

지도 않은 과제'라는 것만큼 도전 과제를 간략히 설명하기도 어려울 듯하다.

칙센트미하이의 '몰입'이라는 우회를 통해 도전 과제의 개념과 필요성을 좀 더 살펴보자. 그는 경험의 질이 두 변수에 달려 있다고 본다. 그것은 과제challenge complexity와 실력skills이다. 충분한 수준의 높은 과제를 주었을 때 실력이 낮다면 불안anxiety을, 실력이 중간 정도라면 각성arousal을 경험한다고 한다. 몰입은 과제와 실력이 모두 높을 때에야 나타난다. 즉 일정 수준의 높은 과제를 주면 실력에 따라 불안, 각성, 몰입의 심리 상태를 경험하는 것이다. 과제의 수준이 낮게 제시된다면 어떨까? 그때는 실력에 따라 각각 무관심apathy, 권태boredom, 느긋함relaxation을 경험한다. 그러니 낮은 수준의 과제로는 실력과 무관하게 배움을 얻기가 난망한 셈이다. 이로써 수준 높은 도전 과제의 필요성이 잘 설명된다.

칙센트미하이는 몰입을 최적의 경험으로 간주하고 실력을 높여 각성에서 몰입으로 이행해야 한다고 중언한다. 그의 말처럼 몰입이 최적의 경험이라는 것은 부인하기 어렵다. "몰입 경험이 배움으로 이끄는 힘"이라는 것도 충분히 수긍할 만하다. 학습에서 학생들이 몰입하는 것만큼 교사를 기쁘게 하는 것도 드물다. 그러나 교육 현장에서 온전한 몰입이 이루어지는 경우는 극히 예외적이다. 그러니 몰입의 전 단계로 평가한 각성도 주목해야 한다. 비록 무아지경에 이르는 몰입에는 미치지 못하겠지만, 그의 말처럼 각성 또한 "배움을 얻을 수 있는 중요한 상태"이기 때문이다. 각성은 감각이 열려 있는 상태라는 점에서 크나큰 가치가 있다. 과민으로 경색되지만 않는다면 배움과 다름없는 상태라 할 수 있다. 황농문이 『몰입』에서 첨언했듯 각성은 배움과 학습의 상태이고 몰입에 견줄 만할 교육적 의미가 있다.

물론 이것은 비선형적인 과정이기 때문에 불안과 각성, 몰입의 어느 단계에 학생이 위치해 있다고 단정할 수 없다. 어느 순간 몰입에 가깝게 최대화할 수도 있고, 쉽게 소멸할 수도 있다. 혼재와 공존은 당연한 것이다. 게다가 이 몰입 이론은 개개인에 관한 것이지 집단 속에서 효과를 설명하는 것은 아니다. 그럼에도 칙센트미하이를 길게 인용한 까닭은 다음을 강조하기 위해서이다. 먼저 낮은 수준의 과제로는 어떤 배움도 얻기 어렵다는 점, 이는 '쉽고 편한 과제'가 학생들의 배움의 질을 보장해주지 않는다는 것을 되새기게 해준다. 쉽고 편한 과제는 모두를 참여시킬 수 있겠지만 동시에 모두를 배움에서 멀어지게 할 수도 있다.

둘째, 몰입만큼 각성의 상태도 유의미하다는 점이다. 도전 과제가 주어질 때 능숙히 해결하는 학생도 있겠지만 그렇지 못한 학생도 있다. 망설이고, 갸우뚱하고, 주춤거리는 학생, 몰입하지 못하고 때때로 과제에도 실패하는 학생, 이들을 각성의 긍정적인 심리상태로 바라본다면 배움을 단기적으로 판단하는 우愚는 피할 수 있지 않을까? 셋째로 도전 과제가 학생을 불안하게 하는 경우는 대체로 학생 실력이 낮을 경우로 한정된다는 점이다. 이는 도전 과제가 일반적인 교실에 통용될 만큼 대중적임을 말해준다. 상위권 학생에게만 적용되는 심화 학습이 아니라는 것이다. 그러니 여기에서 우리가 포착해야 하는 것은 불안에 머뭇거리는 학생을 어떻게 각성으로, 각성의 언저리에 머무른 학생을 어떻게 몰입으로 이끄느냐 하는 점이다.

이에 대해 칙센트미하이는 '실력'을 높이라 말하고, 황농문은 '집중도'를 올리라 말한다. 둘 다 개인의 노력을 주문하는 셈이다. 배움의 공동체에서는 어떨까? 바로 협동적 배움을 통해 극복할 수 있다고 말한다. 수준 높은 과제로 인해 불안을 경험하는 학생도 위축되지 않고 친구의 도움으로 각성으로 오르는 것, 각성 상태의 학생 또한 유사한 과정을 통해 몰입에 다가서는 것이 배움의 공동체에서 '잘하는 아이'와 '못하는 아이'가 함께 성장한다는 의미다. 여기에서 '안전하다고 느끼는 마음'은 매우 중요하다. 일반적인 모둠 학습의 경우 난이도가 높은 과제가 주어질 때 수행 효과가 떨어지는 경우가 잦다. 사회적 촉진보다 억제social inhibition 현상이 빈번히 발생하는 것이다.

상시적으로 평가 불안evaluation apprehension에 시달리는 학생들은 친구들 앞에서도 발언을 검열하기 마련이다. '이렇게 해도 될까?', '틀린 것은 아닐까?' 이런 불안 속에서는 '못하는 아이'는 물론이고 '좀 하는 아이'조차 사회적 태만social loafing으로 무임승차할 수밖에 없다. 모르는 것에 대한 질문이 봉쇄되면 학생에게 남는 것은 훼방이나 침묵이다. 그러나 협동적 배움은 못하는 아이조차 도전 과제에 감히 도전할 수 있도록 북돋운다. 이시이 쥰지의 말처럼 "함께 배우는 배움", "모든 아이가 안심하고 몰두할 수 있는 배움"인 것이다. 이렇게 협동적 배움은 도전 과제에 이미 아로새겨져 있는 무늬가 된다.

도전 과제의 구성과 용법

도전 과제는 비고츠키 식으로 말하자면 학생 자신의 현재 능력인 '실제적 발달 수준actual development level보다 높은 과제'를 뜻한다. 근접발달영역ZPD에 있는 셈이다. 그렇기 때문에 도전 과제는 잠재적 발달 수준potential development level으로 건너가기 위한 구체적 자료가 된다. 그는 교사나 유능한 또래의 조력으로 비계scaffolding를 설정하면 학생이 독립적으로 성장할 수 있다고 보았다. 그리고 이러한 인지발달이론, 성숙한 구성원과 상호작용을 통한 성장은 배움의 공동체에서 협동적 배움의 이론적 바탕이 된다. 그러나 비고츠키와는 달리 배움의 공동체는 스캐폴딩으로 교사의 조력보다 학생 간 상호교류를 더욱 강조한다. '성숙한' 또는 '유능한' 도움을 외면하는 것은 아니지만, 도움을 '주고받는' 것에 초점을 둔다. 상호 의존적이라 할 수 있다.

배움의 공동체에서 교사의 주 역할로 '연결 짓기'와 '되돌리기'를 드는 것도 그러한 맥락이다. 학생들이 서로 간에 배움이 촉진될 수 있도록 징검다리 역할을 하는 것이 연결 짓기라면, 되돌리기는 학생이 주춤거리는 부분으로 돌아가 다시 한 번 생각할 수 있도록 돕는 것이다. 둘 다 성숙하고 유능한 교사의 섣부른 개입이나 설명을 차단하는 역할을 한다. 이는 보편적인 배움의 관계인 교사-학생을, 학생-학생 관계로 치환하기 위한 노력이라 볼 수 있다. 그리고 이를 가능하도록 하는 것이 도전 과제란 도구이다. 도전이라 부를 만한 과제가 없다면 학생-학생을 연결 짓는 것은 고된 일이다. 게다가 과제가 용이하거나 평이하다면 되돌리기 또한 발생할 여지가 적다. 도전 과제는 그렇게 협동적 배움의 강밀도를 담보하며 온전해질 수 있도록 돕는다. 그러니 도전 과제는 그 자체로 협동적 배움을 괄호 안에 포함하고 있다고 말해야 한다.

그러면 이러한 도전 과제는 실제로 어떻게 구성하는 것이 좋을까? 역시 이 또한 도전 과제의 어떤 상을 확정하려는 뜻이 아니다. 오히려 의미를 갱신하고 확장해보자는 뜻이다. 먼저 난도가 높아야 한다는 것은 기본일 것이다. 이 조건을 고려하면 어떻게 난도를 높일지에 주목해야 한다. 난도를 조정하는 방식은 여러 결이 있다. 먼저 단순히 주어진 시간 안에 문제의 양을 확대하는 방식이 있겠다. 문제를 복잡하게 구성하거나 생소함을 더할 수도 있다. 그러나 앞서 말한 '협동적 배움을 불러일으킬 만한 수준의 과제'여야 한다는 점을 염두에 두자. 여기에서 몇몇 공통 성분이 추출된다. 그리고 그것을 각각 낯설게 하기, 통합성, 개방성으로 정리해보자.

낯설게 하기는 관습화되고 일상화된 지각을 환기하는 것이다. 당연하고 상식적인 사실조차 달리 보는 것을 말한다. 과제가 낯설다는 것과 낯설게 하기로 이루어진 과제는 전혀 다르다. 전자는 경험하기 어렵기에 과제가 생소하다는 뉘앙스에 가깝다. 후자는 충분히 일상 생활 속에서 관찰되고 경험되지만 새로운 시선으로 바라본다는 뜻이다. 둘 모두 난도가 높다는 점에서 도전 과제로서 기능할 수 있겠으나 그 효과는 달라진다. 낯설게 하기는 낯선 과제보다 그 친숙성으로 내적 동기와 학생 간 대화를 쉽게 유발할 수 있다. 심리적으로 가까운 상황이나 사건들로 구성되기에 생생한 사례도 쉽게 찾을 수 있다. 동시에 그러한 익숙한 풍경에서 생경한 지평을 창조한다는 점은 단순히 일상의 친근한 과제로 설명될 수 없음을 보여준다.

통합성은 주로 분절적인 과제나 교과 구분적인 과제보다 관련 교과를 바탕에 두고 타 교과 영역을 넘나들며 과제를 구성하는 것을 말한다. 그것은 간학문적일 수도 다학문적일 수도 더하게는 초학문적일 수도 있다. 이러한 횡단은 당연히 높은 수준의 과제를 구성하기 마련이다. 이는 학생 간의 상이한 경험을 끌어낼 수 있다는 점에서 한 교과의 심화에 가까운 도전 과제보다 협력이 일어날 여지를 증가시킨다. 마지막으로 개방성은 다층적인 질문과 풀이 방법, 해결책을 모색하는 과제를 포괄한다. 이는 그 과정이나 결과의 다양성으로 인해 수렴적이고 폐쇄적인 질문보다 서로 간에 협동적 배움을 불러일으킬 가능성이 높다.

도전 과제의 구성 방식을 간단히 논해보았지만 이는 예시일 뿐 규준이 아니다. 척도나 해법이라기보다는 도전 과제를 이해하려는 하나의 통로다. 실제 무수한 도전 과제가 있는 만큼 학급 상황과 수업 안에서 조명되어야 한다. 학급 구성원 '실력'이나 '과목' 특수성에 따라 도전 과제 간의 낙차는 예상외로 클 수도 있다. 수학 수업과 도덕 수업의 도전 과제 제작 방식이 동일할 리는 없다. 예를 들자면 손우정은 『배움의 공동체』에서 영어 수업 일화를 들며 "수준을 높이되, 일상생활에서 (도전 과제의) 소재를 가져"오라고 제안한다. 이는 낯설게 하기보다 과제의 친밀성에 방점을 둔 것처럼 보인다. 이시이 준지도 『아이들의 배움은 어떻게 깊어지는가』에서 "점프가 있는 배움의 가능 여부는 교사의 전문적 지식과 교양, 그리고 창조적 실천력"에 달려 있다고 말한다. 이는 주제에 대한 교사의 '전문적 지식과 교양'을 요구한다는 점에서 통합성보다는 심화성에 근접한다.

이렇듯 도전 과제 구성에 관해서는 간극이 발생할 수밖에 없다. 앞서 말한 학급 구성원의 실력, 과목의 특성 등에 따라 도전 과제는 높은 산포도를 이룬다. 이는 도전 과제가 단지 과제만이 아니기 때문에 더욱 그러하다. 전술했듯 배움의 공동체에서 도전 과제는 협동적 배움과 경청의 원리 없이는 재현할 수 없다. 도전 과제, 협동적 배움, 경청이 독립적으로 움직인다면 그 의의는 지금보다 한참이나 축소될 것이다. 그 셋은 형태적으로 보로메오의 매듭Borromean rings 이라 할 수 있다. 상호 보완을 넘어 서로를 참고하고 매개하며 결속한다. 그것은 함께할 때 비로소 광채를 발산하는 가산혼합이며, 서로를 상승하게 하는 거듭제곱이다. 경청이, 협동적 배움이 이루어지지 않는다면 아무리 대단하게 도전 과제를 구성하더라도 그저 어려운 '과제'에 불과할 뿐이다. 그런 면에서 배움의 공동체의 도전 과제는 개별 숙제나 개인 학습이 될 수 없다. 도전 과제는 그렇게 그 자체로 복수성을 갖는다.

배움의 공동체는 배움과 교사의 배치를 전복하는 철학이다. 그중에서 도전 과제는 그 전환의 훌륭한 장치가 된다. 가리 없게나마 배움의 공동체의 도전 과제를 헤아려본 이유도 그 때문이다. 그렇다고 도전 과제를 이 기회에 이론적으로 한 번 곰파보자는 게 이 글의 목적도 아니다. 이 글은 실은 두 가지 선동(?)을 위해 쓰였다. 그 첫 번째는 실행의 측면에서 도전 과제로부터 배움의 공동체를 시동해보자는 것이고, 두 번째는 연구의 측면에서 도전 과제에 대해 더욱 공동의 관심과 노력을 기울여보자는 것이다. 많은 교사들이 배움의 공동체에 관심을 보인다. 그러나 막상 교실에서 배움의 공동체를 실천하기는 쉽지 않다. 진입 장벽이 꽤 높은 것이다. 당장 듣기부터 제동이 걸린다. 특별한 인내심이 없다면 배움의 공동체는 공염불로 그칠 우려가 크다. 배움의 공동체 운동이 교사 개별 단위보다는 학교 차원에서 이루어지는 것도 그 때문일지 모른다.

그렇다고 그런 학교와의 만남을 기대하기도, 변화를 모색하기도 어렵다. 그럼 어떻게 해야 할까? 도전 과제부터 시작하면 어떨까? 배움의 공동체 수업 원리 중에 도전 과제부터 가동해보는 것이다. 듣기, 협동적 배움, 도전 과제 중에서 도전 과제는 실천성 측면에서 가장 가시적이다. 아무래도 철학으로부터 출발하는 연역의 방식보다는 도전 과제라는 구체성으로 출발하는 귀납적 방식이 전술적으로 도움이 되지 않을까? 물론 그 왜상歪象이 근심되기도 하지만, 협력적 배움과 경청이라는 원리를 견지한다면 이는 개별 교사 단위로도 충분히 실천 가능하리라.

둘째, 도전 과제를 함께 연구하는 교사 공동의 노력이 필요하다는 제안이다. 배움의 공동체는 학생의 협동적 배움만큼 교사의 동료성을 중요하게 여긴다. 그러한 전문가로서 연대하는 모습은 수업 공개, 수업연구회, 수업 사례 연수, 개혁의 네트워크 구성 등 다방면으로 확인할 수 있다. 그 연대의 시간에 도전 과제를 포함한 수업 디자인에 배움의 공동체 교사들의 눈길이 더욱 깊고 오래 머물렀으면 좋겠다. 그리고 그렇게 제작한 도전 과제들이 곳곳에서 출현하고 적극적으로 교류되기를 바란다. 이것은 개별 교사에게는 물론 다른 교사학습공동체의 생성까지 돕는 참조점이 되리라. 또한 이러한 제안과 별개로 배움의 공동체가 제 스스로 매번 '도전 과제'를 창안하며 생동하기를! 그때 배움의 공동체는 비로소 '공교육의 미래'가 될 것이다.

†이 글의 한계를 스스로 지적해두어야겠다. 배움의 공동체 수업 원리를 경청, 협동적 배움, 도전 과제로 함축하였다. 그러나 누군가에게는 '배움'의 패러다임이나 '주제·탐구·표현' 모델을 누락한 것이 의아하게 여겨질 것이다. 협동적 배움을 다루며 활동적 배움과 표현적 배움을 도외시한 것도 이해하기 어려울 것이다. 이는 중요도를 판단하는 방식에 따른 취사이지 여타 원리를 평가절하하려는 의도는 없다. 이 글의 핵심인 도전 과제에 대한 몇몇 진술도 정밀했다고 볼 수 없다. 공정함을 위해 이 글과 상이한 견해를 보태보자. 먼

저 도전 과제의 개념이 모호하다는 주장, 최근 한울중학교 교사들이 출판한 『아이들이 몰입하는 수업 디자인』에서 도전 과제는 요확한 형태를 보인다. 먼저 도전 과제는 "기초 지식을 활용하여 해결하는, 흥미롭고 난이도도 높은 과제"로 정의된다. 고유한 특징도 언급된다.

정리하자면 첫째, 단위 시간에 학습한 기초 지식으로 해결 가능한 과제 둘째, 기초 지식과 관련된 응용문제나 확인 문제 셋째, 문제 상황이 기초 지식 습득 때와는 다른 방향으로 해결해야 하는 문제 넷째, 난이도가 높지 않을 수도 있지만 반드시 흥미로운 과제이다. 이러한 도전 과제일 때 학생들이 "옥신각신(협동적 배움)"할 수 있다고 말한다. 이는 앞서 도전 과제의 구성 방식으로 제안한 난도를 기본으로 한 낯설게 하기, 통합성, 개방성과는 질감이 다르다. '난이도'보다 '기초 지식과 연계'나 '흥미'를 중점에 둔다는 점에서 더욱 그러하다. 축적된 사례를 통해 검증된 이러한 성과는 이 글의 이론적 논의와 별개로 마땅히 존중받고 지지받아야 한다. 이렇게 용법과 임상을 통해 도전 과제를 증명하는 사례가 앞으로도 속속 이어지기를, 그로 인해 이 지도 자체가 언제라도 무효화되기를! 실천을 능가할 언어는 어디에도 없다.

21세기의 마법, 거꾸로교실

장군

어떤 아이디어는 세상을 움직인다. 위대한 발명이나 발견을 말하려는 것이 아니다. 유례없는 혁명적인 사유를 뜻하는 것도 아니다. 이해를 위한 고도의 전문적 지식조차 필요 없는, 하찮다면 하찮아 보이는 그러한 아이디어가 삶의 방식을 뒤집기도 한다. 진부하지만 '콜럼버스의 달걀'이라고 밖에는 표현할 수 없는 그러한 착상들이 있다. 그러한 발상의 전환 하나가 지금 교육계를 술렁이게 하고 있다면 지나친 호들갑일까? 기다렸다는 듯 시선을 모으며 센세이션을 일으키고 있는 그것은 바로 '거꾸로교실Flipped Classroom'[29]이다. 돌풍이라고 부를 수밖에 없는 이 현상이 누군가에겐 느닷없을 것이고, 누군가에게는 좀처럼 미덥지 않아 보일 것이다. 그러나 그 염려의 목소리보다 더 큰 찬탄과 더 높은 환호가 들려온다. 이 지지와 호응

....

29. 역전 학습, 뒤집힌 학습, 거꾸로 수업 또는 원어 발음 그대로 플립드 러닝Flipped learning 등 여러 버전으로 불리나 여기에서는 가장 일반적인 거꾸로교실을 그 용어로 사용한다.

은 어디에서 비롯된 것일까?

먼저 미디어의 힘이 작용한 까닭이라고 말할 수 있을 것이다. 이 열광의 시초는 2014년 3월, KBS1 TV에서 「21세기 교육혁명-미래교실을 찾아서」라는 타이틀 아래 방영된 '거꾸로교실' 3부작이라 할 수 있다. 정찬필 PD는 이것이 '실험'이었다면 2015년 3월부터 다시 시작된 4부작 「거꾸로교실의 마법-1,000개의 교실」을 '증명'이라고 말한다. 실험은 성공적이었고 증명은 명쾌하고 굳건했다. 물론 방송 이전에도 교육 관련자들의 연구가 없었던 것은 아니며 이를 소개한 단행본이 출간된 적도 있다. 그럼에도 이를 대중적으로 각인시키고 거꾸로교실을 고유명사화한 것은 분명히 미디어의 힘이다. 과장해서 말하자면 그 프로그램은 오늘 거꾸로교실을 있게 한 모태이자 모상이다.

그럼에도 그것은 도화선에 불과했으리라. 그 폭발의 반경이 이토록 광범위해진 것은 거꾸로교실의 그 '마법'에 다수가 이끌렸기 때문이다. 그 주문의 위력을 살펴보자. "무기력했던 학생들이 자발적으로 소통하고 협력한다. 하위권 학생이 상위권으로 성적이 향상된다. 상습 가출 학생이 교실로 복귀한다. 일진 학생이 폭력 성향을 버리고 사회성을 회복한다. 특수학급의 지체 학생들도 변화를 보인다." 놀라운 성과다. 마법이라고 부르기에 부족함이 없다. 어떤 교육 이론이, 어떤 교수 기법이 과연 이런 실효를 얻을 수 있을까? 그것도 이렇게 단시간에 전방위적으로 말이다. 몇 분 되지 않는 강의 동영상을 제작해 사전 과제로 제시한 것뿐인데(?) 수업이 달라진다? 쉽게 믿지 못할 일이다. 사전 지식이 전무하다면 허언으로 취급받기 십상이다.

물론 그 환상적인 성취조차 각고의 노력을 필요로 하는 것이었다면, 이 또한 냉소와 회피를 벗어날 수 없었으리라. 그런데 그것이 그다지 어려워 보이지도 않는다면? 동영상 제작 관련 기술만 익힌다면 누구나 넘을 수 있는 고개처럼 보인다. 물론 정보 인프라information infrastructure나 IT에 대한 관심과 능력이 부족하다면 큰 난관일 수도 있겠다. 그러나 이는 그저 기우에 불과한 듯 보인다. 우리 사회 전반의 IT 친숙성을 고려하지 않는다 해도 교단 선진화라는 이름 아래 진행된 투자와 교육은, 우리 교실과 교사의 IT 대처 능력을 상당히 업그레이드해놓았다. 학생 또한 디지털 디바이드digital divide나 디지털 문해digital literacy를 거의 걱정할 필요가 없다. 동영상을 제작하고 시청하는 데 인적, 물적 방해 요소는 미미한 셈이다.

거꾸로교실의 탄생

그러니 이렇게 말할 수 있으려나? 거꾸로교실은 미디어 효과, 마법적 성취, 정보 역량 이 세 가지 요건이 잘 맞물리며 붐을 형성한 것이라고! 그런데 미디어 효과와 정보 역량은 기막힌 우연으로 여길 수도 있겠지만, 도대체 믿기지 않는 그 마법적 성취는 어떻게 가능했던 것일까? 해답을 얻기 위해 거꾸로교실의 기원으로 거슬러 올라가 보자. 방진하와 이지현에 의하면 "The Classroom Flipped"라는 용어를 처음 사용한 이는 공과대학 교수인 베이커Baker라고 한다. 그는 "1995년 '우연히' 강의 슬라이드를 웹 사이트에 공개하고 학생들이 학습 내용을 학습해 오게 하자 수업 내 학생들의 참여도와 질의응답이 늘어남을 발견"[30]하였다. 그러나 그것이 학회만의 논의를 벗어나 교실로 이식된 것은 전적으로 조나단 버그만Jonathan Bergmann과 아론 샘즈Aaron Sams의 공이다.

그들은 "수업에 빠지거나 진도를 잘 따라오지 못하는 학생들을 도와줄 수 있겠다"는 생각으로 "수업을 녹화한 후 그 파일을 온라인상에 올려서 학생들이 시청할 수 있도록" 했다. "그런데 이 온라인 강의는 전혀 '예측하지 못한' 또 다른 결과"를 낳는다. "평소 화학을 어려워하던 학생들이 동영상 강의를 보고 화학 공부에 흥미를 갖기" 시작한 것이다. 이어 그들은 다음과 같은 질문을 던진다. "우리가 해야 할 수업 내용을 미리 녹화하고 학생들에게 '숙제'로 그 동영상을 미리 집에서 보게 한 후 실제 수업 시간은 온전히 그 아이들이 어려워하는 개념을 이해하도록 도와주는 데 쓰면 어떨까?"[31] 거꾸로교실의 탄생! 여기에서 우리는 거꾸로교실이 일반적인 교육 이론이나 교수 방법과는 다른 독특한 발생기를 엿볼 수 있다. 바로 그것이 세렌디피티serendipity에 가깝다는 점이다.

....

30. 방진하·이지현, 「플립드 러닝(Flipped Learning)의 교육적 의미와 수업 설계에의 시사점 탐색」, 2014, 『한국교원교육연구』 제31권 4호, 300쪽.
31. 조나단 버그만·아론 샘즈 공저, 『당신의 수업을 뒤집어라』, 2013, 시공미디어, 3~7쪽.

세렌디피티, 즉 뜻밖의 발견이라는 것은 두 가지 조건을 전제한다. 그것이 실행성과 가변성을 내포하고 있다는 점이다. 실행적인 성격이라는 것은 거꾸로교실이 이론의 층위에서 구성되었다기보다는 현장의 경험을 통해 출현했다는 뜻이다. 대개의 경우 교육 이론과 교수 모형은 든든한 이론적 배경을 등에 업고 출발하기 마련이다. 체계를 갖추어 연역적 방식으로 진행되고 현장에 투여되는 것이다. 그에 반해 거꾸로교실은 현장에서 잉태하여 '거꾸로' 이론을 추인하고 있다. 귀납적인 사례와 시행착오가 축적된 이후에 이론의 외피를 두르는 셈이다. 거꾸로교실을 단순한 교수 기법으로 한정한다면 실행 우선이 당연한 것일 수도 있겠다. 그러나 거꾸로교실은 패러다임의 전환으로 불릴 만큼 강력한 담론적 성격도 내포하고 있다. 그저 교수 기법의 하나이기에 당연히 실행적인 성격을 갖는 것이라고 할 수는 없다.

오늘날 세렌디피티의 대표적 성공 사례라 할 수 있는 페이스북Facebook을 보라. 그 또한 섬광 같은 착상과 실행을 통해 인터넷 지형을 뒤바꾸어놓지 않았는가? 또 하나, 가변적인 성격을 갖는다는 것은 변화할 여지가 높다는 말이다. 프레네 교육이나 협동 학습 같은 경우와 비교해보자. 이들의 가소성과 거꾸로교실의 가소성은 차이가 있다. 후자가 훨씬 변형이 손쉽다. 세렌디피티는 미리 철저하게 의도된 계획이 아니다. 그것은 우발적이라는 점에서 태생적으로 불완전성을 갖는다. 수많은 아이디어들이 그 불완전성으로 인해 소멸의 길을 걷기도 한다. 그러나 어떤 발상들은 살아남아 세렌디피티로 남는다. 그 불완전성을 극복하며 전진하는 것이다. 페이스북이 그러했듯 거꾸로교실도 그러할까? 지금처럼 공명이 지속된다면 그럴 여지는 충분하다.

앞서 질문으로 돌아가자면 그 공명은 기적 같은 마법적 성취에 기인한다. 거꾸로교실의 성공을 대표하는 하나의 현상을 서술하자면 '조는 학생들이 없다'일 것이다.[32] 중등의 경우 수업 시간에 '조는 학생'은 예외적인 경우가 아니다. 으레 관찰되는 교실의 풍경이다. 그 풍경이 상례적이라고는 하지만 교사라면 거기에서 어떤 무력감을 느끼지 않을 도리는 없다. 그런데 거꾸로교실에선 그렇지 않다? 그 까닭을 "학생들이 수업 영상을 집에서 보고" 왔기 때문이라고 말하는 것은 충분한 설명이 아니다. 그것은 "전달식 강의를 전체 배움 공간에서 개별 배움 공간으로 옮기고, 그 결과 남겨진 전체 배움 공간을 역동적이고 서로 배움이 가능한 환경으로 바꾸"었기 때문이다. 중요한 것은 '그 결과 남겨진 전체 배움 공간을 어떻게 구성하느냐'이다. 그 구성이 전통적인 수업 방식과 상사하다면 여전히 '조는 학생들'은 사라지지 않을 것이다.

이 점이 거꾸로교실이 일반적인 '예습'이나 '선행 학습', 'e-learning'과 뚜렷이 분별되는 지점이다. '역동적이고, 서로 배움이 가능한 환경'을 만든다는 것은 결국 "교사가 무대에서 내려와 학

----

32. 초등이라면 '딴생각하는 아이가 없다'로 표현될 것이다. 거꾸로교실은 초등보다 중등에서 더욱 성공적으로 보인다. 여러 이유가 있겠지만, 그것을 살피는 것이 이 글의 목적은 아니다. 다만 중등의 경우 소위 '교실 붕괴'가 초등보다 심각했기에 그 성취 또한 확연히 보였으리라는 것은 짐작할 수 있다.

습 내용의 전달자가 아니라 배움의 촉진자"[33]가 된다는 뜻이다. 구체적으로 말하자면 "교사가 무대에서 내려"온다는 것은 듀이Dewey가 말한 촉진자, 조력자facilitator로서의 교사 역할을, "서로 배움이 가능한 환경"을 만든다는 것은 비고츠키Vygotsky 철학을 바탕으로 한 협력 학습collaboration learning을 상기시킨다. 거꾸로교실은 수업의 권한을 교사에게서 학생에게로 이전한다. 그 점이 조는 학생이 사라지는 마법적 성취의 핵심이다. 물론 이 '이전'이 손쉬운 것은 필수적으로 전달해야 할 지식을 사전에 학생에게 제공하기 때문이다. 그리고 이 사전 학습이 거꾸로교실의 비범함을 낳는다.

거꾸로교실의 진화

거꾸로교실을 도입하지 않더라도 '수업의 권한을 교사에게서 학생에게로 이전'하는 것은 얼마든지 가능하다. 배움의 공동체를 필두로 한 최근 '배움 중심 수업'의 물결은 그런 노력의 일환이다. 이런 반례가 거꾸로교실을 무의미하게 만드는 것도 아니다. 그 배움 중심 수업의 내실을 보조할 수 있는 효과적인 장치라는 점에서 여전히 가치가 있다. 일차적으로 지식과 이해의 영역을 밖으로 분리함으로써 본 수업의 시간적 여유를 확보하도록 돕는다. 다음으로 이러

....
33. 조나단 버그만·아론 샘즈 공저, 『거꾸로교실』, 2015, 에듀니티, 35~38쪽.

한 구조의 변화는 필연적으로 수업 내용을 어떻게 채워야 하는지를 숙고하도록 유도한다. "수업 방식의 간단한 조작에 의해…… 학습의 중심이 이동하면서 학습과 학습 환경에 막강한 변화를 초래"[34]하는 셈이다. 한때 'Turn off TV, Turn on Life'라는 슬로건 아래 시민문화 운동으로서 'TV 끄기 캠페인'이 진행된 적이 있다. 이에 참여한 이들은 TV를 Off하는 '간단한 조작'으로 가족의 여가 문화가 바뀌는 '막강한 변화'를 경험했다고 한다. TV가 사라지자 그 자리를 가족 간 대화나 놀이, 독서가 자연스럽게 대체한 것이다.

혁신학교를 중심으로 확대되고 있는 '아침에 컴퓨터를 끄고 학생을 만나자'라는 실천도 이와 비슷하다. 컴퓨터를 끄면 학생을 보게 되는 것이다. 거꾸로교실도 그러한 경우가 아닐까? 수업 시간의 강의가 사라지자 비로소 학생 간 협력과 배움이 그 자리를 대체하지 않았는가? 물론 거꾸로교실은 좀 더 의도적인 접근이 필요하다. 오늘날 'TV 끄기 운동'이 별다른 공감을 얻지 못하는 까닭은 스마트폰을 비롯한 유사 TV가 다수 존재하기 때문이다. TV 끄기의 본래 의미를 되찾으려면 상대적으로 상당한 노력이 요구될 수밖에 없다. 거꾸로교실도 그러하다. 아무리 강의를 교실 밖으로 끌어내도 본 수업이 여전히 유사 강의에 머무른다면 무슨 소용이 있을까? 결국 그 '남은 자리'를 어떻게 채우느냐가 관건이다. 이 고민에서 거꾸로교실의 진화가 시작된다.

....

34. 이민경, 「미래사회의 변화와 핵심역량교육: 교육혁신 가능성으로서의 거꾸로교실Flipped Classroom」, 2014.

조나단 버그만과 아론 샘즈는 『거꾸로교실』에서 거꾸로교실 기본형regular Flipped model과 거꾸로완전학습 모델Flipped-mastery model, 거꾸로배움Flipped learning을 각기 구분한다. 거꾸로교실 기본형이 "질 높은 수업 영상을 만드는 데 집중"한 형태였다면 거꾸로완전학습 모델은 "거꾸로교실의 요소를 활용해 아이들을 완전학습"으로 이끄는 형태라는 것이다. 또한 이것이 종착점이 아니라 "거꾸로배움으로 더욱 나아가고 있다"고 강조한다. 이는 반드시 순차적으로 거쳐야 할 단계는 아니지만 "보다 깊고 넓은 배움을 경험하는 단계"인 거꾸로배움으로 반드시 진행해야 한다는 것이다. 이러한 진화는 남겨진 여백을 어떻게 채우느냐에 관한 물음과 동일하다. 그리고 공백이 아닌 여백이라는 점을 주의해야 한다. 공백은 '없는 빈자리'이지만 여백은 '남은 빈자리'다.

거꾸로교실에 위대함이 있다면 그 공백을 여백으로 전환한 데 있다. 그러니 도로 여백을 공백으로 되돌려놓는 것은 난감한 일이다. 마치 TV를 끄고 컴퓨터를 켜는 것이 어리석듯, 강의를 끄고 시험을 켠다면 얼마나 우스운 일이 되겠는가? 거꾸로교실이 지향하는 바는 앞서 말했듯 '수업의 권한을 교사에게서 학생에게로 이전'하는 것이다. 이 점을 망각하는 것은 거꾸로교실을 오독하는 것과 다름없다. 어쨌든 그 여백을 채우기 위해 거꾸로교실은 수많은 수업 담론과 수업 모형, 수업 기법과 조우하게 될 것이다. 토론 학습을 만날 수도 있고 PBL을 만나기도 할 것이며 배움의 공동체와 접점을 가질 수도 있다. 그 과정에서 사례가 축적될 것이고 범례가 등장할 것이며 모델이 생성될 것이다. 그럼에도 거꾸로교실의 심도와 포용력을 생각하자면 무엇 하나로 수렴되거나 정리되는 일은 없을 듯하다. 그러한 혼성적인 특성이 거꾸로교실의 진화의 기반이 되리라는 것은 굳이 부연하지 않아도 되리라.

오해를 만들지 않으려고 부러 '남은 빈자리'에 집중했지만, 거꾸로교실을 표상하는 대표적인 형상은 사전 학습으로 제시되는 동영상이다. 이러한 교육적 테크놀로지가 거꾸로교실의 한 축을 담당하고 있다는 것은 부인할 수 없다. 거꾸로교실에 입문하는 교사들에게 동영상 제작은 거의 필수 코스처럼 보인다. 그러니 거꾸로교실의 진화를 말하고자 할 때, 이 사전 동영상 제작을 언급하지 않을 수는 없다. 거꾸로교실의 기본형이 거꾸로배움으로 발달하면서 그 근본인 사전 학습은 남았지만, 이제 그것은 동영상으로 한정되지 않는다. 때에 따라 텍스트 자료일 수 있고 체험 학습일 수도 있다. 그것을 꼭 학교 바깥에서 수행해야 하는 것도 아니다. "거꾸로배움의 맥락에서 수업 영상은 학생들이 볼 준비가 되어 있을 때 보면 된다."[35] 이러한 변모는 거꾸로교실의 운신 폭을 넓혀준다는 점에서 긍정적이다.

또한 사전 학습에 관한 이러한 다양성은 거꾸로교실에 대한 어떤 떠름함도 일부 거둘 수 있다. 예를 들면 사전 동영상 제작에 무게가 실려 있는 듯한 인상이나 일종의 과제이기에 학생의 부담이 증가될

....
35. 조나단 버그만·아론 샘즈 공저, 『거꾸로교실』, 2015, 에듀니티, 51쪽.

것이라는 염려가 그렇다. 지금은 구상하기 어렵겠지만 거꾸로교실의 진화가 계속된다면 사전 학습이 동영상과 무관한 이형태로 꼴바꿈하지 말란 법도 없다. 거꾸로교실의 진화 속도는 경이적인 데가 있다. 아마도 그것은 거꾸로교실이 처음부터 네트워크라는 증식의 시스템을 통해 확산이 이루어졌기 때문이리라. 상투적이지만 거꾸로교실의 진화에는 집단 지성이 스며들어 있는 셈이다. 그 참여가 손쉽다는 점도 진화 속도를 높이는 데 기여한다. 혁신적이면서도 진입장벽까지 낮은 학습 전략을 만나기란 결코 쉬운 일이 아니다. 이러한 점들이 거꾸로교실의 미래를 밝게 한다는 것은 두말할 필요 없으리라.

거꾸로교실의 미래

거꾸로교실은 학습 공간의 재배치가 낳은 수업 시간의 재발견이다. 그렇다면 그 미래는 과연 어떠할까? 미래를 전망하기 위해서 현실의 성과와 한계를 살피는 것은 필수적이다. 먼저 성과부터 들여다보자. 거꾸로교실의 효과성을 연구한 결과는 여럿이겠지만 그중 이민경의 면담을 통한 질적 연구는 생생한 면이 있다. 종합하면 그는 거꾸로교실 실험을 통해 학생들이 "자기 효능감이 증가"하고 "학교의 의미가 변화"하였으며, 그 결과 "(학생들이) 수업의 타자에서 주체로", "(수업이) 적자생존에서 소통과 협력의 장으로"[36]으로 탈바꿈하였다고 말한다. 이러한 연구 결과는 그의 연구를 논외로 하더라도 곳곳에서 확인된다. 사실 거꾸로교실을 온전히 부정하는 주장이나 연구는 찾아보기 어렵다. 거꾸로교실은 연구자에게도 실천가에게도 충분히 수용되고 승인된 셈이다.

거꾸로교실 교사 공동체인 '미래교실 네트워크www.futureclass.net'는 거꾸로교실이 "비판적 사고 능력critical thinking을 바탕으로 소통communication과 협력collaboration 중심의 문제 해결과 창의력creativity을 키워내는 21세기 교육의 구체적인 방법"을 제시하고 있다고 말한다. 한마디로 '4C'를 구현하고 있다는 것이다. 거꾸로교실이 '미래교실'이 되리라는 이 자만이 얄밉지 않은 것은 그것이 '진짜 배움으로 가는 길'을 안내하고 있기 때문이다. 물론 이것은 한낱 신기루일 수도 있다. 그러나 이미 그것이 진짜라고 감식되고 있다면 길을 잃은 자에게 발을 내디딜 충분한 이유가 된다. 그 길에 작은 걸림돌이야 없을 수 없겠지만, 혹여 나침반을 잃을 수도 있겠지만, 그때는 앞서 간 이들의 이정표를 참조하면 될 일이다. 수많은 교수 전략 속에서 이리저리 배회하는 교사들에게 거꾸로교실은 괜찮은 선택지다.

거꾸로교실의 한계를 언급하는 것은 조심스러운 일이다. 일단 그것이 완성형이 아닌 현재진행형이기 때문이다. 또한 정착된 이론으로 무장된 것이 아니라 다양한 사례를 축적하는 실행 운동의 성격을 갖고 있기 때문이다. 물론 아예 결점들이 부각되지 않는 것은 아

---

36. 이민경, 「거꾸로교실Flipped Classroom의 효과와 의미에 대한 사례 연구」, 2014, 『한국 교육』 제41권 제1호, 102쪽.

니다. 예를 들자면 김영택은 "연구자(수업자)에게 많은 노력과 수고를 요구"하는 점, "스마트 디바이스" 격차와 실질적인 "수업 시간의 순증 효과"[37]가 발생할 수 있다는 점을 우려한다. 스마트 디바이스야 확산 일로에 있고 지원 체계를 자구적으로 마련할 수 있다는 점에서 큰 문제로 보이지는 않는다. 그러나 교사와 학습자의 부담 증가라는 것은 근본적인 한계처럼 보이기도 한다. 특히 상대적으로 초등교사의 경우 다수의 교과목을 가르치고 사전 학습 자료를 단위 학급에서 일회적으로 사용할 수밖에 없다는 점에서 더욱 그렇다. 이는 동학년 교사와의 협력이나 거꾸로교실 적용 교과목을 한정하는 것으로 해결할 수밖에 없겠지만, 그렇다면 그 의미가 축소된다는 점에서 딜레마라 하겠다.

학생의 부담 또한 문제다. 물론 학생들이 사전 학습에 투여하는 시간이 장시간을 요구하는 것은 아니다. 또한 기존의 과제들을 본 수업으로 끌어 당겨오기에 일부 상쇄되는 측면도 있다. 그럼에도 만만치는 않아 보인다. 특히나 거꾸로교실 적용 교과목이 확대되기 시작한다면 더욱 그럴 것이다. 교사와 학생의 부담이라는 이 이중의 굴레를 거꾸로교실이 어떻게 슬기롭게 극복해나갈지 궁금하다. 한편, 김동원과 김병수는 "적용의 범위"와 "교과의 고유성"[38]에서 제한이 있을 것이라고 예상한다. 이는 당연하다. 어떤 교수 방법이, 교수

---

37. 김영택, 「플립드 러닝Flipped Learning을 적용한 초등 사회과 세계지리 학습방안에 관한 실행 연구」, 2015, 청주교육대학교교육연구원 학술대회 자료집, 54~55쪽.
38. 김동원·김병수, 「거꾸로교실에 대한 탐색과 한국적 적용을 위한 사례 연구 준비」, 2015, 청주교육대학교교육연구원 학술대회 자료집, 158쪽.

전략이 '모든 학생에게, 모든 교과에게' 일률적으로 적용될 수 있을까? 이는 거꾸로교실의 내재적인 한계를 밝혔다기보다는 무비판적으로 적용하려는 안일이나 경향을 경고하는 것으로 해석하는 게 좋을 듯하다.

SF 작가 아서 클라크Arthur Clarke는 "고도로 발전된 기술은 마법과 구별되지 않는다Any sufficiently advanced technology is indistinguishable from magic"라고 말한 적이 있다. 만약 1990년대의 한 교사가 오늘의 거꾸로교실을 들여다볼 수만 있다면 그것은 정말 마법처럼 보일 게다. 물론 이것은 '발전된 기술'이라는 바탕이 있기에 가능한 것이다. 그러나 이 21세기의 마법의 비법을 그 1990년대의 교사가 물었을 때, 그저 '발전된 기술 덕분'이라고 답할 교사는 거의 없을 것이다. 거꾸로교실이 가능했던 것은 기술의 발달이 아니라 교사의 끊임없는 성찰과 실천이 있었기 때문이다. 마법은 기술이 아닌 행위에서 나온다. 조나단 버그만과 아론 샘즈가 "수업에 빠지거나 진도를 잘 따라오지 못하는 학생들을" 그냥 방치했다면 어땠을까? 학교 부적응자나 부진아로 판단 내리고 포기했다면 어땠을까? 혹은 우리가 여전히 조는 아이들을 어쩔 수 없다고 여기며 자기변호에 안주했으면 어땠을까? 어떤 일도 일어나지 않았을 것이다.

거꾸로교실이 사건이 된 것은 그 안락한 관성을 넘는 사유와 그 사유를 곧바로 실행하는 준비된 힘이 있었기 때문이다. 그리고 그 '거꾸로'라는 전복적인 사고 덕택에 우리는 이제 수많은 거꾸로를 상상할 수 있게 되었다. 아니 상상을 넘어 구체적인 상象으로까지 그릴 수 있게 되었다. 거꾸로 연수, 거꾸로 행사, 거꾸로 교직원회의! 그런 점에서 어쩌면 거꾸로교실은 거꾸로 학교로 나아가는 학교 문화 운동[39]으로 진전되어야 하는지도 모른다. 마지막으로 보태자면 이참에 학력 또한 거꾸로 살펴지기를 바란다. 흔히들 거꾸로교실의 성과로 '성적 상승'을 이야기한다. 그 수치로 드러나는 성적 상승효과가 바탕이 되지 않았더라면 이 신드롬syndrome은 좀처럼 형성되기 어려웠을 것이다. 그러나 이는 언젠가 우리의 발목을 잡게 되리라. 거꾸로 성적, 거꾸로 학력! 모든 것을 수렴하고 무효화하는 이 물구나무선 학력에 우리는 언젠가 정면으로 대답해야 하리라.

✝거꾸로교실의 광채가 눈부시다. 역치 값이 높아져 어중간한 자극에는 미동도 하지 않는 교육계가 거꾸로교실로 인해 들썩이고 있다. 진중한 이에게 이는 변덕스러운 유행처럼 보일지 모르겠다. 과열의 양상이 보이는 것도 사실이다. 그러니 그것이 순항할지 좌초할지 예측하기는 어려운 일이다. 어쩌면 해프닝으로 종영될 수도 있고, 거품이 줄어도 조용히 꾸준하게 기적을 만들어갈 수도 있다. 그럼에도 어떻게 되든 오늘 우리의 수업 문화를 되돌아보는 기폭제가 되었다는 사실은 잊히지 않으리라. 거꾸로교실을 바로 본다는 것은 그런

....

39. 이를테면 이렇다. 거꾸로 교직원회의 예. 아직 완전하다고 볼 수 없지만 필자가 근무하는 학교는 단순 전달 사항은 학내망 메신저messenger 프로그램을, 모두가 공유할 내용들이나 의견 수합은 전 직원이 가입한 SNS를 이용한다. 당연히 면대면 교직원회의에서는 중요한 협의 사항이나 학생 교육과 관련된 사항을 다루게 된다. 물론 이것이 정상적인 '교직원회의'겠지만……. 그러니 실은 '바로 교직원회의'를 이야기하는 것과 같다. 이중 부정은 긍정이고 학교 문화의 많은 것들을 바로잡기 위해서 우리는 이렇게 종종 이중 부정의 과정을 거쳐야 한다.

의미다. 거꾸로교실이라는 창을 통해 우리의 수업을 거꾸로 반추하는 것, 우리의 교실과 수업이 얼마나 거꾸로 가고 있었는지를 반성하고 자각하는 것!

Education의 어원은 라틴어 educare에서 기인한다. '밖으로'라는 의미의 e와 '끄집어내다', '이끌어내다'는 의미의 ducare가 결합된 말이다. 공교롭게도 거꾸로교실은 그 전통적인 교육을 교실 '밖으로 끄집어냄educare'으로써 교실 안에서 이상적인 education을 가능하게 한다. 이는 얕은 말장난이지만 이것이 오늘 우리 교육의 어떤 희비극을 보여주는 숨은 징표처럼 보인다면 지나친 해석일까? 거꾸로교실은 그동안 얼마나 우리 교실이 무기력했는지를 보여준다. 거꾸로교실이 등장하지 않았다면 그 무기력은 꽤나 오래 지속되었을 것이다. 야속한 말이겠지만 거꾸로교실의 마법은 이미 교실을 변혁하고 있는 자에게는 그저 테크니컬한 마술에 불과하다. 그것을 대단한 마법으로 포장하고 있다는 자체가 사실 우리 교실의 빈곤과 박약을 거꾸로 증명하는 것인지 모른다. 거꾸로교실은 우리에게 하나의 거울을 던져주었다. 우리의 수업을 제발 들여다보라는! 그 거울을 통해 애써 외면했던 우리의 흉들이 살펴질 수 있을까? 오늘 우리 교실의 역전逆轉과 그 거울에 응답한 이들을 응원한다.

수업의 '일반문법'을 넘어서

윤양수

　초6 사회과 수업(아산 용연초, 2014)이다. 우희광 선생님의 '초대'로 수업을 보게 되었다. 초대를 받다니! 흔치 않은 일이다. 도깨비를 만난 것 같은 기분이랄까? 일과 중이라서 수업을 옮겨놓고, 선생님의 수업을 보러 갔다. 솔직히 말하자면, 적잖이 부담스러웠다. 그럼에도 초대에 응하지 않는 것은 예의가 아닐 것이다. 우희광 선생님은 앞서가는 연구와 실천으로 칭찬이 자자한 분이다. 강연과 공개수업으로, 또 자신이 운영하는 '아이지기' 홈피를 통해 앎을 나누고 소통하는 일에도 적극적인 분이다. 그런 선생님의 수업에 대해 발언한다는 것은 주제넘은 일인지도 모르겠다. 수업에 대한 성찰이 필요하다면, 이름난 '고수'도 많을 텐데……. 어쩌면 부담 없이 대화를 나눌 수 있는 친구가 필요한 것인지도 모르겠다.

　우리 사회의 '인권 침해' 현상과 그에 대한 대안을 탐구하는 수업이다. 특정 주제를 '깊게' 다루기보다는 '인권 침해' 문제 일반을 포괄적으로 다루는 방식을 취한다. 그런 점에서는 수업의 '일반문법'을 크게 벗어나지 않는다. 그런데 학습 활동을 마무리하는 방식이 다소 특이하다. '인권을 보호하는 일은 ▆▆▆다. 왜냐하면……' 이와 같은 형식의 '문장 만들기'로 학습한 내용을 정리하고 있다. 아이디어가 새로운 것은 아니나 '정리'의 문법이 일반적인 관행과 다르다는 점에서 눈여겨볼 필요가 있다. 또한 학생들의 표정과 눈빛이 인상적이다. '인권' 문제를 탐구하는 어린이 시민들답게 시종일관 눈빛이 빛난다. 그런 표정과 눈빛이 수업의 기반이 되는 것으로 보인다. 이 수업의 매력 포인트가 아닐 수 없다.

수업 보기

우선 사회과 교육과정을 간략하게 짚어보면, '인권human rights'은 6학년 2학기 1단원 '우리나라의 민주 정치'에서 네 번째로 학습하는 주제다. 우리나라의 민주주의와 민주화 과정에 대한 이해를 바탕으로 인권의 의미와 발달 과정, 실현 방법을 학습하도록 구성되어 있다. 인권은 다양한 사회적 현상 혹은 쟁점들과 연결되는 통합적인 주제로, 민주시민교육 차원에서 매우 강조하는 학습 내용이다. 이 시간에 공부할 문제는 '인권 침해 사례를 조사하고, 인권 보호를 위해 할 수 있는 일을 찾아보는' 것이다. 학생들이 과제 학습으로 인권 침해 사례를 미리 조사했다. 우리 사회의 '인권지수'를 보여주는 인권 침해 사례로부터 일상의 경험에 이르기까지 구체적인 사례를 중심으로 접근하고 있다. "SOW!"(Spread Our Wings!) 지섭이가 '시작 구호'를 외치자 학생들이 "공부 시작!"으로 응답하며 공부를 시작한다.

도입

> **교사** 애들아, 어제 선생님이 충격적인 편지를 하나 받았어.
> **학생 1** 야~.
> **학생 2** 거짓말.(웃음)
> **교사** 충격적이라기보다는 좀 안타까운 편지였는데, (중략) 한번 보고, 도와줄 수 있는 내용이 있는지 살펴보도록 하자.

영상 편지를 보자마자 학생들이 폭소를 터뜨린다. 같은 반 지훈이가 콩쥐로 분장하고 등장한 까닭이다. 치마저고리를 차려입고, 양 볼에 연지를 찍고 머리핀까지 꽂았다. 천연스럽게 사연을 풀어놓는 모습이 웃음을 자아낸다. "왜, 익숙한 인물이야?" 선생님도 가볍게 한마디 보탠다. 학생들이 콩쥐의 편지를 보며 이따금씩 웃음을 터뜨린다. 영상 편지가 끝난 뒤에도 웃음이 끊이지 않는다. 계모의 말투와 몸짓이 재미있는 모양이다. 콩쥐의 사연은 이렇다.

콩쥐의 영상 편지

콩쥐(지훈) 안녕하세요. SOW반 친구들, 저는 콩쥐예요. 저는 새
어머니와 함께 살아요. 엄마는 저를 낳다 돌아가셨고, 아버지는
돈 벌러 집을 나갔는데 아직 돌아오지 않아요. 새어머니는 항상
제가 아무짝에도 쓸모없는 여자라고 구박하시고, 얼굴도 까맣다
고 구박을 하세요(고개를 숙이고 흐느끼며 눈물을 훔치는 제스처
에 학생들이 웃음을 터뜨린다).

계모(호연) (콩쥐를 찾으며, 목소리만 나옴) "콩쥐 어디 갔어."

콩쥐 학교도 못 다니게 하시고, 아침부터 저녁까지 일만 시키고,
(다시 흐느끼며 눈물을 닦고) 조금만 잘못하면 밥도 안 주세요.
제 친구 쥐와 참새가 경찰에 신고를 했지만……

경찰(지섭) 야, 어린애들이 무슨 신고야. 야, 그냥 집에 가.

콩쥐 그래서 저는 새어머니 몰래 이렇게 영상 편지를 보내고 있어
요. SOW반 친구들, 저도 인권을 보호받고 싶어요. 도와주세요.
제발요.

계모 "콩쥐야, 너 일 안 하고 여기서 뭐해." (등을 밀치며) "빨리
안 가면 국물도 없을 줄 알아."

교사 이거 슬픈 사연인데…… 지금 콩쥐가 어려움에 처한 거 같은데, 어떤 어려움에 처한 걸까?

연서 새어머니가 맨날 구박만 하고, 밤낮으로 일을 하게 한다는 사연입니다.

현지 일을 잘못하면 밥을 안 주기도 하고, 또 뭐만 하면 아무래도 약간 미움을 받으면서 눈치를 보면서 살고 있는 것 같습니다.

예영 현지의 말을 보충하자면 새어머니가 콩쥐에게 팥쥐처럼 대해주지 않고, 자기(콩쥐)의 인권을 무시하면서 막 험하게 다룬다고 해야 하나? 그런, 인권을 무시하는 것 같습니다.

'콩쥐팥쥐'는 우리에게 잘 알려진 민담이다. 흔히 권선징악의 텍스트로 수용된다. 그런데 이 수업에서는 학습 주제에 맞게 '인권' 관련 텍스트로 불러온다. 계모의 박대 혹은 학대를 인권 침해로 읽어낸 것이다. 권선징악의 도덕이 인권과 무관한 것은 아니나 텍스트를 활용하는 포인트가 다르다는 점에서 다소 흥미롭다. '계모의 학대'는 종종 방송과 언론을 통해 이슈가 되기도 한다. 우리 사회의 아동 학대 건수는 매년 증가하고 있다. 게다가 학대 행위자의 대부분이 친부모라는 사실은 우리를 아연실색케 한다. 그런 맥락에서 보자면, '콩쥐의 영상 편지'는 단순한 흥미를 넘어 우리 사회의 인권지수를 보여주는 자료가 아닐까? 우희광 선생님은 학습에 대한 흥미 유발과 함께 이 점도 고려한 것으로 보인다. 이처럼 '콩쥐의 사연'을 경유하여 우리 사회의 인권 침해 사례를 탐구한다.

인권 침해 사례 탐구

교사　지금 콩쥐의 사연도 봤고. 인권 보호, 어떻게 할 수 있을
까? 먼저 인권을 침해받고 있는 사람들, 보호받지 못하는
사람들을 알아봐야겠지. 그 사람들의 사연도 한번 알아
보고, 그러고 나서 우리가 할 수 있는 일, 어떤 일이 있는
지 같이 찾아보고, 우리 교실에 있는 '감동나무' 있잖아.
이거를 오늘은 인권나무로 바꿔보려고 해. 선생님이 먼저
사진을 좀 보여줄게.

선생님이 학습 주제와 인권나무 만들기 계획을 안내하고, 화면으
로 사진을 몇 컷 보여준다. 기아에 지쳐 뼈가 앙상하게 드러난 아이
가 힘없이 엄마 품에 안겨 있는 모습이 보인다. "어우~. 야~." 학생
들의 탄식이 이어진다. 길바닥에 앉아 아코디언을 연주하는 어린 여
자아이도 보인다. 그 앞에는 빈 컵이 덩그러니 놓여 있다. 노동하는
어린이, 계단 앞의 장애인, 거리의 노숙자, 집단 폭행을 당하는 학생,
치매 혹은 의지할 곳 없는(?) 노인, 피켓을 든 이주 노동자들의 모습
이 이어진다. '인권'이라는 키워드를 아웃 포커싱out of focusing하려는
것일까? 학생들의 표정이 매우 인상적이다. 저런 눈빛을 만날 수 있
다면! 마치 작은 가슴들이 웅성거리는 듯하다.

모둠별로 조사한 사례 공유하기

> **교사** 오늘은 각자 찾은 사례들을 친구들하고 나눠보고, 이거는
> 꼭 우리 모두가 좀 알아야겠다는 내용도 있으면 한 가지
> 씩, 모둠의 대표적인 거 하나씩 이따가 전체적으로 나누
> 는 시간도 가질 테니까 도란도란 조사한 거 한번 나누도
> 록 해봐.

첫 번째 활동은 인권 침
해 사례를 탐구하는 것이다.
모둠별로 각자 조사한 인권
침해 사례를 공유하고, 전
체가 함께 공유할 사례를
한 가지씩 정하는 활동이다.

인권 침해 사례 공유하기

"도~란도란!" 학생들이 박수를 치며 모둠 활동을 시작한다. 먼저 동
혁이네 모둠의 현지는 캄보디아에서 온 이주 노동자의 사연을 소개
한다. 고용주의 임금 체불, 열악한 숙소 등으로 인해 고생하다가 캄
보디아로 돌아가게 되었는데, 고용주의 방해로 퇴직금조차 받지 못
하고 돌아갔다는 사연이다. 연서네 모둠의 지섭이는 강제로 송환된
탈북자들의 인권 실태를 조사했다. 연서도 같은 사례를 조사한 것으
로 보인다. 중국을 경유할 때에는 감금, 인신매매, 성폭행, 임금 착취
등의 위험에 노출되고, 강제로 송환되면 노동과 굶주림에 시달리거

나 공개 처형을 당한다는 것이다. 예영이네 모둠의 연우는 학교 폭력, 두발 규제 등을 조사한 것으로 보인다. 장원이가 조사한 사례는 초등학생 일기 검사에 관한 것이다. 2005년 국가인권위원회의 권고 사항을 말하는 것으로 보인다. 진현이는 어린이 노동 실태를 조사한 것으로 보인다. 아프리카 등지의 어린이들이 노예와 다를 바 없는 처지, 저임금, 불법 감금 등의 위험에 노출되어 있다는 것이다. 조사한 사례가 다양한 걸 보면, 사전에 과제를 분담한 것으로 보인다. 아쉽게도 수업 동영상으로는 학생들의 이야기를 더 이상 포착하기가 어렵다.

전체 공유

전체가 함께 공유하는 순서다. 학생들이 모둠별로 돌아가며 한 가지씩 사례를 발표하는 식이다. 선생님은 발표에 앞서 사례 조사를 잘했다는 칭찬을 아끼지 않는다. 팝콘 모둠의 연우가 먼저 발표를 시작한다. 학교 폭력에 의한 인권 침해 사례로 금품 갈취, 폭행, 따돌림 등에 관한 이야기다. 카카오톡이나 페이스북과 같은 사이버 공간에서 발생하는 '톡따'와 상대방의 핫스팟이나 데이터를 강제로 이용하는 '와이파이 셔틀'과 같은 신종 괴롭힘까지 생활에 밀착된 사례를 수집했다. 지섭이네 모둠은 탈북자들이 겪는 어려움을 조사했다. 탈북자들이 중국을 경유하다 붙잡혀 감금을 당하거나 강제로 송환되고 있으며, 북한의 정치범 수용소에 갇혀 극한의 노동과 굶주림에 시달리거나 본보기로 공개 처형을 당한다는 것이다. 탈북자가 해마다 증가하고 있으며, 빨리 통일이 돼야 그와 같은 문제가 해결될 수 있을 것이라고 대안까지 제시한다. 영우네 모둠은 노인 요양 시설로 시선을 옮긴다. 대소변을 잘 가리지 못하는 노인들에게 발생하는 인권 침해로, 이성의 요양보호사가 목욕과 기저귀 케어를 해주는 사례가 있다고 한다. 동혁이네 모둠에서는 현지가 이주 노동자의 피해 사례를 소개한다. 앞에서 기술한 것처럼 고용주의 방해로 퇴직금조차 받지 못한 채 출국한 이주 노동자의 사연이 안타깝다는 말을 덧붙인다. 이렇듯 인권의 사각지대를 속속들이 찾아내고 있다. 예은이는 동화에 나타난 인권 침해 사례를 조사했다.『무지개 아줌마』를 친구들에게 펼쳐 보여주며 주석을 달고 있다.

> 예은 이 내용을 간단히 보면, 무지개 집은 도시의 회색빛과 달라 도시의 미관을 해친다는 말도 안 되는 핑계를 대면서 무지개 집을 회색으로 바꾸라는 편지가 왔어요. (중략) 무지개 아줌마까지 회색이 되어버린 장면에서 인권 침해를 당하면 사람이 이렇게 변할 수 있겠다는 생각을 많이 했고.

요약하면 이렇다. 건물도 거리도 모두 회색으로 칠해진 마을에 무지개 아줌마가 살고 있었다. 알록달록 아름다운 색으로 칠해진 예쁜 집에서. 그러던 어느 날, 구청에서 무지개 집이 도시 미관을 해친다는 이유로 다른 집들과 똑같이 회색으로 바꾸라고 명령한다. 어쩔 수 없이 구청의 명령을 따르게 되면서 아줌마는 무지개 색을 잃게 된다. 그로 인해 무지개 아줌마는 실의에 빠진다. 이 소식을 접한 마을 사람들이 아줌마를 돕

"인권 침해를 당하면 사람이
이렇게 변할 수 있겠다는 생각을 많이 했고."

기 위해 한마음으로 뭉쳐 마을의 집과 건물을 모두 아름다운 색깔로 바꾼다. 구청에서 다시 원상 복구 이행 명령을 시달하고, 아줌마가 무지개 집을 되찾는다는 내용이다. 예은이는 이 동화에서 슬픔과 실의에 잠긴 무지개 아줌마를 주시한다. "인권을 침해당하면 그렇게 변할 수 있겠다는 생각을 많이 했다"고 한다. "그렇지." 선생님도 공감을 표시한다.

은서는 장애인 차별 사례를 들려준다. 요약하자면, 휠체어를 탄 뇌성마비 장애인들이 자리가 있음에도 주인의 거부로 식당에 들어갈 수 없었다고 한다. 세 번의 시도가 줄지어 거부당하고, 네 번째로 시도한 사람만 식사를 할 수 있었다는 것이다. 장애인이라서 그랬다니! 식당 주인의 그와 같은 처사에 장애인들이 분노를 금치 못했다는 사연을 전하고 있다. 사례를 발표하는 과정에서 학생들 사이에는 별다른 질문과 의견이 오가지 않는다. 선생님도 이따금씩 짧은 코멘트를 추가할 뿐이다. 그럼에도 모든 학생들이 발표자를 주시해가며 귀를 열고 있다. 깊은 눈빛이 인상적이다.

"지금 소개한 내용 말고도 사연들이 굉장히 많을 텐데." 시간이

부족한 탓일까? 선생님은 다 나누지 못한 사례를 사이버스쿨이나 '쑥덕이'에 올려 공유하자며 활동을 마무리한다. 이어 학생들에게 인권을 침해당하는 사람들에게서 발견되는 공통점이 무엇인지 묻는다. 지섭이는 자신의 문제가 "남에 의해서 결정되는 게 공통점인 것 같다"고 답한다. 예영이는 "하도 무시를 당하다 보니까 자신도 모르게 본래의 모습"을 잃게 되는 것 같다고 한다. 답변에 간단히 코멘트를 추가하고, 자료 화면으로 공통점을 정리한다. "경제력이 부족하고, 소외되거나 법의 보호를 받지 못하며, 법에 대한 지식이 부족하여 권리를 찾기 어렵다"는 것이다.

인권 보호를 위해 할 수 있는 일 찾기

교사 그래서 선생님이 인권을 만나봤습니다. 인권을 만났어.(웃음) 인권을 만나서 물어봤어. 인권, 당신은 무엇을 좋아합니까? 싫어하는 것은 뭡니까?

선생님이 보조 칠판을 끌어내어 미리 준비해둔 자료를 보여준다. '인권이 좋아하는 것'과 '인권이 싫어하는 것'을 분류하여 낱말 카드로 제시한 자료다. 인권 개념에 '인격성'을 부여한 질문이 다소 어색했는지 학생들이 가볍게 웃는다. 학생들과 인권에 대한 생각과 느낌을 나눠보려는 것이다. "인권이 좋아하는 것들의 공통점 또는 느낌이 어떤가 한번 얘기해볼까?" 동혁이는 "배려인 것 같다"고, 유연이는 "서로 어울리면서 필요한 것들"이라고 답한다. 호연이는 유연이의 말에 덧붙여 "어울리면서 필요한 게 아니라 어울림이 사라진, 어울려야만 하고, 어울려서 자연스

인권이 좋아하는 것과 싫어하는 것

럽게 생기는 그런 것 같다"고 보충한다. "인권이 좋아하는 것은 다 좋은 것이고, 싫어하는 것은 다 나쁜 것입니다." 진현이의 동어반복에 선생님과 학생들이 웃음을 보탠다. 선생님은 진현이가 정확하게 답했다고 칭찬한 다음 본격적인 질문을 던진다.

모둠별로 아이디어 혹은 의견 나누기

교사 그렇다면 인권이 좋아하는 것들, 이런 것들을 우리가 지켜주려면 어떻게 해야 할까? 우리가 할 수 있는 일이 무엇일까? 우리에게 도움을 요청했던 콩쥐를 위해서 우리가 할 수 있는 일이 무엇일까?

여기저기 손을 드는 학생들을 물리고, 포스트잇에 아이디어를 적어보도록 안내한다. 브레인라이팅brain writing을 활용하려는 것이다. 익숙한 방식인 듯 학생들은 안내가 채 끝나기도 전에 서둘러 의견을 적기 시작한다. 그 사이에 선생님은 모둠을 돌며 도움이 필요한

우리가 할 수 있는 일은 무엇일까?

학생들을 살핀다.

몇몇 학생들의 의견이 앵글에 잡힌다. 연우는 "나라에서 이주 노동자의 인권을 보호할 수 있는 법을 만들면 좋겠다"는 의견이다. 진현이는 탈북자에 대해 의견을 적고 있다. 지섭이는 "일한 만큼 월급을 받고 있는지 검사해주면 좋을 것 같다"고 적었다. "인권 관련 사이트에 인권 침해 사례나 문제점에 대해서 글을 올린다.""요양원 같은 곳에 가서 봉사 활동을 한다." 영우의 의견이다. 모금 활동 참여에 관한 의견도 적고 있다. 학생들이 저마다 의견을 메모하느라 여념이 없다.

4분 남짓 흘렀을까? 활동 종료를 알리는 벨이 울리고, 선생님의 안내에 따라 모둠별로 아이디어를 공유한다. 돌아가며 자신의 의견을 발표하고, 포스트잇을 분류하여 스케치북에 붙이는 방식이다. 활동을 마친 모둠은 '하나 둘 셋 넷, 하나 둘 셋 넷'을 외치며 박수(짝짝 짝짝짝)를 치고, 모둠 이름을 외치며 자리를 정돈한다.

전체 공유

이제 전체가 함께 공유할 차례다. '인권 보호'와 관련하여 모둠에서 나온 아이디어 혹은 의견을 발표하는 방식이다. 각 모둠의 섬김이가 모둠에서 나온 의견을 발표한다.

예은 그들이 같은 인간이라는 생각을 심어줄 만한 운동을 하여 동정심이나 그런 것들을 유발할 수 있도록 하면 좋겠습니다.

지영 인권 보호를 받을 수 있도록 인권 교육을 받는 것이 좋다고 생각합니다.

선생님이 칠판에 준비해놓은 인권나무에 매핑mapping을 하듯 받아 적는다. 예은이네 모둠은 인권운동이, 재영이네 모둠은 인권 교육이 필요하다는 의견이다. 이어지는 발표를 요약하면 이렇다. 예영이네 모둠은 장애인 복지가, 지섭이네 모둠은 이주 노동자를 보호하기 위한 정부 차원의 감시 활동이 필요하다는 것이다. 지훈이네 모둠은 인권 관련 사이트에 인권 침해 사례나 문제점에 대해 글을 올리자는 의견을, 호연이네 모둠은 이주 노동자를 보호하기 위한 법규 강화와 정부 감시단 파견을 제시한다. 또 지훈이네 모둠은 기부 운동을 하면 좋겠다고 말한다. 시간이 부족한 것일까? 선생님은 이쯤에서 발표를 마무리하고 학습 활동을 전환한다. 수업이 끝나면 환경 게시판에도 포스트잇이 무성한(?) 인권나무가 완성될 것이다.

인권나무 만들기

경험 나누기

> **교사** 우리 읽기 시간에 이거 봤는데, 이 책에서 인권을 침해당
> 한 분이 있었지. 누가 인권을 침해당했지?
>
> **학생들** 엄마.

앤서니 브라운의 『돼지책』을 말하는 것이다. 페미니즘의 입장에서 가사노동과 여성 인권을 다루고 있는 그림책이다. "혹시 여러분들도 집이나 학교에서 또는 동네에서 남의 인권을 침해해본 적이 있을까?" 학생들의 경험을 반추하기 위한 것이다. "우리 모둠에서 섬김이의 역할을 뺏고 있어요." 진현이의 발언에 학생들이 웃음으로 화답한다. 연우는 엄마의 자유를 구속한 경험을, 영우는 형의 노트북을 고장 냈던 일을 술술 풀어놓는다. 호연이는 동생에게 심부름을 자주 시키고, 말을 듣지 않으면 때렸던 일을 실토한다. 화제를 돌려 상반된 경험도 함께 나눈다. 먼저 연서가 말문을 연다. 오빠가 일을 자꾸 시켜서 화가 났는데, 엄마가 자신을 지켜주셨다는 이야기다. 예은이는 이사를 할 때, 외식을 할 때 부모님이 자신의 의견을 물어봐주셔서 존중받고 있다는 느낌이 들었다고 한다. 이렇듯 경험을 나눈 다음 정리 활동으로 넘어간다.

정리

마무리 활동은 '인권 보호'를 주제로 문장을 만들어보는 것이

다. '인권을 보호하는 일은
다. 왜냐하면……' 이와 같
이 자신의 생각을 표현해보
고, 그렇게 생각한 이유도 이
야기해보는 활동이다. 준비
한 학습지를 활용하기에는

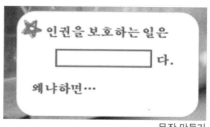

문장 만들기

시간이 부족한가 보다. 그런데 이게 웬일일까? 선생님의 질문이 끝
나기 무섭게 학생들이 손을 든다. 현지가 먼저 '한 줄기 빛'이라고 표
현한다. 인간의 권리를 침해당하고 있는 사람들이 "더 나은 삶을 살
수 있기 때문"이라는 것이다. 어느 한 군데 빛나는 시구처럼 표현이
근사하다.

> 유연　인권을 보호하는 일은 '책'이라고 생각합니다. 왜냐하면 책
> 　　　은 한 장 한 장 있어야 하는데, 한 쪽이라도 찢어지면 관
> 　　　심도 가질 수 없고 알 수도 없어서, 그런 것과 같이 한 명
> 　　　의 인권이라도 보호하지 않으면 관심이 좀 떨어지고 알
> 　　　수 없는 일이라서 그런 것 같습니다.

유연이는 '책'에 비유한다. 책이 "한 장 한 장 있어야 하는" 것처
럼 단 한 사람의 인권도 소중하게 보호해야 한다는 생각을 표현하
려 한 것으로 보인다. 동혁이는 '다이아몬드'와 '해피 바이러스'에 비
유한다. 인권 보호는 사람들로 하여금 "단단한 자신감을 얻을 수

있게" 한다는 것이다. '한 줄기 빛', '더 나은 삶', '책', '한 장 한 장', '다이아몬드', '단단한 자신감'……. 학생들의 머리에는, 아니 가슴에는 또 어떤 표현들이 맴돌고 있을까? 시간이 안타깝다. 선생님은 이쯤에서 발표를 멈추고, 다음 시간에는 '세계 인권 선언문'처럼 '나만의 인권 선언문'을 만들어볼 계획이라며 수업을 마무리한다.

수업의 기반

이 수업을 간략하게 요약하자면 이렇다. 우선 '콩쥐의 사연'을 경유하여 우리 사회의 인권 침해 사례를 탐구한다. 과제로 조사한 사례를 모둠별로 공유하고, 사례를 한 가지씩 선정하여 발표하는 방식이다. 여기서 '콩쥐의 사연'은 도입과 질문을 위한 스토리텔링으로 보인다. 선생님의 수업 레시피 같은 것일 수도 있다. 이어서 인권을 보호하기 위해 할 수 있는 일들을 찾아본다. 모둠별로 아이디어 혹은 의견을 나누고, 전체가 함께 공유하는 방식이다. 브레인라이팅으로 아이디어를 도출하고, 선생님이 인권나무에 학생들의 의견을 매핑한다. 그런 다음 일상의 경험을 함께 나누고, '문장 만들기'로 학습 활동을 마무리한다. '인권 보호'를 주제로 자신의 생각을 표현해 보는 것이다.

이렇듯 사회적인 문제로부터 대안 탐색에 이르기까지, 사례 공유로부터 브레인라이팅에 이르기까지 단숨에 주파한다. 게다가 학습 내용을 일상의 경험에 적용해보고, 자기화하는 '문장 만들기'까지 매우 다층적인 수업이다. 다소 의욕적인 '레시피'도 보인다. 가령 '인권을 침해당하는 사람들의 공통점'을 정리하는 활동이 그렇다. 인권이 '좋아하는 것'과 '싫어하는 것'을 정리하는 활동도 크게 다르지 않다. 학습의 흐름상 주제와의 결합이 느슨한 부분이다. 굳이 시간을 할애할 필요가 있을까? 이는 학습 활동의 경중과 완급 조절을 어렵게 하는 요인으로 작용한다. 그로 인해 학생들이 들었던 손을 내리게 되는 것이다. 뿐만 아니라 학생들 사이에 질문과 의견이 오가기도 어렵게 되는 것이다.

물론 이유가 없지 않다. 이 수업은 '하반기 장학' 수업으로, 공개 수업의 규범을 얼마간 수용하지 않을 수 없었을 것이다. 게다가 중요한 것은 후배 교사들이 '사회과 수업'을 보고 싶어 한다는 것이다. 그로 인해 부분적으로 '선물 세트' 같은 구색을 피할 수 없었다고 한다. '장학의 시선'과 '후배 교사들의 관심사'와 같은 수업 외적인 사항을 고려하지 않을 수 없었던 것이다. 여기서 그런 지점들을 더 꼬집어 이야기할 필요는 없을 것이다. 진부한 말들을 늘어놓게 될 테니까. 수업에 대한 감각을 기존의 낡은 규범과 입법의 시선에 따라 재배치하는 식의 독법은 피해야 할 것이다. 물론 이 수업을 읽어내는 맥락에 따라서는 사소하지 않은 문제일 수도 있다는 사실을 모르지 않는다.

그런 불편쯤이야! 우희광 선생님은 수업 공개 혹은 수업 나눔을 자주 실천하는 분이다. 선생님은 그처럼 외부의 요구와 관심사를 기꺼이 수용하면서도 사회과 수업의 핵심을 놓치지 않는다. 사회과 교육은 '민주시민' 교육을 목표로, 인간과 사회 현상에 대한 탐구와 가치 탐구를 특징으로 한다. 인권 침해라는 사회적 문제에 대한 탐구가 전자에 해당한다면, 대안 탐색 혹은 해결 방법에 대한 모색이 후자에 해당할 것이다. 더 나아가 자신의 일상과 주변을 돌아보고, 학습한 내용을 자기 언어로 변용하는 '문장 만들기'까지 수업의 문법도 눈길을 끌어당긴다. 뿐만 아니라 비판과 반성을 비롯하여 가치 판단과 창조적 사고 등이 종합되어 있다는 점에서도 사회과 수업의 포인트를 잘 보여준다고 생각한다.

인권 교육은 시대의 변화와 사회적 요구에 따라 그 중요성이 부각되고 있는 주제들 가운데 하나다. '인권'은 다양한 사회적 현상 혹은 쟁점들과 연결되는 통합적인 주제로, '민주시민' 교육 차원에서 매우 강조하는 학습 내용이다. 그런데 이와 같은 수업으로 '인권 감수성'이 쉽게 길러질까? 사회적 약자 혹은 소수자를 관리하는 법과 제도, 관행과 습속의 불합리와 부조리를 인권 문제의 차원에서 볼 수 있는 능력 혹은 태도를 기를 수 있을까? 뜬금없이 맥락을 벗어난 우문임을 모르는 것은 아니다. 그럼에도 이 수업과는 무관하게 질문을 던져보게 된다. 학생들의 학습과 생활이 어긋나는 사례를 흔히 보게 되는 까닭이다. 물론 이 수업에서 해법을 기대하거나 책임을 물으려는 것은 아니다.

이에 선생님은 이렇게 답한다. "그건 일상에 자연스럽게 스며들어야 가능한 것"이라고. 학습과 생활이 함께 가야 한다는 것이다. 학생들이 실제로 그렇게 생활하고 있었다. 우희광 선생님에 따르면 반 학생들이 전반적으로 수용적이며, 공감 능력이 높은 편이라고 한다. 가령 일상의 경험을 이야기할 때 예은이는 이렇게 말한다. 이사를 하거나 외식을 할 때 "부모님이 먼저 생각을 물어보시거나 자신이 결정할 수 있도록 해주신다"고 한다. 그럴 때 존중받고 있다는 느낌이 든다고. 학생들을 잘 이해하고 배려하는 선생님의 영향도 빼놓을 수 없을 것이다. 이처럼 공감 능력은 사회지능Social intelligence의 핵심 요소로, 부모나 주위 사람들로부터 관심과 사랑을 받는 과정에서 형성되는 것이다.

학급 신문 동아리에서 매월 발행하는 소식지에서도 그런 모습을 확인할 수 있다. 매월 '감동'을 선물한 친구들을 소개하는 꼭지가 눈에 띈다. 기사를 훑어보면 서로 돕고 배려하는 작은 실천과 따뜻한 말 한마디도 그냥 지나치지 않는다. 학급 바자회를 열어 얻은 수익금을 아프리카의 친구들을 돕기 위해 기부했다는 짤막한 기사도 있다. 친구들의 반응이 매우 좋았다고 한다. 친구들 간의 소원한 관계를 개선하기 위해 콩깍지 게임을 시작한다는 소식도 보인다. 학급 파티를 준비해준 파티 동아리 친구들에게 고마움을 전하는 인사도 잊지 않는다. 또 '라디오 스토리'라는 고민 상담 프로그램도 운영하는데, 호연이가 진지하게 참여하고 있다고 한다. 호연이의 꿈은 카운슬러라고 한다.

이렇듯 소식지를 보면 구체적인 활동을 통해 형성되는 관계와 성장의 모습을 생생하게 만날 수 있다. 수업 이전에 배움이 일어나고 있는 일상들이다. 선생님이 학생들과 관계를 맺는 방식도 짐작해볼 수 있을 것이다. 어른들의 시선으로 보면 그리 대수롭지 않은 일들일 수도 있다. 그러나 학생들의 표정과 눈빛의 비밀이 여기에 있다면! 그런 사소한(?) 것들이 수업의 기반이 되는 것이 아닐까? 『이 사람을 보라』에서 니체가 사소한 것들의 중요성을 강조하면서 말한 것처럼 "여기서 바로 다시 배우는 일이 시작되어야만 하는" 것인지도 모르겠다. 어쩌면 우리는 당장의 업무에 매달려 학생들의 일상('어린이기'의 삶)에 무감각해진 것은 아닐까? 그 사소한 것들이 학생들의 인권 감수성에 불을 켜는 것이 아닐까?

사회과 수업 '읽기'에 초점을 두기보다는 왜 사소해 보이는 것들에 집착했는지 어느 정도 변명이 된 것 같다. 이 수업에 대해 논하면서 별다른 질문과 이견이 오가지 않는 점에 대한 지적이 있었다. 뒤에서 밝히겠지만 수업의 포인트를 거기에 두지 않은 것으로 보인다. 정서적 접근으로 기운다는 의견도 있었다. 그러나 학생들의 표정과 눈빛은 그런 지적을 가볍게 넘어선다. 뿐만 아니라 학생들의 감성적 표현에도 나름의 논리가 있음을 볼 필요가 있다. 이 수업은 인권 문제를 일반적인 수준에서 포괄적으로 다룬다. 이와 같은 맥락을 무시하고, '탐구의 깊이'를 따져 물을 필요는 없을 것이다. 그러면서도 선생님 나름의 문법을 볼 수 있는 수업이 아닌가. 그것은 이 수업을 보고 배우는 우리들의 몫일 것이다.

'정리'의 문법

우리 사회의 인권 침해 현상 혹은 사실에 대한 탐구와 해결 방안의 모색이 이 시간의 기본 과제라고 할 수 있다. 앞에서 말한 것처럼 사회 현상과 가치에 대한 탐구가 균형 있게 이루어진다는 점에서 사회과 수업의 특징을 잘 보여준다. 그럼에도 그런 방식이 6학년 사회과 교육과정에서 제시하는 수업의 '일반문법'이라는 점에서 그리 관심이 가는 지점은 아니다. 그보다는 선생님의 수업 레시피로 보이는 '정리'의 문법이 눈에 띈다. 후반부에서 학습한 내용을 '문장 만들기'로 정리하는 방식을 말하는 것이다. 익숙하면서도 새롭다는 느낌이다. 이는 협동 학습에서 학습한 내용을 정리할 때 많이 사용하는 방식이다. 빈칸이나 괄호 채우기는 TV 방송 프로그램에서도 흔히 볼 수 있는 방식이다.

이와 같은 방식은 우리에게 익숙한, '목표·달성·평가'의 방식과 다르다는 점에서 눈여겨볼 필요가 있다. '목표·달성·평가' 모델은 수업뿐만 아니라 교육과정의 운영 방식을 지배해온 오래된 관행이다. 사토 마나부(『교육개혁을 디자인한다』, 2001, 공감)에 따르면 1910년대 교육과정 연구자 보빗Franklin Bobbit이 포드시스템의 기초가 된 테일러의 근대적 노무관리 원리를 바탕으로 이 모델을 고안했다고 한다. 생산성과 효율성을 추구하는 공장의 작업 조직이 학교의 수업과 교육과정에 도입된 것이다. 사토 마나부는 그에 대한 대안으로 '주제·탐구·표현' 모델을 제시한다. 이는 교과서를 통한 효율적인 지식 습득을 넘어 주제를 중심으로 한 활동적이고 협동적인 탐구가 가능한 방식이라는 것이다.

그에 따르면 세계 여러 나라의 학교에서 교육과정을 '주제·탐구·표현' 모델로 개혁하는 운동이 벌써 한 세기 가까이 전개되고 있다고 한다. 그러나 우리의 일반적인 관행은 여전히 '목표·달성·평가' 방식을 벗어나지 못하고 있다. 그와 같은 방식은 교사들을 교육과정의 실행자 혹은 지식의 전달자로 자리매김하며, 학생들을 수동적인 위치에 머물게 한다. 이 수업은 그와 같은 낡은 관행에 균열을 내고 있다. 수업 후반부의 '문장 만들기'가 바로 '목표·달성·평가'의 배치를 '주제·탐구·표현'의 배치로 변환하는 특이점이다. 이 수업은 '인권'을 주제로 '인권 침해 현상'과 '대안'을 탐구한다. 그리고 학습한 내용을 자기화하는 방식으로 마무리하는 수업의 흐름은 분명 '보빗의 모델'을 넘어서 있다.

수업을 마무리하면서 학생들의 학업 수행과 성취도를 평가하는 것은 일반적인 절차다. 형성 평가formative evaluation를 말하는 것이다. 이는 수업이 진행되는 과정에서 학습자에게 피드백을 주고, 수업 방법을 개선하기 위해 실시한다. 그런데 사회과의 경우 사실과 지식에 대한 기억을 환기하는 수준에서 그치기 십상이다. 그러나 선생님의 방식은 그와 같은 '일반문법'을 가볍게 초과한다. '평가'를 '표현(문장 만들기)'으로 바꾸면서 수업의 배치도 달라진다. 일반적인 학습 활동에 '표현(문장 만들기)' 활동이 추가되면서 수업의 문법이 전혀 다르게 변환되는 것을 말하는 것이다. 그렇다고 이 수업이 '평가'를 아예 배제하는 것은 아니다. '평가'를 포함하면서도 기존의 모델을 탈피하고 있다는 점에서 '포함적 배제'라고 말해도 그리 지나친 '평가'는 아닐 것이다.

게다가 '문장 만들기'는 학생들의 사고를 열어주는 개방적인 방식이다. 이 시간에 학습한 내용을, '인권 보호'에 대한 생각과 태도를 자연스럽게 확인할 수 있다는 점에서도 의미가 있는 방식이다. 전술한 것처럼 학생들의 표현에는 비판과 반성을 비롯하여 가치 판단과 창조적 사고 등이 종합·응축되어 있다. 학습 과정에서 형성된 가치와 사고의 흔적이 고스란히 담기는 것이다. 다소 서툰 표현도 있으나 그것이 그리 중요한 문제는 아닐 것이다. 이에 대해 감성적인 접근으로 기운다는 지적은 비유적 표현에도 나름의 논리와 사고가 기입된다는 사실을 간과하는 것이 아닐까? 학생들의 탐구가 정답으로 수렴되거나 사실과 지식에 대한 기억으로 환원되지 않는다는 점에서도 긍정적이다.

시간이 부족해서 발표하지 못한 학생들도 친구들의 '언어'에 반응하면서 생각과 느낌을 나눠 가졌을 것이다. 그러면서 인간과 사회를 보는 시야를 확장하게 되는 것이다. 이렇듯 학생들은 '문장 만들기'로 자신의 생각과 느낌을 전하고 있다. '책', '한 장 한 장', '다이아몬드', '단단한 자신감', '한 줄기 빛', '더 나은 삶'까지 감수성의 램프에 불이 켜지듯 표현이 빛난다. 그 간결한 표현들에 담긴 메시지를 향하는 학생들의 눈빛 또한 한 편의 시처럼 빛난다. 이처럼 학생들의 표정과 눈빛이 자기 '언어'로 전환되는 순간을 지켜보는 것은 즐거운 일이다. '정리'의 문법이 빛나는 순간이다. 물론 이것이 전혀 새로운 방식이라서 하는 말이 아님을 부연할 필요는 없을 것이다. 아마도 학생들의 머리와 가슴에 맴돌고 있는 표현을 그대로 옮기면 한 편의 시가 만들어지지 않을까?

수업의 포인트가 바로 여기에 있었던 것이다. 사회적 문제와 가치를 탐구하는 학습임에도 학생들 사이에 별다른 의견 교환이 일어나지 않는다는 지적이 무색하다. 학생들 간의 상호 작용이 활발한 의견 교환으로 한정되는 것은 아닐 것이다. 방식이 다를 뿐 그런 과정 없이도 학생들이 서로 교감하고 있다는 생각이 든다. 문자로는 보여줄 수 없는 학생들의 표정과 눈빛이 이를 방증하는 것이 아닐까? 도입부의 '콩쥐의 영상 편지'나 인권 침해 관련 '사진 자료'도 굳이 넣을 필요가 없는 '디지털 조미료'가 아니다. 학습 주제에 대한 탐구가 '표현(문장 만들기)'으로 마무리되는 이 수업의 포인트를 강화하기 위한 전략 속에서 이해할 수 있을 것이다. 이는 감성의 측면에서 실감을 더하는 자료로 기능하기도 한다.

다시 본론으로 돌아가자면, 이 수업은 '표현' 활동을 추가하는 것만으로도 기존의 수업 모델과는 다른 '문법'을 보여준다. 이렇듯 수업의 배치는 그것을 구성하는 활동이나 요소의 추가 혹은 분리만으로도 전혀 다른 것으로 변환될 수 있다. 계열화되는 활동이나 요소에 따라서 수업의 배치와 의미가 달라지는 까닭이다. 이 수업에서 배워야 할 것은 기성의 수업 모델 혹은 '문법'에 균열을 내는 그와 같은 감각이 아닐까? 모두가 '그렇게' 되게 만드는 규범과 관행을 반복적으로 재생산하는 배치와 그것의 변환을 사유하고, 전복시킬 수 있는 새로운 감각이 필요한 것이다. 수업 실천이든 수업에 대한 해석이든 그것이 기성의 감각을 재배치하는 것이라면 우리에게 희망이 될 수는 없을 것이다.

자크 랑시에르를 따오자면 수업 또한 '감각적인 것을 분배하는' 문제와 크게 다르지 않으며, 그런 점에서 수업은 필연적으로 '정치'와 만나게 된다. 낡은 규범과 관행, 제도와 습속에 맞서 싸우는 한에서 수업은 '정치적인 것'이 되는 것이다. 그런 맥락에서 우리가 '수업의 정치'를 말할 수 있다면, 그것은 수업과 관련한 감각의 배치를 변환하는 것과 다름없을 것이다. 수업을 기존의 관행과 습속에 따라 재배치하는 규범들을 철저히 피하는 것을 수업의 원리로 채택하는 것이다. 그리하여 교사들의 자리를 '거기'에 고정하는 식의 수업에 대한 규범과 관행을 낙후시켜가는 것이다. 이렇듯 짧게나마 랑시에르의 개념을 끌어오는 것은 수업 혁신의 미래를 전망하는 데 기여할 수 있다는 생각 때문이다.

† 수업의 기반과 '정리'의 문법을 중심으로 수업을 살펴봤다. 학생들의 표정과 눈빛을 보면서 사소해 보이는 것들이 실은 중요하다는 사실을 새삼 확인하게 된다. 또한 친밀한 관계가 수업의 기반이 된다는 사실도 확인할 수 있다. 특히나 '정리'의 문법은 수업의 배치와 관련하여 '수업의 정치'를 사유할 수 있게 해준다는 점에서 각별하다. '수업의 정치'란 이처럼 새로운 감각과 문법을 생산하고 발명

하는 것이 아닐까? 물론 학습의 절차가 다소 복잡하고 활동의 양이 많다는 점에서, 또 수업 외적인 사항이 개입된다는 점에서 아쉬움이 없는 것은 아니다. 그럼에도 상투적인 평가 혹은 해석으로 이 수업이 보여주는 새로운 감각을 기존의 관념과 규범에 따라 재배치하는 독법만큼은 피하고 싶었다.

시대 변화에 따른 인권 담론의 부상과 함께 인권 교육이 강조되고 있다. 가령 경기도교육청은 '민주시민교육'을 지원·강화하기 위해 보조 교과서를 만들어 보급한 바 있다. 그 이유를 덧붙여 설명할 필요는 없을 것이다. 다른 지역에서도 관심이 높지만, 교과서 발간 절차와 검인정 기준이 까다로워 엄두를 내기가 쉽지 않다고 한다. 전술한 것처럼 인권은 범교과적인 주제로, 통합의 잠재성이 매우 높은 주제다. 그럼에도 초등의 수업 사례를 찾아보기가 어렵다. 이 수업을 인권 수업 사례로도 참고할 수 있을 것이다. 물론 이 수업과는 또 다른 방식으로 인권의 이념과 현실의 간극에 대해 질문을 던질 수 있을 것이다. 그것은 이 수업을 보고 배우는 우리가 채워가야 할 아쉬움의 여백일 것이다.

3부

교사의 정치

교사의 봄

원종희

계절을 놓치다

우리말 이름에서 삼월은 산과 들에 물이 오르는 '물오름 달'이다. 인디언 체로키족의 삼월 이름은 '마음을 움직이게 하는 달'이라고 한다. 대지와 생명에 물이 차오르고 꿈틀대기 시작하는 삼월은 교사에게는 새로운 만남과 시작의 달이다. 새 아이들과의 만남에 대한 기대와 설렘으로 마음이 움직이는 달이자, 일 년 치 삶을 준비하고 기획하는 가장 분주한 달이다. 그런데 안타깝게도 설렘은 잠깐이고 분주함만 계속된다.

삼월은 아이들이 더불어 살아가는 데 필요한 작은 약속부터 한 해 교육과정의 세부까지 해야 할 일들의 목록이 끝이 없다. 교육과정 재구성에 따른 주요 교육 활동 선정, 시수 운영 계획, 교과 통합 및 창의적 체험 활동 프로그램 등 세세히 준비하는 과정이 만만치 않다. 여기에 아이들 한 명 한 명에 대한 진단과 적응을 돕기 위한 활동 그리고 수업이 겹쳐서 진행된다. 시간을 쪼개어 가정방문, 학부모 상담, 학부모 모임도 해야 한다. 동시에 몇 가지 일을 펼쳐놓고 빠르게 달리는 건반 위의 손가락처럼 바쁘게 움직여야 한다.

올 삼월은 하루를 제외하곤 늘 두세 시간 늦거나 밤늦게까지 야근을 해야 했다. 주말에도 학교에 나가야 할 만큼 일의 홍수에 빠져서 살았다. 집에서 보내는 주말이라 해도 학교 일에서 온전히 벗어날 수 없었다. 그렇게 밀려드는 일에 빠져 허우적허우적 계절을 건너오는 동안 봄꽃들은 피고 지고, 신록이 번지는 동안 사월이 갔다. 삼월 한 달을 살고 스스로에게 한 약속이 '야근하지 않기', '6시 이후에 퇴근하지 않기'였지만 오늘도 어김없이 야근을 해야 했다.

교사의 일상

무엇이 이토록 교사의 삶을 분주하게 만드는 걸까? 교사의 일상을 보여주는 대부분의 교사들이 엇비슷하게 살아내고 있을 월요일 하루의 모습이다.

월요일 아침이라 다른 날보다 서둘러 집을 나선다. 교실에 들어서자마자 컴퓨터를 켠다. 메신저엔 벌써 몇 개의 쪽지가 날아와 있다. 회신이 필요한 쪽지에 댓글을 올리고 필요한 파일들은 인쇄해놓는다. 하나, 둘 교실에 들어오는 아이들과 인사를 마치면 책상 위에 주말에 나갔던 과제물들이 수북이 쌓인다. 1교시 수업은 9시 10분이지만 활동은 8시 50분쯤 시작된다. 주말 지낸 이야기를 나누고, 이번 주 수업과 활동을 안내한다. 1~2교시 블록 수업을 마치면 30분 동안 쉬는 시간이다. 하지만 과제물 검사하랴, 공문 확인하랴, 다음 수업 준비하랴 30분이 순식간에 지나가버린다. 게다가 쉬는 시간이면 아이들 사이에서 한두 건씩 다툼이 생기곤 한다. 오늘도 승민이와 진수가 장난감을 두고 다툼을 벌였다. 두 아이 이야기 들어주고, 감정 가라앉히고 화해시키는 데 또 한참이 걸린다. 4교시 마치고 서둘러 알림장을 쓰고, 안내장이며 과제물을 나눠준다. 그러다 보면 점심시간은 늘 늦어진다.

늦은 점심을 먹고 나면 차 한 잔 마실 틈도 없이 5교시 시작이다. 수업을 모두 마치고 아이들이 돌아가면 처리할 일들이 줄줄이 기다리고 있다. 오늘은 3시 30분에 학부모 상담 약속이 잡혀 있어 틈새 시간을 이용해 급한 일들을 처리해야 한다. 이번 주 수업 공개와 교사 연수 안내하고, 연수기관 담당자에게 전화해 연수 일정, 주제, 강사 등을 조정한다. 각종 안내장이며 계획서까지 마무리하니 3시 30분, 상담 약속이 잡혀 있던 은미 어머니가 오셨다. 은미의 친구 관계며 학습, 학교생활 이야기를 하다 보니 벌써 교무회의 시간이다. 서둘러 상담을 마무리하고 교무회의를 마치니 오후 5시, 공식적인 하루 일정이 끝났다. 겨우 한숨 돌리고 낮에 못한 체험학습 공문 올리고, 아침에 걷어놓은 글쓰기장과 받아쓰기 공책 확

인하고 나니 저녁 7시 30분, 정신없이 하루를 보내느라 내일 수업
준비는 아직 손도 못 댔다. 아침부터 11시간 동안 분주하게 뛰어다
녔지만 여전히 일은 끝나지 않았다.

이처럼 교사의 시간은 빽빽하기 그지없다. 퇴근 시간을 한참 넘
기고도 일은 끝나지 않는다. 마저 끝내지 못한 일은 집에까지 이어
진다. 수업 시간 이외에 대부분 교사들의 시간은 수업 준비나 연구
를 위한 시간보다 업무 처리를 위한 시간으로 채워진다. 위 사례에
서도 교사는 수업 준비보다 아이들 생활교육, 학부모 상담, 각종 공
문이나 담당 업무 처리 등으로 쉴 틈이 없다. 학년 초 아이들 생활
교육이나 학부모 상담은 꼭 필요한 일이지만 업무 처리를 위해 쏟
아붓는 시간과 노력들은 늘 교사를 지치게 하고 회의감에 빠져들게
한다.

어떤 교사들은 말한다. 쏟아지는 업무 때문에 수업은 틈을 내서
해야 한다고. 그런데 이 말이 과장된 투덜거림만으로 들리지 않는
다. 학년 초면 제출해야 할 각종 계획서며 수시로 보고해야 할 공문
이 하루에도 몇 건씩이다. 하나의 공문을 처리하는 데 걸리는 시간
은 적게는 삼십 분에서 많게는 한 시간이 넘게 걸린다. 게다가 상급
기관에서 추진하고 있는 각종 시책 사업의 무게는 현장 교사들의
어깨를 더 무겁게 한다. 덩치가 큰 업무 처리 때문에 밤늦게까지 야
근을 하거나 주말 근무를 하는 일은 이미 대수롭지 않은 일이 되었
다. 공문 제조기라고도 불리는 교육청은 끊임없이 학교 현장으로 일

을 쏟아부어 교사들의 일상을 꽁꽁 묶어두고 관리한다. 일상을 묶어두는 데 그치지 않고, 교육 당국에서 설계한 교육정책과 시스템 안에서 경쟁하며 자기 착취의 삶을 살게 한다.

이미 오래전 니체는 "자기 자신을 박탈당했고 매일 사용되어 닳아지는 것이 되도록 교육받았으며, 그것을 의무로 받아들이게 되는 삶을 살게 되었다. 그렇게 우리는 우리가 어디로 가는지 방향조차 모른 채 자신의 영혼을 훼손당하며 일해왔다"[40]고 말했다. 방향을 잃고 떠밀려 가는 삶이 오늘을 사는 교사의 모습과 그대로 겹쳐진다. 주어지는 일에 쫓기며 사는 동안은 자신이 제대로 가고 있는지 돌아볼 겨를이 없다. 하고 싶은 일들은 날마다 미루어지고, 해야 하는 일들에 늘 발목이 잡혀 있다. 그러다 어느 순간, 자발적으로 체제의 요구에 자신을 길들이며 살아가는 삶이 오늘을 사는 대부분의 교사들 모습이지 않을까?

교사의 삶과 시간

일본에는 '틈새 증후군'이라는 병이 있다고 한다. 스케줄이 꽉꽉 채워져 있지 않으면 불안해서 어쩔 줄 모르는 상태가 되어버리는 병, 일본의 문화인류학자 쓰지 신이치는 이를 '이러고 있을 때가 아

40. 김남희·쓰지 신이치, 『삶의 속도, 행복의 방향』, 2013, 문학동네, 40쪽.

닌데 증후군'이라 이름을 붙이기도 했다. "이러고 있을 때가 아닌데." 우리가 늘 입버릇처럼 달고 사는 말이 아닌가? 일에 떠밀려 일주일을 살고 주말에 쉴 때조차 휴식을 즐기기보다 알 수 없는 불안에 휩싸여 "이러고 있을 때가 아닌데"를 되뇌며 산다. 빽빽한 일정에서 잠시 주어지는 여백은 편안한 휴식의 시간도, 사유의 시간도 아닌 불안이 자라는 시간이 되어버렸다. 곁을 돌아보기는커녕 자신을 돌볼 여유조차 없이 조각난 일과 시간에 휩쓸려가는 모습이 후기 근대를 살아가는 사람들의 자화상이 되었다.

성과와 실적으로 역량이 평가되고, 살아온 삶이 규정되는 교사들의 시간은 어떨까? 어느 순간 교사의 일은 의무로 주어지는 일에서 스스로 선택해서 하는 일들로 점점 바뀌어가고 있다. 아니 성과와 실적이, 삶을 규정하는 제도적 장치가 스스로 선택할 수밖에 없는 상황을 만들고 있다. 한 예로 연구부 업무의 공문 중 대다수는 교원 능력 개발이라는 이름으로 추진되는 연수와 연구 관련 공문들이다. 연수 영역과 종류가 헤아릴 수 없을 정도로 많다. 생활지도 실천 사례 연구를 비롯하여 진로교육, 인성교육, 교실 수업 개선 실천 사례 연구 등 가산점이 붙는 각종 연구 종류도 10여 개가 넘는다. 때로 강제성이 부여되는 연수도 있지만 대부분 연수나 연구대회 참여는 교사의 자발적 선택에 의해 이루어진다. 하지만 그 선택을 정말 자유로운 선택이라고 할 수 있을까?

교사 개개인의 연수 실적은 개인의 실적인 동시에 학교 실적이 되어 개인과 학교 평가에 반영된다. 각종 연구대회 결과는 승진을 위한 교사의 스펙이 된다. 교사들은 어떤 형태로든 자신의 존재 증명을 위해, 또는 승진을 위해 끊임없이 연수를 받고, 연구대회에 참여하여 스펙을 쌓아간다. 그 외에 동아리 형태로 참여하는 연구나 학교 차원에서 추진되는 연구는 대부분 '공모-선정-예산 배부-운영-결과 보고' 형태로 운영된다. 예산이 필요한 학교에 공모는 유혹이자 족쇄이다. 주어진 학교 예산만으로 동아리나 학교 단위에서 원하는 교육 활동을 진행하기에는 예산이 턱없이 부족하기 때문이다. 이러한 각종 공모는 학교 간 경쟁을 통해 참여하게 함으로써 시스템 자체가 학교 간 경쟁을 부추긴다. 학교 공간과 교사의 삶 전체에 경쟁 시스템이 작동하고, 교육이라는 이름 아래 학교와 그 공간에 살고 있는 주체들은 보다 효율적으로 관리되고 있는 것이다.

학교는 여전히 20세기형 기업의 관리 체제를 벗어나지 못하고 있고, 교사들은 이러한 관리 시스템 안에서 자발적 복종의 제스처를 반복하며 살아간다. 미래 학자 다니엘 핑크는 『드라이브Drive』에서 경제적 인센티브는 전체 조직의 성과에는 부정적인 영향을 끼친다고 말한다. 당근과 채찍 같은 외적 보상과 처벌은 영혼 없는 단순한 과제에는 높은 효과를 가져오지만, 창의적인 과제에서는 오히려 방해가 된다는 것이다. 그는 개별 성과에 대한 인센티브의 위험성을 말하여 내재적 동기 부여의 필요성에 대해 말한다. 사람은 자기 삶의 방향을 결정짓고 싶어 하는 욕망(자율성Autonomy), 의미 있는 일을 더 잘하고자 하는 욕망(전문성Mastery), 자신의 삶과 일에서 더 큰 무엇인가를 하고 싶은 욕망(목적Purpose)이 있다고 한다. 그래서 사람들을 자발적이고 창조적으로 움직이게 하려면 이런 내적 욕망을 충족시킬 수 있는 동기 부여가 필요하다고 한다.

하지만 20세기형 학교의 관리 시스템에서 교사들은 소명의식을 가지고 자율적으로 의미 있는 일에 몰입하는 대신 끊임없이 자기감시와 검열을 반복하며 스펙을 쌓아가는 데 열중한다. 아이들과 동료들과 함께 배우며 성장하는 관계, 서로 교류하며 나누는 따뜻한 인간적 관계를 만들어갈 여력이 없다. 닫힌 교실에 고립되어 각각의 성을 쌓으며 섬이 되어간다. 경쟁 시스템으로 바뀐 학교는 교사들을 조급함, 부산스러움, 불안, 막연한 두려움 속으로 몰아넣는다. 자신의 바람이나 의지와는 반대의 길을 걷게 한다. 물론 이 대열에서 비켜서서 다른 길을 걷고 있는 교사들 또한 적지 않다. 하지만 대부분의 교사들은 주어진 시스템에 자신을 맞춰가며 성과 주체가 되어 분절된 시간을 살아낸다. 그 시간 속에 사색적 삶, 주체적 삶이 깃들기란 쉽지 않다.

시간은 공간과 함께 인간 삶을 조건 짓는 근본 요건 중 하나이다. 그런데 성과 사회의 학교 시스템은 교사의 시간을 사유와 성찰이 없는 시간으로 바꾸어놓았다. 송순재는 『상상력으로 교육에 말 걸기』에서 "교육의 최종 목적은 삶의 결을 따라 자기 삶의 형식을 추구하게 하는 것"이라고 말한다. 하지만 현재의 학교 시스템은 교육활동의 중심에 있는 교사들조차 자기 삶의 결을 가꾸어가는 일도, 삶의 형식을 만들어가는 일도 어렵게 한다.

시간에 향기를

예고 없이 터지는 사건들, 시시각각 쏟아지는 정보들 속에서 현대인의 일상은 분주하기 그지없다. 교사의 일상 역시 연속성 없는 시간들을 숨 가쁘게 살아내야 한다. 학교에서 교사가 하루에 떠안아야 하는 일들만 헤아려도 끝이 없다. 상담, 수업, 공문 처리, 회의, 연수, 사고 처리, 강사 섭외, 각종 물품 구입까지 그 범위와 종류의 경계는 계속 넓어지고 있다. 이렇듯 분주한 일상에서 의미 있는 활동에 집중하고 몰입하는 일은 거의 불가능하다. 몰입은 그 일을 스스로 선택하고 결정했을 때 가능하다. 해야 할 일이 강압적으로 혹은 타의로 주어진다면 몰입은 쉽게 일어나지 않는다. 한병철은 『시간의 향기』에서 "시간은 지속성을 지닐 때, 서사적 긴장이나 심층적 긴장을 획득할 때, 깊이와 넓이를 확보할 때 향기를 내기 시작한다"고 말한다. 교사들에게 필요한 시간 또한 정말 의미 있는 일에 몰입할 수 있는 통째로의 시간, 지속성을 지닌 시간이다.

교사들이 교육의 본질에 충실하며 자기 삶의 결을 가꾸어갈 때 교사의 일과 시간에서도 향기가 나지 않을까? 교사의 시간에 향기를 찾아줄 진정한 일은 무엇일까? 학교라는 공간에서 교사가 보람과 행복을 느끼는 시간은 언제일까? 교사들은 말한다. 아이들과 교감이 잘되었을 때, 아이들이 뭔가를 배웠다고 느껴질 때, 아이들이 배움을 즐거워할 때 행복하다고 한다. 아이들이 날 필요로 할 때, 아이들이 지닌 잠재성을 드러나게 해주었을 때 행복하다고 한다. 의

무적으로 해야 하는 일보다 하고 싶은 일을 스스로 기획해서 아이들과 함께할 때 행복하다고 한다. 하나같이 아이들과 소통하며 아이들 삶과 밀착되어 있을 때 교사들은 행복감을 느낀다. 그렇다면 교사의 일 또한 교사와 아이들이 함께 행복감을 느끼는 일들로 재배치되어야 하지 않을까? 아이들과 교사의 삶에 리듬을 찾아줄 수 있는 일, 지향점을 가지고 서로의 삶에 이야기를 보태어갈 수 있는 일이 필요하지 않을까? 경쟁과 불안 속에서 성과 주체로 소진되는 삶 대신 자기 방식으로 사색적 삶을 가꾸어갈 수 있는 충만한 시간이 교사의 시간이 되어야 하지 않을까?

✝아침마다 아이들과 눈 맞추며 책도 읽어주고, 마음도 읽어주며 이야기를 나누어야지, 함께 배우며 나누는 것들이 즐거워 날마다 학교에 오고 싶게 수업도 준비해야지, 하루하루 아이들과 함께 살아가는 이야기도 묶어서 나누어야지, 삼월을 시작하며 마음먹었던 것들을 하나, 둘 놓쳐가며 두 달이 훌쩍 갔다. 오늘 아침 미뤄두었던 시 맛보기에서 「민들레」 시를 읽고 유진이는 "내가 꼭 민들레가 된 것 같다"고 한다. 봄 햇살에 반짝이는 민들레 같은 아이들에게 교사들은 언제쯤 거름이 되어주고, 햇살이 되어주고, 바람이 되어줄 수 있는 시간을, 삶을 살 수 있을까? 하루에도 몇 번씩 숨이 막히고, 눈이 뜨거워지고, 비명을 삼켜야 했던 아픈 봄이 가고 있다. 이미 너무 멀리 와버렸다고, 봄을 놓쳐버렸다고 한숨만 쉬고 있기엔 날마다 푸르게 깨어나는 세상이 너무도 환하고 눈부시다. 내일은 텃밭에 나

가 아이들과 함께 심은 상추며, 참외, 토마토에 물을 주고, 풀도 뽑고, 텃밭 가는 길 냇둑 가득 피어 있는 애기똥풀과 눈도 맞추고, 봄이라고 제일 먼저 온몸으로 노란 꽃불을 켰던 산수유 열매도 찾아봐야겠다.

학교, 민주주의의 가능성을 묻다

원종희

학교라는 공간에서 민주주의는 가능할까? 교육이란 이름 아래 약자에 대한 강자의, 무지한 자에 대한 아는 자의, 미성숙한 자에 대한 성숙한 자의 권력이 작동하는 곳에서 민주주의는 가능할까? 가능하다면 어디에서 어떻게 작동할 수 있을까? 구성원의 분할된 자리와 몫에 의해 관계가 고착되는 곳에서 학생은 교사에 의해, 교사는 관리자에 의해 민주주의의 외부, 비시민적 위치로 밀려난다. 민주주의 외부로 밀려난 존재들의 목소리는 대부분 공론화되지 못하고 변죽만 울리다 묻혀버리곤 한다. 교무회의에서 평교사들 목소리가 묻히고, 교실에선 학생들의 목소리가 묻힌다. 랑시에르에 의하면 민주주의는 공적 영역에서 배제되어 말을 하지 못하는 자로 간주되어온 사람들이 '불합의'를 주장하고 '이의'를 제기하는 사건을 의미한다. 민주주의가 몫 없는 사람들, 목소리를 갖지 못한 사람들이 목소리를 찾아가는 것이라면 학교 민주주의 또한 묻혀버린 구성원의 목소리를 불러내는 일부터 시작되어야 하지 않을까? 민주주의가 살아 숨 쉬는 학교가 되기 위해 구성원 모두가 주인이 되어 자율적으로 참여하는 일부터, 서로 존중하고 존중받으며 누구도 소외되지 않고 의사결정의 주체로 참여하는 일부터 시작되어야 하지 않을까?

협의 문화, 어떻게 바꿀까?

학교는 민주시민을 기르는 가장 기초적인 공동체이다. 구성원의 민주적 의사결정을 존중하고, 자율성에 기초한 자치가 이루어지는 곳이다. 학교 변화는 전문성을 기반으로 한 교사의 자발적 참여에서 시작된다. 따라서 학교 운영과 관련한 각종 의사결정에서 교사들의 참여 기회와 권한이 충분히 부여되어야 한다. 하지만 일반 학교에서 교사들의 학교 운영 참여는 아주 제한적이다. 교장, 교감, 부장교사, 평교사 간의 수직적 관계에서 평교사들이 의사결정에 참여할 수 있는 기회나 권한은 아주 적다. 민주적 학교 운영의 핵심이 되어야 하는 교무회의 모습은 어떠한가? 교무회의는 제안과 토론, 결정하는 시간이 아니라 교장의 훈시나 각종 업무, 행사에 관한 지시·전달의 장으로서 그 역할을 다할 뿐이다. 교무회의가 시작되면 각 부장의 발언에 이어 교무부장, 교감, 교장 순으로 이번 주 할 일과 지시사항을 전달하면 회의가 끝난다. 대부분 의사결정은 교장, 교감과 부장들 사이에서 이루어지고 회의에 참여하면서도 일 년 동안 단

한마디의 발언도 하지 못하는 교사들이 많다.

월요일마다 있는 교무회의는 너무 지루하다. 특수부장들이 교육청의 요구에 따라 해야 하는 행사나 대회 계획을 전하고 협조를 요청하는 내용이 주를 이룬다. 그리고 교감이 전하는 공문 지시사항을 듣고 교장의 훈시를 듣는다. 회의란 말이 무색할 정도로 교사들은 아무 말도 안 하고 회의가 빨리 끝나기만을 바란다.

이것은 서울혁신학교 한 마당 강연 중 한기현의 「교원 업무 정상화 방안 및 운영 사례(2011)」에 실린 '어느 초임 교사의 일기' 중 일부분이다. 가상 일기 속의 교사는 "내가 학교의 시스템이 요구하는 대로 따라 하는 로봇 같은 존재가 되어버린 것 같다"고 말한다. 지시·전달의 회의 문화 속에서 말 한마디 못한 채 회의가 끝나기만을 기다리는 일반 교사들 모습을 통해 학교 운영에서 배제되고, 소외되는 교사의 실존적 모습을 잘 보여준다. 비슷한 사례로 일반 학교에서 오랫동안 근무하다 학교 혁신을 실천하고 있는 학교로 전입한 교사의 교무회의 경험담이다.

이전의 학교에서는 교무회의에서 하고 싶은 말이 있어도 한마디도 할 수 없었다. '부장회의에서 이런 문제점을 해결해주면 좋을 텐데 왜 못하는 걸까?' 뒤에서 부장교사 탓만 했다. 그러다 내가 부장교사가 되어 부장회의에 참여해보니 그것도 쉽지 않은 일이었다. 교장 선생님과 다른 생각이나 의견을 내놓았을 때 우리 학년이 받을 불이익 때문에 선뜻 다른 의견을 낼 수 없었다.

교무회의에서 교사들은 왜 입을 열 수 없었을까? 여기에는 기존의 교무회의 문화와 개인적 경험들이 한몫을 했을 것이다. 수직적 회의 문화 속에서 어떤 의견을 내놓았을 때 협의를 통해 검토되지 못하고 묻혀버렸던 경험이 입을 닫게 했을 것이다. 어떤 협의체가 민주적으로 운영된다는 것은 구성원 모두가 자신의 목소리를 낼 수 있다는 것이다. 고병권은 『민주주의란 무엇인가』에서 "민주주의는 동의를 조직하는 일이 아니라 이견을 제출하고, 차이를 생산하는 일"이라고 한다. 또한 "민주주의에서 모든 것들은 근거 없이 원초적으로 평등하며, 어떤 자격이나 조건 없이 서로 부딪치고 어울린다"고 말한다. 민주적인 교무회의 운영 또한 이와 다르지 않을 것이다. 구성원 모두가 심리적으로 억압받지 않고 동등하게 서로 다른 생각들을 거리낌 없이 나눌 수 있는 시공간이 되어야 하지 않을까?

학교의 민주적 운영은 교사들의 자율적 참여와 토론이 가능한 협의 문화를 만들어가는 것에서 시작된다. 교무회의는 관리자, 부장교사, 평교사가 수평적 관계 속에서 모두가 동등하게 참여하는 형태로 재조직되어야 한다. 교무회의를 통해 모든 교사가 함께 학교철학을 세우고, 교육과정을 디자인하고, 실천 내용을 꾸려낼 수 있어야 한다. 교무회의 시간이 교육과정 운영이나 특정 사안에 대한 실질적 협의와 토론 시간으로 바뀔 때 교사의 자발성과 열정을 이끌어내고 책임감을 높일 수 있다. 이 과정에서 교사는 민주적 학교 운영의 자율적 주체로 다시 태어날 수 있다. 교무회의가 구성원 모두가 동등하게 참여하는 민주적 의사결정 기구로 자리매김할 때, 민주주의를 가르치는 교사가 주체로 설 수 있을 때 학교의 민주적 운영이 시작될 수 있다.

최근 5년간 확대되고 있는 혁신학교에서는 '민주적 학교 운영'을 학교 혁신의 핵심 과제로 설정하고, 학교 내 다양한 협의체를 민주적 의사결정 구조로 바꾸어내고 있다. 전북교육청은 2013년 9월 전교조 전북지부와 단체협약으로 교무회의 의결기구화에 준하는 내용을 시행하였다. 교무회의의 민주적 운영을 위해 "학교장은 교무회의 의장으로 회의를 진행하고, 학교교육과정 운영에 관한 사항, 학교운영위원회에 상정할 교무 안건 사전 심의를 의제에 포함하여, 토론과 의결은 민주적으로 진행하고, 교무회의의 결정 사항에 대해 학교장은 특별한 사유가 없는 한 수용한다"[41]라는 내용으로 각급 학교에서 교무회의 운영 규정을 제정하도록 하였다. 학교 운영에 관한 전반적 사항을 심의 의결할 수 있도록 보장함으로써 학교장의 일방적인 지시나 의사결정 대신에 학교 구성원들의 민주적이고 수평적인 의사결정 문화를 정착할 수 있게 하였다.

교무회의 의결기구화는 분명 그동안 학교 운영에서 제왕적 권위와 힘을 발휘하던 학교장의 권한을 교무회의에 참여하는 구성원 모

41. 한국교육연구네트워크, 『새로운 사회를 여는 교육자치 혁명』, 2014, 살림터, 82쪽.

두에게 나누어줄 수 있는 협의 시스템의 변환이다. 아울러 그동안 묻혀 있던 평교사들의 목소리를 불러내는 장치이기도 하다. 교무회의 의결기구화에 대해 교육계의 다른 한편에서는 "교장은 교무를 통할하고 소속 교직원을 지도 감독하며, 학생을 교육한다"라는 초중등교육법 제20조 제1항을 내세워 교무회의 의결기구화가 학교장 중심의 단위 학교 운영에 역행되는 처사라며 반발하기도 하였다. 교무회의가 의결기구가 된다면 학교 경영의 최고 결정권자인 교장의 권한을 침해할 것이라는 것이다. 아울러 학교운영위원회를 통해 학교 운영의 주요 사항에 관한 것을 심의하고, 학교장을 견제하도록 하고 있는데 교무회의를 의결기구로 만들 필요가 있는지 의문을 제기하였다. 하지만 이런 반발은 학교 조직을 자리와 몫에 의해 움직이는 수직적 위계를 지닌 조직으로 바라보는 시선에서 기인한다. 가장 민주적이어야 할 학교에서 애초에 민주주의가 작동하지 못하게 하는 위계와 질서의 분할을 보여주는 사례이다.

단위 학교의 교육자치 실현을 위해 도입된 학교운영위원회가 학교장을 견제하는 역할을 할 수 있을까? 학교운영위원회는 학교 운영 체제를 개방하고 구성원의 민주의식을 향상시키는 데 일정 정도 긍정적인 기여를 해왔다고 평가된다. 하지만 학교 운영 전반에 대한 심의·자문 기구라는 권한의 한계로 인해 학교 자치의 의미를 충분히 살리지 못하고 있다. 학부모 위원이나 지역 위원의 경우 학교 운영에 대한 이해 부족에서 오는 전문성 결여로 주체적 참여 대신 심의 사안에 대한 거수기 역할에 그치는 경우가 많다. 또한 학교운영위원회의 안건이나 심의 결과는 문서로만 존재할 뿐 전체 교사나 학부모에 대한 안내, 협의, 의견 수렴은 생략될 때가 많다. 학교운영위원회는 학교 운영의 핵심 협의체로서 20년 가까운 역사를 지니고 운영되어왔지만 실제로 학교장에 대한 견제나 민주적 의사소통 구조로서의 역할은 충분히 하지 못하고 있다.

2014년 6·4 지방선거 결과 진보 성향의 교육감 당선과 혁신학교 확대로 교무회의가 실질적인 토의와 토론, 결정이 이루어지는 의사결정 기구로서 역할을 하는 학교가 늘고 있다. 하지만 대부분의 일반 학교 교무회의는 여전히 수직적 위계구조에서 심의기구도 의결기구도 아닌 지시·전달의 장인 형식적 임의 기구로 존재할 뿐이다. 교무회의뿐만 아니라 학교 내 존재하는 다양한 협의체 또한 민주적 의사소통 기구로 역할을 제대로 하지 못하는 것은 마찬가지다. 학교 내 협의체로 부장회의, 인사자문위원회, 그 밖의 각종 위원회가 운영되고 있지만 형식적 절차와 논의에 그칠 뿐 협의체에 참여하는 주체들의 능동적 참여와 실질적인 협의 문화는 형성되어 있지 않다.

일반 학교에서 대부분의 의사결정은 부장회의를 통해 이루어진다. 하지만 부장회의 역시 위계에 따른 권력이 작동한다. 부장이라고 해서 학교 운영에 대해 모두가 소신을 가지고 자기 의견을 내세울 처지가 못 된다. 부장교사들 의견은 영향력 있는 부장교사나 관리자 의견에 묻히기 일쑤다. 학교 조직에서 부장교사 경력은 승진에 필요한 필수 항목이다. 특히 승진을 목적으로 하는 일부 부장교사는 관리자와 관계에서 자유롭지 못한 경우가 많다. 종종 승진이나 점수를 목적으로 한 보직 교사와 관리자의 관계는 '악어와 악어새' 관계로 비유되기도 한다. 한쪽은 필요한 먹이를 얻고, 다른 한쪽은 가려운 데를 긁어주니 그들만의 공생 관계가 만들어지는 것이다. 부장교사의 여러 가지 역할 중 관리자와 교사들 간의 의사소통을 원활하게 해주는 완충 역할과 일반 교사의 대의 역할이 중요시된다. 하지만 승진 점수에서 자유롭지 못한 경우 부장교사 역할이 관리자의 대변인으로 바뀌기도 한다. 이런 위계 속에서 부장회의의 민주적 의사소통은 기대하기 어려울 수밖에 없다.

학교 내 인사자문위원회 모습은 어떨까? 매년 학년과 업무를 조정하는 시기가 오면 학교 분위기는 바짝 긴장된다. 어떤 학년, 어떤 업무를 맡게 되는가에 따라 일 년의 행복과 불행이 결정된다는 생각이 교사들의 마음 안쪽에 자리 잡고 있기 때문이다. 인사자문위원회를 통해 학년과 업무를 결정하는 학교나 교사회의를 통해 결정하는 학교나 민감하게 대응하는 모습은 별반 다르지 않다. 학년과 업무를 조정하는 과정에서 많은 교사들이 상처를 주고받는다. 혁신학교나 일부 작은 학교를 제외한 대부분의 학교는 인사자문위원회를 통해 학년이나 업무를 조정한다. 교사들이 원하는 학년이나 업무를 신청받아 인사자문위원회의 조정과 관리자의 결정으로 마무리된다. 교사들이 받아들이기 어려운 결정에 이의를 제기하거나 재조정을 요청하는 것은 쉽지 않다. 인사자문위원회는 교사 개개인의 특성이나 역량, 학교의 일에 대한 충분한 협의 대신 정해진 내규에 맞춰 조정하는 형식적인 기구로 존재한다. 업무 효율성을 위해 구성한 인사자문위원회가 학교에서 또 하나의 위계를 만들고 전체 교사의 소통을 가로막는 역할을 하게 되는 것은 어떻게 보아야 할까?

최근 혁신학교에서는 업무 지원팀을 만들어 행정 업무나 교육 활동 지원 업무를 전담하고, 담임교사는 수업과 교육 활동과 관련된 일을 맡도록 하고 있다. 업무 조정은 교직원 전체가 참여하여 학교 일을 특성에 따라 분류하고, 교사 일에 대한 토론과 논의를 거쳐 결정한다. 학년, 담임, 교과 전담 교사 배치 역시 각각의 교사가 지닌 특성이나 이력, 희망 등을 반영하여 학교 운영의 큰 틀 안에서 협의를 통해 조정한다. 인사자문위원회라는 대의 조직 대신 구성원 모두가 참여하여 충분한 협의를 통해 업무를 결정하고 적재적소에 배치하는 일, 이 또한 학교 내 민주주의를 살아 숨 쉬게 하는 일이 되지 않을까?

학교 민주주의, 차이의 존중으로부터

학교 변화를 시도하는 학교에서 가장 먼저 겪는 어려움은 구성원 각각의 생각 차이에서 오는 갈등이다. 학교 운영 방식이나 교육과정을 기획하고 실천하는 과정에서 관리자의 생각과 교사들 생각이 부딪치고, 교사와 교사의 생각이 부딪친다. 교육에 대한 서로 다른 가치와 신념이 부딪치면서 불편한 관계가 만들어지고, 때론 관계의 단절을 가져오기도 한다. 학교 구성원이 소통하며 협력적 관계를 형성하고, 공동의 지향점을 찾아 활동을 구성해가는 학교 시스템을 만들어가려면 많은 노력이 필요하다. 서로의 차이를 이해하고 존중하며 함께 변화하려면 어떻게 해야 할까?

조너선 색스는 『차이의 존중』에서 "서로가 타자를 위해 공간을 내어주는 것, 즉 서로의 차이를 이해하고 존중하는 것이 위기의 상황을 벗어날 수 있게 한다"고 말한다. 아울러 "차이는 인간 가능성의 영역을 감소하게 하는 게 아니라 확장하는 것이다. 모든 사람이 동일해야 한다는 바람이 얼마나 위험한 것인지 깨달을 수 있을 때 우리는 비로소 화해와 공생의 길로 나아갈 수 있다"고 한다. 동일성은 자기 바깥의 것들을 타자로 간주하고 자신과 대립시키면서 동일성을 강화해간다. 동일성의 강화는 동일자가 아닌 타자에 대한 배제와 억압, 폭력을 가져올 가능성이 높다. 또한 동일성이 지배하는 공간에서 새로운 창조와 생성은 기대하기는 어렵다. 오히려 차이들이 부딪치면서 함께 지향하며 실천할 공동 과제를 생성해갈 수 있을 때 공동체 속 개인들의 주체화와 가능성 영역을 확장할 수 있다.

서로의 차이에 대한 이해와 존중을 위해 가장 필요한 것은 무엇일까? 그것은 바로 구성원 간의 '신뢰'이다. 서로에 대한 신뢰가 형성되었을 때 나와 다른 방식으로 생각하고 행동하며, 세상을 해석하는 타자에 대한 수용 능력을 발휘할 수 있다. 학교 안에서 구성원 간의 신뢰를 바탕으로 '대화' 문화를 정착시켜가는 일이 필요하지 않을까? '대화'는 하나의 목소리가 앞장서지 않으며 차이의 경계를 넘어 서로 이해하고 이해받으려는 노력이다. 학교 안에서 소통을 위한 '대화'는 구성원의 참여를 이끌어내고 학교를 변화시키는 물꼬가 된다. 민주주의는 서로 소통하며 존중하는 가운데 인간 존중이라는 가치를 구현하는 것이기도 하다. 서로에 대한 공감과 이해, 존중과 신뢰를 바탕으로 한 진정한 '대화'의 시작이 곧 학교 민주주의의 시작이 되지 않을까?

†운 좋게도 10년 넘게 학교 변화를 꿈꾸며 민주적 학교 운영을 실천하고 있는 학교에서 근무하고 있다. 교육과정이나 학교 운영에 관한 크고 작은 일들은 모두 교사들이 머리를 맞대고 오랜 시간 협의한 결과에 따라 진행한다. 무슨 일이든 다 함께 깊이 생각하고, 충분히 의논한 결과들이기에 모두가 자발성을 가지고 협력적으로 참여한다. 물론 민주적 학교 운영의 주체가 되어 참여하는 과정에서 기꺼이 받아들이며 함께 노력해야 하는 부분들도 많다. 퇴근 시간을 훌쩍 넘기도록 회의가 길어져도 책임성을 가지고 참여할 수 있어야 한다. 서로의 차이를 인정하면서 이견을 조율하는 힘이 필요하고, 누구도 억압하거나 배제하지 않는 회의 문화를 만들어가는 노력도 필요하다. 고병권은 "민주주의는 인민이 자기 삶을 관리하고 육성해줄 좋은 목자를 고르는 일이 아니라 대중이 양떼로 전락하지 않는 일"이라고 한다. 비록 그 여정이 힘들어도 교사가 민주적 학교 운영의 자발적 주체가 되어 "양떼로 전락하지 않는 일"이 곧 학교 민주주의의 가능성에 한 발 다가서는 길이 아닐까?

교사, 수업 나눔으로 성장하다

원종희

수업의 변화를 고민하다

마틴 부버는 "모든 실제적 삶은 만남"이라고 한다. 그런 의미에서 학교는 교사와 학생이 가르침과 배움을 통해 만나고 성장하며, 참 삶을 가꾸어가는 곳이다. 교사와 학생의 끝없는 만남이 이루어지는 곳, 배움과 성장이 실제로 일어나는 곳은 바로 수업의 장이다. 교사와 학생, 학생과 학생이 서로 협력하며 주어진 과제를 해결하는 과정에서 배움이 일어난다. 그 배움이 성장을 가져온다. 교실에서 배려와 존중의 관계를 만들어가는 일, 학생들에게 의미 있는 학습 경험을 제공하는 일, 배움의 즐거움을 맛볼 수 있게 수업을 디자인하는 일은 교사 본연의 일인 동시에 가장 큰 고민이기도 하다. 어떻게 하면 학생들이 흥미를 가지고 참여하게 할 수 있을까? 누구도 소외되지 않고 함께 배우는 수업을 창조할 수 있을까? 교사와 학생의 자아와 배우는 내용이 촘촘하게 엮여 삶으로 연결되게 할 수 있을까? 이를 가능하게 하는 전문가로서의 교사상은 교사의 끊임없는 탐구와 배움에서 시작된다.

인간은 혼자가 아닌 다른 존재와의 관계 속에서 무엇이 될 수 있다. 교사가 배우는 전문가로 거듭나기 위해서도 동료들과 함께 교류하고 소통하는 과정이 필요하다. 함께 배우고 성장하는 학습공동체가 필요한 것이다. 교사들 간의 협력과 활발한 탐구 활동이 교사의 성장을 가져온다. 현재 운영되고 있는 혁신학교에서도 신뢰와 배려, 협력을 바탕으로 한 '교사학습공동체' 만들기를 핵심 과제로 내세우고 있다. 학교 내 교사학습공동체에서 다루는 주요 영역은 교육과정과 수업이다. 교육과정 재구성과 수업 전문성 향상을 위한 각종 연수, 수업 나눔을 통한 수업 성찰이 그 중심에 있다. 여기서 수업 성찰을 위한 수업 관찰이나 연구는 교사 개인의 능력을 평가하는 것이 아니라 교사가 마주한 문제를 공동으로 해결하고 각자의 깨달음을 얻는 과정이 된다.

교사가 수업에서 마주하는 문제를 어떻게 해결하고 성장해가는지 학습공동체로서의 수업연구회 운영 사례를 통해 배울 수 있지 않을까? 지난 4년간 수업 문화를 바꾸기 위해 여러 시도를 해온 송남초등학교[42]에서 근무했다. 그 과정에서 교사들이 어떻게 배우고 성장

---

42. 송남초등학교는 2010년부터 학교 혁신을 실천하는 교사들의 전입이 늘면서 학교 문화와 수업 문화를 변화시켜갔다. 5년에 걸쳐 학교 혁신과 수업 문화 개선을 위해 자발적 실천을 해오다 2015년 현재 충남형 혁신학교인 '행복나눔학교'로 지정을 받아 운영되고 있다.

해가는지 경험할 수 있었다. 수업 문화를 바꾸고자 할 때 가장 필요한 것은 교사들의 자발성이다. 교사와 학생 모두가 소외될 수밖에 없는 기존의 수업 문화를 바꾸려는 교사들의 열망이 동료 교사들 간의 만남을 가져왔다. 함께 배운 것을 나누고 실천하며 학습공동체로 거듭나게 했다. 공동 연수를 통해 다양한 형태의 수업 방식과 새로운 수업 성찰 방법들을 배우며 수업을 바꾸어갔다. 교사의 일방적인 가르침 대신 학생들이 잠재된 가능성을 드러내며 자유롭게 활동할 수 있는 학생 중심, 배움 중심 수업 문화를 만들어갔다.

송남초등학교의 교사학습공동체는 크게 두 축을 중심으로 운영되었다. 교사 전문성 향상을 위한 다양한 연수 운영과 수업을 통해 함께 배우고 성장하기 위한 수업연구회 운영이다. 최근 4년간 수업 개선을 위해 프레네 교육, 프로젝트 학습, 배움의 공동체 등 교사 전문성 향상을 위한 연수와 배움 중심 수업연구회 운영을 통한 수업 성찰을 지속해왔다. 그 결과 송남초등학교 3~6학년 교실에서는 '자격증 교실', '자유 글쓰기', '신문 만들기', '프로젝트 학습' 등 다양한 형태의 프레네 기술이 학년 또는 학급 특색에 맞게 실천되고 있다. 2011년에 이어 2012년에 진행된 '배움의 공동체' 연수 이후 교사들은 교실에서 '서로 듣는 관계 만들기'와 '대화와 협력'을 통한 '호혜적 배움'을 실천해왔다. 하지만 실천 과정에서 많은 교사들이 '서로 듣는 관계'와 '대화와 협력'을 통한 배움을 만들어가는 데 어려움을 호소했다.

교사 전문성 성장에 대한 연구 결과에 의하면 교사 연수가 곧바로 실천과 성과로 이어지는 것은 아니다. 연수 내용에 대한 성찰 결과가 가치 있다고 판단될 때 교사의 실천으로 이어진다. 실천을 통해 구체적인 학생의 성과로 드러났을 때 비로소 교사의 태도나 신념의 내면화로 이어진다. 송남초등학교의 경우 교사 구성원의 조직이 단일하지 않다. 4~5년 가까이 학교 변화를 모색하며 공동의 철학을 바탕으로 함께해온 교사, 철학이나 가치에서는 함께하지만 실천력에서 차이를 보이는 교사, 변화된 학교 문화와 수업 문화에 대한 경험과 이해 정도가 낮은 교사들이 공존한다. 학교 변화를 추동해내던 교사들과 이미 다른 교육관과 경험치가 쌓여 있는 교사들 간의 이해와 협력을 이끌어내는 과정에서 많은 시간과 노력이 필요했다. 서로의 차이를 인정하면서 학교가 추구하는 핵심 가치를 공유·실천하며 변화를 이끌어내기 위한 노력은 지금도 계속되고 있다.

'배움의 공동체'[43]를 만나다

수업은 교사와 학생들의 실제 삶이 이루어지는 역동적인 공간이다. 그 안에서 사람과 사람, 사람과 세계가 만난다. 부버는 "교육의 효과는 교육적 의도가 아니라 교육적 만남"[44]이라고 단언한다. 교육

---

43. 현재 일본에서 학교 개혁을 주도하고 있는 핵심적인 원리로서 일본 도쿄대학교 사토 마나부 교수가 주창한 수업 연구를 위한 실천적인 개념이다. 배움의 공동체는 '모든 아이들의 배울 권리와 질 높은 배움을 보장'하는 것을 기본 철학으로 하고 있다.
44. 박홍규, 『마틴 부버』, 2012, 홍성사, 211쪽.

적 만남은 교사와 학생의 신뢰 관계가 구축되었을 때 가능하다. 학생은 교사에게 자신을 개방하고, 교사는 학생의 창조적 가능성을 이끌어내 교류하게 할 때 가능하다. 교육적 만남에서 이루어지는 대화는 자신과 타자 사이의 차이를 이해하게 한다. 그 차이를 바탕으로 더 풍부한 배움으로 나아가게 한다. 배움의 공동체를 주창한 사토 마나부 역시 배움이란 "교육 내용인 대상 세계(사물)와의 만남과 대화이며, 그 과정에서 수행되는 다른 아이들의 인식이나 교사의 인식과의 만남과 대화이며, 새로운 자기 자신과의 만남과 대화"[45]라고 말한다. 이 세 가지 차원의 대화적 실천이 배움이라고 한다. 수업에서 교육적 만남과 대화의 실천은 곧 배움의 전제가 되는 것이다.

이시이 쥰지는 『아이들의 배움은 어떻게 깊어지는가』에서 배움의 공동체 철학을 바탕으로 '함께 배우는 배움'이 가능한 수업의 기본 사항들을 제시한다. 먼저 일제 수업에서 벗어나 모둠 학습을 기본 축으로 할 것을 제안한다. 일제 수업에서 벗어날 때 아이들이 활동하는 모습이 드러나고, 아이들은 적은 인원 속에서 서로 연결되기 쉽고, 사고와 탐구, 발견의 가능성이 높다는 것이다. 실제로 전체를 대상으로 한 수업에서 더 많은 아이들이 쉽게 수업 밖으로 빠져나간다. 교재와 아이들, 아이들과 아이들을 연결해주는 끈이 느슨해지기 때문이다. 그 밖에 '함께 배우는 교실'은 모든 아이들이 '안심하고 참여할 수 있는 교실', 서로 가르쳐주기보다 '서로에게 배우는

---

45. 사토 마나부, 『수업이 바뀌면 학교가 바뀐다』, 2006, 에듀케어, 135쪽.

교실'이라고 한다. 또 말하기보다 '듣는 것'을 강조한다. 다른 사람의 생각에 귀를 기울이고 자신의 생각과 비교하면서 무언가 작용이 일어나는 것, 겉으로 드러나지 않는 사고에 함께 배우는 것의 원천이 있다고 보기 때문이다.

배움은 '모르는 것'에서 시작된다. 쉽게 해결되는 문제는 진정한 배움의 즐거움을 가져올 수 없다. 적절한 난이도의 과제가 제시될 때 아이들은 그 어려움에 맞서기 시작한다. 그 과정에서 모르는 것이 생기고 질문을 하게 된다. 비고츠키는 발달 이론에서 '혼자서 발달할 수 있는 단계'와 '교사와 친구의 도움으로 발달할 수 있는 단계' 사이의 근접발달영역을 제시했다. 그리고 교육과 학습은 바로 이 근접발달영역에서 이루어져야 한다고 주장한다. '함께 배우는 배움'에서 아이들이 서로 모르는 것들을 친구에게 물어보고, 함께 생각하며 서로에게 배우도록 하는 것과 같은 맥락이다. 그래서 배움의 공동체에서는 아이들이 배움에 도전하고, 배움의 깊이와 질을 높이기 위한 도전 과제의 필요성을 강조한다. 아이들이 탐구할 가치가 있는 도전 과제를 만들기 위해 필요한 것은 교재에 대한 교사의 전문성이다. 그래서 교사도 아이와 더불어 배우고 탐구하는 자세가 필요하다.

'배움의 공동체'에서 교사의 존재는 도날드 쇤Donald Schön의 '반성적 실천가Reflective practitioner' 개념과 일치한다. 교사라는 직업은 복잡한 상황에서 복잡한 문제를 다루는 불확실성이 지배하는 영역이다. 그러므로 교사는 반성적 실천가로서의 전문가인 것이다. 반성적 실천가는 행위 중의 성찰을 성실하게 수행하는 전문가이다. 교사의 행위는 바로 '수업'이고 교사는 끊임없이 자신의 수업을 성찰하고 변화를 실천하려는 노력이 필요하다. 성찰 없는 수업은 그 횟수가 아무리 늘어난다 해도 똑같은 수업을 반복해서 찍어낼 뿐 변화를 가져오지 못한다. 또 배움의 공동체에서 교사는 아이들의 배움을 관찰하며 아이들 발언에 정중하게 대응하는 존재이다. 교사의 정중한 대응은 아이들 "한 명 한 명의 차이가 존중되는 교실"을 만든다. 수업 속에서 교사는 교재와 아이들을 연결하고, 아이와 아이, 지식과 지식을 연결하고, 아이의 현재와 미래를 연결 짓는 존재이다. 또 아이들이 어려운 과제에 부딪혔을 때 되돌리기를 통해 함께 탐구하며 배우는 수업을 창조하는 존재이다.

수업을 변화시키고 교사의 수업 전문성을 신장시키려면 먼저 그것이 가능한 학교 문화를 만들어가야 한다. 교사 상호 간의 수업 공개와 소통, 공동 연구를 통해 함께 성장하는 학습공동체를 만들어가야 한다. 배움의 공동체에서 교내 연수의 목적은 교사들이 전문가로서 함께 배우면서 성장하는 '동료성 구축과 교사의 전문성 신장'이다. 교사가 전문가로서 성장하기 위해서는 수업 관찰에 기초하여 2시간 정도의 토의를 포함한 100회 이상의 사례 연구를 쌓을 것을 제안한다. 교내 연수의 방향은 수업 공개와 수업연구회를 세트화해서 전 교사가 수업을 보고 교실에서 일어난 사실에 대해 이야기를 나누도록 한다. 또한 사전 연구planning보다 수업 후의 성찰reflection에 충실해야 한다. 배움을 중심으로 한 수업 연구에서는 어디에서 배움이 성립하고, 막히고 있는가를 연구해야 하며 교실에서 일어나는 일을 면밀하게 연구하는 것을 중심 과제로 삼는다.

수업 나눔, 성장으로 이어지다

송남초등학교는 2012년 새로운 학교 문화를 만들기 위해 '수업'을 학교 운영의 중심에 두기로 했다. 이를 위해 교사들은 동료들과의 협력적 교육 활동을 확대하고, 자발적으로 자신의 수업을 열어 수업 개선을 실천해왔다. 일부 교사들은 공식적인 수업 공개 계획과 무관하게 일상적으로 교실을 열고 배움을 나누었다. 다른 교사의 수업을 통해 배우고자 하는 교사는 형식이나 절차에 매이지 않고 원하는 교실의 수업을 관찰할 수 있었다. 최근 2년 동안 송남초등학교의 수업연구회 운영은 배움의 공동체 '수업 사례 연구' 중심의 연수 시스템을 따랐다. 운영 방식에서 차이는 있지만 학생 한 명 한 명의 배움을 중심에 두고 진행했다. 수업연구회를 반복하며 수업자와 참관자 모두가 함께 배우고 성장하는 교사 간의 동료성을 구축해갔다. 2013년 수업 성찰을 위한 수업연구회는 26회, 2014년에는 22회가 진행되었으며 대부분의 교사가 2회 이상의 수업을 공개하고 협의회를 진행했다.

2014년에는 수업연구회 운영에 약간의 변화를 주었다. 2013년 거의 매주 계속되었던 수업 공개와 협의회는 많은 교사들에게 피로감을 불러일으켰다. 전체가 참여하는 수업연구회 횟수가 일반 학교에서 상상하기 어려울 만큼 많았다. 뿐만 아니라 2시간 가까이 진행되는 협의회 강도는 교사들을 지치게 했다. 수업연구회 중심으로 학교를 운영한다고 했지만 송남초등학교만의 특색을 살린 여러 교육 활동에 쏟아야 하는 시간과 노력의 무게 또한 만만치 않았기 때문이다. 이는 수업연구회를 통한 교사의 배움과 성장이라는 목표에 다가가는 데 자주 걸림돌이 되었다. 그 결과 2014년에는 학년군 단위로 수업연구회를 진행했다. 일상적으로는 저학년 그룹과 고학년 그룹으로 나누어 진행하고, 전체 교사가 참여하는 연구회는 두 달에 한 번씩 진행했다. 학년군 단위 협의회를 진행하면서 교과 내용뿐만 아니라 아이들 각각이 지니고 있는 특성과 배움의 과정에 대해 더 깊은 대화를 나눌 수 있었다.

수업 관찰에서 참관자는 아이들이 어디서 배우고 멈추는지, 듣는 관계는 잘 형성되었는지, 협력적으로 배우고 있는지 등을 관찰했다. 이를 위해 참관자는 최대한 아이들 가까이에서 아이들의 행동과 말, 표정을 관찰하도록 했다. 또 참관자가 수업에 빠져들지 않고, 수업에 관여하지 않도록 했다. 참관자가 수업 내용에 빠져들면 아이들이 배우는 과정을 보지 못하기 때문이다. 또한 아이들 활동에 관여하기보다 아이들이 막힐 때 어디서 막히는지, 어떻게 해결의 실마리를 찾아가는지 관찰하기 위함이다. 교사의 역할에서는 수업 설계에서 도약이 있는 배움을 조직하였는지, 교사가 아이들 발언 하나하나에 어떻게 대응하는지, 아이들의 발언을 교재 내용이나 다른 아이의 생각과 어떻게 연결 짓고 있는지, 아이들이 어려운 과제에 부딪혔을 때 어떻게 되돌리기를 하여 해결의 실마리를 찾아가게 하는지 관찰했다.

수업 협의회는 수업자와 참관자가 그 수업에서 어려웠던 부분, 재미있었던 부분, 자신이 배운 것들을 공유하고 나누는 자리가 되었다. 학생의 배움을 중심에 두고 진행하되 학생들의 배움을 이끌어내기 위해 교사가 어떻게 수업을 기획했는지, 수업 속에서 어떤 역할을 하고 있는지 함께 이야기했다. 수업자와 참관자 모두가 수평적 관계 속에서 관찰한 사실에 근거하여 학생들 각각의 배움의 수준과 도약에 대해 이야기하도록 했다. 아울러 모든 교사가 수업 촬영, 협의회 진행, 협의 내용 기록 등의 역할을 해봄으로써 수업 성찰 과정을 배우는 기회가 되도록 했다. 협의회 기록은 수업자와 참관자가 공유하며 이후의 자기 수업 성찰에 활용했다.

이 년 동안 함께 배우며 성장하는 수업연구회를 운영해오며 교사들의 변화를 느낄 수 있었다. 첫해에는 어려움이 많았다. 표준화된 수업 모델과 행동적 수업 목표 진술, 형식이 내용을 지배하는 상세한 수업 지도안, 교사의 수업 기술을 지도, 조언, 평가하는 기존의 수업 및 협의회 문화에 익숙했던 교사들에게 새로운 수업연구회 문화는 쉽게 받아들여지지 않았다. 수업에 동원된 화려한 매체나 단계별 활동의 매끄러운 진행, 교사의 수업 테크닉이 얼마나 잘 드러나는가에 길들여진 눈을 학생들 배움의 과정에 맞추는 일은 쉽지 않았다. "왜 교사의 수업 기술에 대해 말하지 않는가?", "아이들이 참여하는 모습만 관찰하면서 무엇을 배울 수 있나?", "수업에서 진정한 교사의 역할은 무엇인가?" 등의 의문을 쏟아냈다.

변화는 2014년 학년군 단위의 수업연구회 진행과 사토 마나부의 『수업이 바뀌면 학교가 바뀐다』 읽기를 병행하면서부터이다. '배움이 있는 수업 만들기'를 세밀하게 들여다볼 수 있었던 책읽기 연수가 교사들 생각에 변화를 가져왔다. 교사가 먼저 아이들 한 명 한 명의 발언을 정중하게 듣는 것, 아이와 아이가 서로 듣는 관계를 만들어가는 것의 중요성에 많은 교사들이 공감했다. "배움이란 마음과 신체를 타자에게 열고 이질적인 것을 받아들이는 일로부터 출발하는 것이며 '수동적 능동성'에 의해 실현되는 행위"[46]라는 것에 대한 이해의 계기가 되었다. 책을 읽고 토론하며 지난 일 년의 경험에서 가졌던 의문들을 해소해갔다. 수업연구회 운영에 대한 생각에도 변화가 생겼다. 몇몇 교사들로부터 그동안 수업연구회에 참여하며 성찰한 점들을 들을 수 있었다.

정○○ 대부분의 학교에서는 아이들 관찰보다 교사의 동선, 준비성, 발문의 적절성 등에 대해 많이 따졌다. 그런데 여기선 아이들에게 초점을 맞추니 부담이 덜하다. 수업을 진행하며 도움이 필요한 아이들에게 가다 보면 나머지 아이들 활동 모습을 잘 알 수 없는데 참관한 교사들을 통해 다른 아이들의 활동과 배움의 과정

46. 사토 마나부, 『수업이 바뀌면 학교가 바뀐다』, 2006, 에듀케어, 97쪽.

을 자세히 들을 수 있어서 좋다.

김○○   작년에는 이런 게 공개수업인가? 어디에 핵심이 있지? 하는 생각이 들었다. 수업연구회가 똑같은 포맷으로 진행되어 지루한 감도 있었다. 그런데 연구회를 통해 배운 것을 실행에 옮겼을 때 아이들끼리 서로 도움을 주고받는 관계가 잘 형성되는 것을 발견할 수 있었다. 자기가 정확히 알지 못했던 것을 다른 아이에게 도움을 주면서 확실히 배워가는 모습도 볼 수 있었다.

이○○   기존의 수업 협의회 문화와 형식 때문에 못 보던 부분들을 더 볼 수 있게 되었다. 개개의 교사가 마음을 열지 않으면 나누는 것들이 다가오지 않는데, 드러내놓고 같이 나누니까 변화를 가져온 것 같다. 신뢰가 형성되어 있지 않으면 잘하는 것, 좋은 것만 내놓게 된다. 신뢰가 다져지면 흠이라고 여겨지는 것들도 서로가 채워줘야 할 것이 되고, 그 과정에서 채워주는 관계가 만들어진다.

류○○   수협 협의회를 하면서 수업 공개에 대한 두려움이 없어졌다. 다른 선생님들 이야기를 통해 내 수업을 보는 눈이 생기고, 내 수업에도 변화가 생겼다. 학년군으로 나누어 협의회를 한 것도 좋았다. 협의회가 내실 있게 운영되고, 모두가 큰 틀에서 동의하고 진행하는 것 같아 좋다.

부담 없이 수업을 여는 일은 쉽지 않다. 그래서 대부분의 교사들은 수업 공개를 마치면 "아, 이제 끝났어!"를 외치며 후련해한다. 송남초등학교에서 수업연구회를 거듭하며 몇몇 교사들은 수업을 반복해서 열고 싶어 했다. 어떤 교사는 수업 공개 후 이틀 만에 다시 수업을 여는 열정을 보이기도 했다. 수업에서 아이들이 배우는 모습, 아이들 관계가 변하는 모습을 실천을 통해 확인할 수 있었기 때문이다. 수업 협의회가 교사의 수업 테크닉이 아닌 '관계와 배움'에 초점을 맞추면서 평가적 시선의 부담을 덜어낼 수 있었기 때문이다. 수업을 여는 데 부담을 가지고 참여했던 교사들도 협의회를 마치면 자기 수업의 의미를 찾아준 동료들에게 고마움을 전했다. 평소 놓쳤던 아이들 배움의 과정을 듣고 자기 수업을 성찰하는 기회가 되었다며 뿌듯해했다. 많은 교사들이 수업연구회를 통해 동료에게 배운 것들을 자기 수업에서 실천하고, 다시 나누는 과정에서 함께 성장하는 경험을 했다. 이것이 곧 수업 나눔을 통해 교사가 성장해가는 모습을 보여주는 사례가 아닐까?

한 명의 아이도 소외되지 않는 수업, 배움의 질을 보장하는 수업을 디자인하고 연구하는 일은 쉽지 않다. 교사 개개인의 끊임없는 탐구와 노력이 필요하다. 교사의 배움이 곧 학생의 배움을 이끄는 수업을 창조한다. 또한 수업 문화의 변화는 모든 교사가 교실을 열고 함께 배우고 성장하려는 마음과 실천, 동료 교사들과의 협력으로부터 시작된다. 이혁규는 『수업, 누구나 경험하지만 누구도 잘 모르는』에서 "교사들이 일상에서 이질적 타자와 협력적으로 학습하며 더불어 성장하는 삶을 살아갈 때 학생들도 자연스럽게 따라 배우며 학습하는 존재, 성장하는 존재로 성장해갈 것"이라고 말한다. 협력과 나눔을 실천하며 학교를 함께 배우며 성장하는 삶터로 만들어가려는 노력들이 확산되고 있다. 학교 문화, 수업 문화를 바꾸어가고 있는 학교들의 연대와 협력으로 교육의 본질을 구현하는 학교, 교사와 학생 모두가 행복한 학교가 늘어가길 바란다.

교사의 포지션과 시스템에 '브레이크' 걸기[47]

윤양수

교직의 좀비화

수업을 하다 보면 가슴이 답답할 때가 있다. 학생들이 귀를 기울이는 것 같지도 않고, 질문을 해도 침묵으로 응답하는 경우가 그렇다. 유머나 위트에도 별 반향이 없다. 그럴 때면 문득 학생들이 좀비zombie와 다를 바 없다는 생각이 든다. 교무회의나 부장회의를 할 때도 마찬가지다. 사안의 의미나 가치 해석은 고사하고, 의견이 있어도 단념한다. 회의가 잦아 브레이크를 거는 일도 여간 피곤한 일이 아니다. 이는 반복되는 일상이기에 해법을 찾아야 마땅할 것이다. 그러나 책임을 회피하는 무의식에 별수 없이 속박되고 만다. 백신을 찾기보다는 교수 로봇teaching robot 혹은 좀비가 되어 그 시간을 때

47. 이 글은 『오늘의 교육』 23호(2014. 11)에 실린 「교사, 체제 유지의 공모자가 될 것인가 시스템에 비상 브레이크를 걸 것인가」를 일부 수정하여 옮겨 온 것이다.

우고 마는 것이다.

　그런 학생들에 대해 푸념하려는 것이 아니다. 그 원인을 추적하거나 '서바이벌 가이드' 혹은 해법 찾기가 이 글의 목적은 아니다. 실은 교사로서의 삶의 방식에 대해 얘기를 꺼내려는 것이다. 바르키 GEMS 재단의 보고서 〈교사 위상 지수Teacher Status Index 2013〉에 따르면 한국의 교사 위상 지수는 OECD 21개국 가운데 4위라고 한다. 한국 교사의 평균 연봉은 4만 3,874달러로 싱가포르(4만 5,755달러), 미국(4만 4,917달러)에 이어 세 번째로 높다고 한다. 그러나 위상과 연봉 순위와는 다르게 학생들의 교사에 대한 존경심은 가장 낮은 것으로 나타났다. 교육 시스템에 대한 신뢰도 또한 매우 낮은 것으로 조사됐다고 한다.

　학교의 위상과 교육환경의 변화는 '피부 통계학'으로 이미 체감하고 있었으니 그리 새삼스러운 일은 아니다. 한가하게 자괴감을 느낄 필요도 없을 것이다. 교사를 '월급쟁이'로 취급하면서 학생들에게는 '스승'이 되기를 요구하는 사회적 시선이 어제오늘의 일은 아니다. 그리고 학교는 더 이상 지식과 정보를 독점할 수 있는 공간이 아니다. 또한 돌봄은커녕 학생들을 관리하기도 쉽지가 않다. 포드시스템을 복사·편집해놓은 근대의 학교는 유효 기간이 끝나지 않았는가? 그와 같은 방식으로 오늘날의 학생들에게 배움을 선물할 수 있을까? 경영의 논리와 경쟁 시스템이 강화된 오늘날의 교육환경 또한 '교사-되기'를 어렵게 한다.

　이와 같은 교육환경에서 교사들에게 '교사 효능감'을 바라는 것은 지나친 기대일 것이다. 교사로서의 능력과 교육에 대한 신념이 낮을 수밖에 없다. 경영의 논리와 강화된 경쟁 시스템은 다른 교육에 대한 상상력과 실천을 실종시키고, 교사들의 주체성과 의식을 마비시킨다. 그럼으로써 교사들을 기존의 질서를 안전하게 유지하는 교수 로봇 혹은 '좀비'로 만들고 있지 않은가? 어쩌면 '월급쟁이' 종업원으로 출퇴근만 잘하면 그만인지도 모르겠다. 제도와 시스템이 교직을 그렇게 규정한다. 어쩌면 우리는 무감각하게 좀비 영화의 주인공(?)이 되어 있는지도 모르겠다. 유체이탈로 자기를 볼 수 있다면!

그래도 되는 것일까? '월급쟁이'로 만족하면 그만인 것일까? 영화 「설국열차」의 앞 칸에 탄 승객들처럼, 교사들도 1년에 한 차례 공급되는 개인 성과급을 '스시'로 즐기면 그만일까? 좀비들의 무리처럼 교육 당국이 차등 지급하는 학교 성과금과 특별교부금을 다투어 포식하면 그만인 것일까? 상류층을 위한 '연주자'로 살거나 그에 가깝게 다가가면 좋은 삶일까? 아니면 제도와 시스템을 장악해야 하는 것일까? 불온한 행동은 그나마 '단백질 블록'마저도 기대할 수 없다고 우리를 겁박하는 제도와 질서 탓으로 돌릴 수도 있을 것이다. 그렇게 우리는 시스템 유지의 공모자가 되는 것인지도 모른다.

관리와 통제

학교는 불야성! 교육부의 '전국 100대 교육과정 공모전'에 응모하느라, 실사에 대비하느라 불이 꺼지지 않는 학교들이 있다. 시·군 교육청에서 시·도 교육청으로, 이어 교육부로 가는 티켓을 따려고 달려드는 불나방의 풍속도가 차라리 픽션이라면! 그런 불빛을 좋아할 리가 있을까? 피부에 쏟아지는 난반사를 피하기 위해 불빛 속으로 들어갈 수밖에 없는 것이다. 해마다 공모전이 끝나고 나면, 그 불빛 아래에 무엇이 떨어져 있을까? 이와 같은 풍경을 성장의 서사로 보기는 어려울 것이다. 그러나 학교에는 거절의 문법이 없다. 눈총과 배제의 표적이 될 뿐! '교실 왕국'으로 돌아가 방학을 기다리는 수밖에.

전국 17개 시·도 교육청을 대상으로 실시하는 평가도 마찬가지다. 교육부는 시·도 교육청의 책무성accountability을 제고하고, 경쟁을 통해 교육의 질을 관리한다는 구실로 평가 시스템을 강화해왔다. 그리고 평가 결과에 따라 특별교부금을 차등으로 지급한다. 이는 교육부가 제시한 과업에 대해 성과를 증명하라는 '명령어'와 다름없다. 평가 시스템은 교육청을 거쳐 학교에 이르기까지 그대로 복사된다. 그로 인해 학교와 교사들은 '치안'을 위한 '안전벨트'로 기능하게 된다. 이로써 지배 시스템이 구축·완성되는 것이다. 결국 평가 시스템은 교육의 분권화와 자율화를 회수하는 집권과 통제의 메커니즘으로 기능하는 것이다.

당연하게도 평가 시스템은 학교와 교육과정의 운영에 중력으로 작용한다. 과연 규범과 입법의 평가적 시선을 넘어 교육과정을 디자인하고, 학교를 운영할 수 있을까? 평가의 배치 속에서 학교장과 교사들은 교육 당국의 지배 전략을 자기 욕망으로 복사하게 된다. 결국 교육청도 학교도 성과와 실적 '생산 라인'을 멈출 수가 없는 것이다. 심지어는 평가 항목들의 실적과 수치를 조작하는 사례도 다반사였다. 이렇듯 평가 시스템은 책무성의 제고나 교육의 질 관리와는 거리가 멀다. 물론 지금은 진보 교육감들이 개혁 드라이브를 가동하면서 상황이 달라지고 있다. 그러나 성과급이나 교원 평가 등은 권한 바깥의 일이다. 이와 같은 한계를 직시해야 할 것이다.

학교는 교육 당국의 시책에 따라 설계한 교육과정의 실행을 강제하기 위해 학생들에게 각종 규율과 규칙을 부과한다. 각종 행사와 대회, 학습과 생활뿐만 아니라 신체까지도 세밀하게 관리하고 통제한다. 심지어는 식습관과 언어 사용, 두발과 복장 등의 미시적인 부분에 이르기까지 미치지 않는 영역이 없다. 학생들은 학습과 생활의 능동적인 주체가 아니라 국가가 학교를 통해 주입하는 다량의 지식과 규율을 저장·기입하는 메모리로 취급된다. 학습권이란 학생들의 관심사나 요구와는 무관하게 단지 그 '시간'을 채워야 하는 의무에 불과한 것이다. 이렇듯 평가 시스템은 학생들까지 대상화하며, 교육의 동일성을 강제한다.

이처럼 학교란 '배움'의 공간이라기보다는 교육 당국의 주문을 받는 요리점에 가깝다. 학교가 조리 도구라면, 학생은 주문에 따라 칼질되는 식재료에 비유해도 그리 지나친 표현은 아닐 것이다. 게다가 교육 당국은 요구도 많고, 입맛도 까다로운 손님이다. 동시에 요리점의 경영자가 아니던가? 맙소사, 손님이자 주인이라니! 손님의 자리에도, 주인의 자리에도 학생들은 보이지 않는다. 교사는 종업원쯤 되는 것일까? 주문과 요구를 교육과정에 욱여넣고, 자발적으로 혹은 억지 수발드는 심정으로 할당된 업무에 따라 성과와 실적을 체크해 가면 그만이다. 때문에 일리치가 디스쿨링deschooling을 역설했던 것일까?

교사의 포지션

교육 당국이 말하는 교육의 분권화와 자율성은 명목에 불과하다. 제도의 속성이 그렇듯 하부 단위에 대한 관리와 통제를 안정적으로 실행할 뿐이다. 하부 단위와 교사들의 자율성과 상상력을 거세하고, 특정한 방식으로 길들인다. 때문에 책무성과 교육의 질을 관리하려는 교육 당국의 명분은 공허한 기표와 수치들로 가득한 성과와 실적을 수집하게 되는 당착에 빠질 수밖에 없다. 불행한 것은 교사들의 에너지가 성과와 실적 제조에 소진되고 만다는 것이다. 학생들의 교육 만족도나 교육 시스템에 대한 신뢰도가 낮을 수밖에 없는 것은 이런 사정과 관련이 있을 것이다. 바르키 GEMS 재단의 보고서는 그런 맥락에서 읽어야 할 것이다.

교사들에게 책임을 따져 물을 수 있을까? 자성을 요구하는 사회적 시선은 교육 당국의 무능을 겨냥해야 하는 것이 아닐까? 면책의 논리를 찾으려는 것이 아니다. 시스템이 산출하는 효과를 말하고 싶은 것이다. 교육 당국은 기업과 마찬가지로 교사를 성과와 실적의 도구로 사용한다. 교사들에게 전문성이나 창조적 실천 따위는 바라지 않는다. 다만 교육 당국의 지시와 명령을 눈치껏 수행하는 종업원이면 충분한 것이다. 교사의 포지션은 그렇게 제한된다. 아이러니한 것은 그럼에도 자신의 교환가치를 증명하려는 성과 주체가 탄생한다는 것이다. 그들의 노고와 고단한 헌신이 현재의 시스템을 유지·강화하게 만드는 셈이다.

비극은 여기서 멈추지 않는다. 경영의 논리와 평가 시스템은 교무회의나 부장회의를 '전달 벨트'로 만든다. 회의는 대개 학사 운영을 효율적으로 하기 위한 전달로 끝나고 만다. 특히나 부장회의는 교사들의 발언과 이견을 차단하는 방벽으로 기능하기도 한다. 물론 신속한 의사결정과 효율적인 업무 추진의 강점이 있음을 모르지 않는다. 그러나 그와 같은 회의는 불통의 피로를 누적시킨다. 때문에 사안의 의미와 가치에 대한 논의가 실종되고 마는 것이다. 이견과 상상력도 업무의 폭주에 휘말려 물거품처럼 사라지고, 제출되는 이견조차도 공리주의적 관념을 크게 벗어나지 못하는 것이 현실이다.

교사들은 회의 방식에 불만을 토로하면서도 학급으로 돌아가면 다시 학생들과 불통의 관계에 빠지는 당착에 봉착한다. 전달 사항과 계획의 실행을 강제하려고 학생들에게 그와 같은 방식을 그대로 복사하게 되는 까닭이다. 불행하게도 교사들은 대개 전달과 실행의 '임무'를 피하지 못한다. 그 과정에서 형성되는 관리와 통제의 습속은 마치 유전자처럼 신체에 새겨진다. 학생들이 자율적으로 성장하기를 바라면서도 지시와 요구에 순응해주기를 바라는 것이다. 이처럼 실행자나 전달자의 배치는 교사들의 새로운 실천과 창안을 억압하고 배제한다. 결국 교사들은 할당된 기능과 포지션을 벗어나기 어려운 것이다.

경영의 논리와 평가 시스템의 강화는 학교에 이미 자격을 상실한 '기술 합리성technical rationality' 패러다임을 효과적으로 복권한다. 교사의 주체성을 제한하고, 교사라는 존재를 전달과 실행의 도구로 환원하는 이런 식의 시스템이 우리의 희망이 될 수는 없을 것이다. 관리와 통제로 말끔한 질서는 가능할지 모르나 학생들과 교사들이 자율적인 주체 혹은 창조적인 주체로 성장하기는 어려울 것이다. 물론 이와 같은 질타로 교육 당국의 현행 제도와 시스템에 균열을 낼 수는 없을 것이다. 다만 그것이 산출하는 효과를, 나아가 성과와 실적 수집에 가려진 체제의 유지와 보존의 메커니즘에 대해 말하고 싶은 것이다.

'브레이크'의 용법

제도와 시스템을 탓해도 달라질 것은 없다. 현실의 부조리와 한계를 알고 있다는 사실만으로는 부족할 것이다. 이름 붙이기도 머쓱한 '불평과 체념의 공동체'로 교직을 마감할 수는 없지 않을까? 어쩌면 익숙한 공간이기에 그 '외부'를 상상하기 힘든지도 모르겠다. 그러나 의도와는 무관하게 체념과 포기가 할 수 있는 것은 체제 유지의 공모자가 되는 일뿐이다. 그와 같은 감각으로는 제도와 시스템을 상대하기 어려울 것이다. 현재 시스템의 외부를 모르는 로봇 혹은 좀비로 살기에는 억울하지 않은가? 그렇게 되면 우리가 그렇듯 우리가 가르치는 다음 세대들도 좀비로 전염되는 파국을 피할 수 없을 것이다.

학교는 '(불)가능성'이 끊임없이 반복되는 공간이다. 불가능성이 가능성의 조건이기도 한 까닭이다. 이상과 현실 사이에는 간극과 긴장이 존재하기 마련이고, 학교의 현실은 '이미-항상' 제한적이고 불충분한 것일 수밖에 없다. 바로 그것이 현행의 학교가 '지금'에 머물지 않고 항상 새롭게 변형·재구성되어야 하는 이유가 된다. 그와 같은 맥락에서 학교 개혁에는 종결형 혹은 완성형이 없는 것이며, 그나름의 지평에도 개혁의 지속성 혹은 무한성이 존재한다고 말할 수있다. 때문에 쉽게 돌아서지 못하는 것이다.

그와 같은 조건으로부터 자유로운 '교사-되기'는 존재하지 않는다. 그렇기 때문에 현실의 제약을 넘어 '다시 한 번' 새로운 혁신의과정으로 나아가야 하는 것이 아닐까? '월급쟁이' 혹은 시스템 유지의 공모자라는 자학과 모멸을 넘어서야 하지 않을까? 발터 벤야민 Walter Benjamin은 「역사철학 테제 관련 노트들」에서 '비상 브레이크'에 대해 말한 적이 있다. 이 글의 맥락에 맞게 바꾸자면, 파국 혹은파멸을 피하려면 현재의 시스템에 '비상 브레이크'를 잡아당겨야 한다는 것이다. 벤야민의 말은 현재의 시스템에 대한 저항과 탈주의 이미지를 떠올려볼 수 있게 해준다. 껍데기만 남고, 파국으로 치닫는 상황에서 가능한 일이 무엇일까?

제도와 시스템을 바꿔야 하는 것일까? 물론 그것이 지름길일 수 있다. 그러나 그렇게 생각할 경우 제도와 시스템의 교체 말고는 할 수 있는 일이 없다는 난점을 피하기 어렵다. 보수가 진보로 교체된다고, 제도와 시스템이 바뀐다고 주체가 그리 쉽게 바뀌지는 않을 것이다. 그것이 필요조건이 될 수는 있으나 자율적인 주체를 보증하는 것은 아니다. 물론 제도의 개혁과 주체의 변화는 선후가 없는 문제일 것이다. 그럼에도 제도와 시스템의 교체가 우리의 최종 목표가 될 수는 없지 않을까? 그리고 그것이 일거에 바뀔 것 같지도 않다. 국지적인 범위에서도 현재의 제도와 시스템의 '외부'를 상상해볼 수 있지 않을까?

제도와 시스템의 압박과 통제를 완충하면서 학교를 새롭게 만들어갈 동료들이 눈앞에 보인다면! 그리하여 개인의 삶이 조금 더 비옥해질 수 있다면! 더 나은 세상을 만들어가려는 욕망은 어디에나 있기 마련이다. 우리가 할 수 있는 일은 그런 것이 아닐까? 학교의 시공간을 좀 더 즐겁고 유쾌한 기획으로 설계해보는 것이다. 교육과정을 함께 디자인하고, 수업을 중심으로 동료성collegiality을 구축할 수 있다면 좋을 것이다. 좋은 연수를 기획하고, 공부를 같이해도 좋을 것이다. 물론 회의 시간에는 의미와 가치를 따져야 할 것이다. 치안의 도구로 전락한 학교운영위원회에도 개입하면 좋을 것이다. 이처럼 '지금-여기'서 시스템에 균열을 내고, 출구를 찾는 것이 '브레이크'의 용법이 아닐까?

특히 교사학습공동체professional learning community는 교학상장敎學相長의 문화를 만들어가는, 낙후한 제도와 시스템에 브레이크를 거는 질점attractor 구실을 할 것이라 믿는다. 작은 학교나 혁신학교가 아니어도, 공립형 대안학교가 아니어도, 삼삼오오 작당하고 모인 학교가 아니어도 충분히 가능한 일일 것이다. 물론 함께하다 보면 갈등도 생길 것이다. 동료들 사이에 선택과 배제가 일어나고, 호오가 갈리기도 할 것이다. 그런 상황에서는 차이의 정치학이나 관계의 기술social skill로 자기 회귀적 '상처의 감수성'을 넘어서야 할 것이다. 그렇게 '직업' 혹은 '월급쟁이' 이상을 꿈꿀 수 있을 때, 우리는 자신의 존재를 배반하는 냉소와 무기력에서 벗어날 수 있을 것이다.

학습공동체와 작은 모임들의 순환계[48]

윤양수

진보 교육감 '2기'

지난 MB 정부는 '고교 다양화 300프로젝트'로 공교육의 기반을 뒤흔들어놓고, 현 정부는 기대했던 교육 공약 이행은커녕 전교조 탄압에 골몰하고 있다. 다행일까? 2014년 6·4 지방선거에서는 전국 17개 지역 가운데 13개 시도에서 진보 성향의 교육감이 당선되었다. 진보 교육감 1기 6개 시도에서 13개 시도로 늘어난 것이다. 이는 공교육의 변화에 대한 대중의 갈망이 낳은 결과일 것이다. 그동안 '보수'가 대세를 이뤘던 교육계에 큰 변화의 바람이 불 것으로 보인다. 중앙 교육 당국은 이제 2기 진보 교육감들을 상대해야 할 것이다. 진보 교육감들은 중앙정부와 교육 당국의 횡포에 맞서 공조를 위한

<hr>

48. 이 글은 충남 아산 지역 강연을 목적으로 쓴 것이다(2014. 7). 이를 감안해서 읽어주기 바란다.

수업의 정치

'진보교육 벨트'를 형성할 것으로 예상된다. 학교가 달라질까? 신자유주의 경쟁 교육에 브레이크를 걸 수 있을까?

1기 진보 교육감들은 매력적인 정책을 제시했고, 그 변화의 흐름에 교사들이 대거 합류했다. 진보 교육감 1기를 상징하는 성과들로는 무상급식 실시, 학생 인권 신장, 혁신학교 만들기 등을 꼽을 수 있을 것이다. 진보 교육감 2기에는 이와 같은 개혁 드라이브가 가속화될 것으로 보인다. 공통 공약으로 입시 고통 해소-공교육 정상화, 학생 안전 및 건강권 보장, 교육 비리 척결 등을 내걸었고, 주요 과제로 교육복지 강화, 혁신학교 성과 확대 및 학교 혁신 보편화, 친일독재 교과서 반대 및 민주시민교육 활성화 등을 제시했다. 특히나 공교육 혁신의 모델로 제시한 혁신학교는 양적 확산과 함께 질적인 도약을 시도할 것으로 기대된다. 또한 정책 공조를 위한 진보 교육감들의 연대도 강화될 것으로 보인다.

그렇다고 쉽게 낙관할 일만은 아니다. 진보 교육감도 법과 제도의 한계 내에서 제한적으로 정책을 펼칠 수밖에 없기 때문이다. 가령 입시제도, 교육과정, 교원 평가, 성과급 등은 교육감의 권한 바깥의 일이다. 법과 제도, 예산 부족 등도 개혁 드라이브의 가동을 어렵게 할 것이다. 게다가 중앙정부도 진보 교육감들의 발목을 잡을 것으로 예상된다. 중앙 교육 당국에는 신자유주의자들이 포진해 있는 상황이고, 현장의 개혁 동력은 소진된 상황이 아닌가? 교장이 바뀌는 것도, 교사들이 바뀌는 것도 아니지 않은가? 물론 진보 교육감 1기의 사례처럼 혁신학교 만들기나 '학교 평가' 지표를 바꾸는 일은 충분히 가능할 것이다. 아예 기존의 학교 평가를 폐지하고, 새로운 평가 방식을 도입할 수도 있을 것이다.

물론 진보 교육감 2기는 '1기'의 성과를 기반으로, 또 그것을 넘어 학교에 많은 변화를 가져올 것으로 보인다. 그러기 위해서는 현장 지원 체제를 강화하면서 혁신에 필요한 동력을 마련해야 할 것이다. 그럴 수 있을 때 개혁 혹은 혁신을 지속적으로 추진할 수 있으니까. 특히나 혁신학교 만들기는 학교 개혁에 동참할 수 있는 교사 주체를 필요로 한다. 현장의 동력 없이 학교 개혁을 추진할 수 있을까? 동참할 동력이 없다면, 정책을 관료적인 방식으로 추진하는 당착을 피하기 어려울 것이다. 제아무리 매력적인 정책일지라도 그것이 공문으로 하달된다면 과거의 방식과 무엇이 다를까? 게다가 교사들의 입장에서는 교육부의 지침과 진보 교육감의 정책을 모두 떠안게 되는 이중의 부담이 예상된다.

그런 점에서 학교 개혁은 단기적으로 집도할 문제가 아닐 것이다. 한 시대의 문화와 삶의 방식이 바뀌자면 오랜 세월이 걸리듯 학교가 바뀌는 일 또한 일거에 이루어질 리가 없다. 우리는 학교 개혁이 오랜 시간을 필요로 한다는 사실을, 학교 개혁에는 완성형이 없다는 사실을 염두에 둘 필요가 있다. 그런 맥락에서 조급증과 졸속 개혁을, 단기적 성과에 대한 강박을 경계해야 할 것이다. 다가올 변화를 과소평가하거나 개혁에 대한 감속을 말하려는 것이 아님을 굳이 덧붙일 필요는 없을 것이다. 국지적인 범위에서도 혁신학교를 만드는 일은 얼마든지 가능할 것이다. 이미 '혁신'을 선취한 '작은 학교'

와 '혁신학교' 같은 선례도 있지 않은가? 이를 학교 개혁에 공유 자원으로 활용할 수 있을 것이다.

또한 제도화의 강박으로부터도 자유로울 필요가 있다. 제도는 안정과 억압의 이중적 속성을 지니고 있는 까닭이다. 우리는 기존의 낡은 제도와 습속을 일거에 대체할 또 하나의 체계와 시스템을 구축하려는 것이 아니다. 진보 교육감의 당선으로 개혁의 '조건'이 달라지긴 했으나 거기에 기대거나 안주할 필요는 없을 것이다. 가령 '작은 학교' 운동은 그와 상관없이 공교육에 내재하는, 제도로 환원 불가능한 '외부'를 구성하지 않았는가? '진보'와 '혁신'의 이름으로 교사들의 자발적인 활동과 흐름을 절단·채취한다면, 그것이 우리의 희망이 될 수는 없지 않을까? 지방 교육 당국을 어떻게 움직일 것인가? 이것이 앞으로의 과제가 아닐까? 우리는 진보 교육감의 정책에 의존하기보다 주체의 포지션을 고민해야 할 것이다.

학습공동체의 구성

진보 교육감 당선 이전에도 우리는 학교 개혁과 수업 개혁을 실행해왔다. 어떤 상황에서도 '지금-여기'를 넘어서려는 욕망은 늘 존재하기 마련이다. 때마침 도착한 '진보'의 열차에 쉽게 편승할 수도 있을 것이다. 한자리 얻어 탄다고 문제 될 게 있을까? 어쩌면 그렇게 하는 것이 학교 개혁을 미리 당기는 방식일지도 모르겠다. 그럼에도 우리는 주체 혹은 당사자의 의지와 무관한 속도나 졸속 개혁은 경계해야 할 것이다. 호시절이라고 모래 위에 집을 지을 수야 없지 않은가? 그리고 우리는 진보 교육감만 바라보는 '해바라기'의 문법도 넘어서야 할 것이다. 지금껏 해왔던 대로 스스로 성장의 서사를 써나가는 주체로 나서야 한다. 물론 달라진 지형과 조건을 충분히 활용해야 할 것이다. 때를 놓칠 수야 없지 않은가?

학교라는 공간이 어떤 곳인가? 교사들의 일상은 고단하다. 수업을 하느라, 학생들을 돌보느라, 각종 회의에 참여하느라, 업무를 처리하느라, 점수와 스펙을 관리하느라 하루가, 일주일이 어떻게 지나가는지 모른다. 그야말로 의미를 찾기 어려운 잡동사니 업무들로 포화 상태가 아닌가? 때문에 의지와 무관하게 빈틈없이 짜여 있는 시간의 포획으로부터 벗어나기가 쉽지 않은 것이다. 승진이야 옵션이라 치더라도 그와 무관한 교사들도 매일같이 숨 가쁜 '달리기'를 반복하게 된다. 그렇게 '배터리'가 방전되고 나면, 시간이 가버리고 나면 만족은커녕 허탈한 느낌을 지울 수가 없다. '업무 벨트'의 기능적인 도구가 된 기분이랄까? 때문에 우스갯소리처럼 고단한 일상을 벗어나려면 승진을 해야 한다고 말하는 것일 게다.

잡동사니 업무가 필요 없다고 말하려는 것이 아니다. 잡무가 왜 없겠는가? 궂은일이 왜 없겠는가? 잡무와 궂은일이 없는 유토피아를 기대하는 것이 아니다. 단지 그뿐이라는 것이 문제다. 잡무에 쫓기고, 그로 인해 에너지를 소진하게 될 뿐이다. 게다가 그와 같은 잡동사니와 교육 활동이 전도되지 않는가? 그와 같은 환경 속에서 교사의 성장이 가당키나 한 일일까? 때문에 희망을 내려놓고, 가슴을 닫게 되는 것이다. 아무런 연관도 맥락도 없이 끼어드는 잡동사니들에 매달려 하루하루를 견디는 삶에서 전문성 신장 혹은 성장의 서사를 써나가기는 어려울 것이다. 고립과 자족의 '교실 왕국'으로 돌아가 방학을 기다리는 수밖에. 학교에 교무행정 인력을 배치한다고하나 그것이 얼마나 도움이 될까?

교육 당국은 교사들의 전문성 신장을 제대로 지원하고 있을까? 교육 당국이 현직 교사들의 전문성 신장을 지원하는 방식은 현직 연수와 장학이 대표적이다. 그동안은 학교 평가와 개인 성과급에 연수 실적을 반영해왔기 때문에 클릭으로 기준 이수 시간을 채웠다. 그러나 그와 같은 '강제'가 사라진다면 누가 연수를 받으려고 할까? 교사들을 질타하려는 것이 아니다. 전문가들의 일방적인 전달과 추상적인 처방으로 채워지는 기존의 연수는 전문성 신장에 도움이 되지 않는다는 지적이 일반적이다. 장학도 크게 다르지 않다. 장학은 시책을 관철하기 위해 교사의 능력과 경영의 책임을 따져 묻는다. 전문성 신장에 대한 조력과 지원은 명분에 불과할 뿐이다. 이렇듯 교육 당국의 지원 시스템도 기대하기 어려운 것이다.

이와 같은 상황에서 최근에 교사들이 주목하거나 자구의 방편으로 조직하고 있는 것이 교사학습공동체이다. 학교를 들여다보면 초등 교사들은 자기 교실에, 중등 교사들은 자기 교과에 매몰되어 있는 것이 일반적이다. 그러면서 필요에 따라 온라인으로 외부와 접속한다. 습속 탓일까, 피로 탓일까? 주변에서 동료 교사들과 오프라인으로 접속을 시도하는 사례는 그리 많지 않다. 그러나 개인적인 노력으로는 한계가 있다. 때문에 성찰과 성장을 위해 힘과 지혜를 모으는 것이 아닐까? 학교 안팎에서 교사학습공동체가 자발적으로, 다양한 형태로 조직되고 있다. 이들은 학습과 활동을 조직하고, 지식과 정보, 경험과 노하우, 생각과 의견을 나누며 공동의 성장을 도모하고 있다.

교사 학습 모임은 강연이나 교내 연수에 비해 많은 노력과 시간을 필요로 한다. 단위 학교에서 이를 조직하는 사례가 그리 많지 않다는 사실은 이를 방증한다. 경험과 사례로 보건대 교사학습공동체는 교사의 전문성 신장이나 수업 문화 개선에 많은 도움이 될 것이다. 공동의 성찰과 성장을 위해서는 학습공동체들의 성장 사례들을 참조할 필요가 있다. 교사 학습 모임은 학교 개혁과 수업 개혁을 미리 당기는, 낙후한 제도와 시스템에 브레이크를 거는 질점attractor 구실을 할 것이라 믿는다. 이는 작은 학교나 혁신학교가 아니어도, 공립형 대안학교가 아니어도, 삼삼오오 작당하고 모인 학교가 아니어도 충분히 가능한 일일 것이다. 지금 우리가 해야 할 일은 그런 것이 아닐까?

교사, 학습하는 전문가

최근의 수업 전문성teaching professionalism에 대한 연구 동향을 보면, 교사를 '반성적 실천가reflective practitioner'(Schön 1983, 1987)로 규정한다. 수업과 관련한 자기 성찰과 실천적 수업 탐구를 강조하는 개념이다. 그리고 교사의 역할에서는 교육과정 개발 및 재구성, 교사 간의 협력적인 관계를 강조한다. 이러한 관점은 교사 전문성에 대한 도구적 관점의 '기술 합리성technical rationality' 패러다임을 비판하고 있다. 교사를 단순히 교육과정의 실행자나 전달자로 보는 그와 같은 근대적 관념은 교사의 역할을 대안적으로 사유할 수 없게 만든다. 실행자나 전달자를 넘어선 교사들을 '기술 합리성'이란 관념 바깥으로 추방하고 배제하는 까닭이다. 결국 교사는 그와 같이 할당된 포지션과 역할을 벗어나기 어렵게 된다.

이처럼 주체의 '자격'을 제한하고, 교사의 역할을 실행자와 전달자로 환원하는 이런 식의 관념이 오늘의 교사들에게 희망이 될 수는 없을 것이다. 우리는 교사도 학생과 마찬가지로 학습과 성찰을 통해 지적 소양과 전문적 역량을 함양하는 학인學人이라고 말할 수 있을 것이다. '교사'라는 존재는 학습과 성찰로 자기를 지워가며 변이할 수 있는 능력에 의해 규정되어야 하는 것이 아닐까? 그럴 수 있을 때 초라한 '권위'가 아닌 '능력'의 이름으로 '교사'를 새롭게 발견할 수 있을 것이다. 이와 같은 맥락에서 교사는 '학습하는 전문가 professional learner'가 되어야 한다고 말할 수 있을 것이다. '반성적 실천가'라는 쇤Schön의 규정도 이와 관련한 '성찰적 전문성'과 무관하지 않을 것이다.

진보 교육감이 교사 주체의 변화를 보증하는 것은 아니다. 교육감은 공표한 공약을 이행하고, 우리는 개혁의 '영법'을 스스로 익혀야 하는 것이 아닐까? 주변의 동료 교사들과 협력적인 문화 혹은 관계 collegiality를 구축하고, 학습과 활동을 조직해야 한다. 그리하여 학교 개혁과 수업 개혁을 도모하는 학습과 실행 공동체로 발전을 도모해야 한다. 교사학습공동체는 학교급별, 학년별, 교과별로 다양한 형태로 조직할 수 있을 것이다. 학교 밖에서 학습 공간을 구성하거나 이미 활동하고 있는 학습공동체와 접속할 수도 있을 것이다. 말하자면 단일한 모델을 제시하기 어렵다는 것이다. 다양한 사례를 참조하고case study 실행 주체의 요구와 조건에 맞게 학습 공간을 스스로 구성해가야 한다.

알다시피 쉽게 시작할 수 있는 방법은 동료들과 함께 공부를 하는 것이다. '읽기'에 학문의 경계를 둘 필요는 없다. 교육학과 인문학을 넘나들며 공동의 관심사나 문제의식과 관련이 있는 분야를 두루 읽으면 좋을 것이다. 이와 같은 공부는 교육과 수업을 보는 안목 혹은 자기 '언어'의 확장에 큰 도움이 된다. 학교 개혁에 관심이 있다면 외국의 사례와 국내 사례를 균형 있게 살펴볼 필요가 있다. 핀란드, 프레네, 배움의 공동체 등과 같은 유수의 사례들뿐만 아니라 한국 사회의 풍토에서 성장한 사례들을 눈여겨보아야 한다. 2001년 남한산초등학교를 시작으로 확산된 작은 학교와 진보 교육감 1기의 혁신학교, 공교육보다 한 발 앞서간 대안학교의 사례 등을 혁신의 '자원'으로 활용할 수 있을 것이다.

수업 개혁과 관련해서는 최근 십 년 사이에 새로운 개념과 담론들이 등장했다. 수업 컨설팅, 수업 이해, 수업 코칭, 배움의 공동체와 수업 개혁, 수업 비평과 같은 개념과 담론들이 새로운 방식으로 접근할 수 있는 이론과 실행의 자원을 제공하고 있다. 각기 연구의 논리와 접근 방식이 다른 만큼 이들의 차이와 실천적 함의를 파악할 필요가 있다. 그리고 실행 주체의 요구와 형편에 맞게 활용하면 될 것이다. 배움의 공동체처럼 수업을 공개하고 함께 성찰할 수 있는 수업연구회를 조직하면 좋을 것이다. 수업 협의회 문화 개선은 수업 혹은 수업 문화를 바꾸는 작용점으로 구실하지 않을까? 이와 함께 각각의 담론을 성찰과 성장의 도구로 활용하는 학습공동체와 단위 학교의 사례들을 참조해도 좋을 것이다.

배움의 공동체처럼 단위 학교에서 학교 개혁을 가동할 수 있는 조건이라면 실정에 맞게 교육과정을 디자인하고, 수업 문화를 개선해갈 수 있을 것이다. 교과서가 바이블이 아니듯 교육과정도 가변적인 것으로 사유해야 한다. 학생과 학부모, 교사의 필요와 요구에 따라 얼마든지 새롭게 디자인할 수 있을 것이다. 그리 새삼스러울 것 없는 이야기를 더 늘어놓을 필요는 없을 것이다. 나아가 평가 방식의 개선에 대한 고민과 연구도 필요하다. 관행화된 기존의 평가 방식이 교육 활동과 수업에 중력으로 작용하는 까닭이다. 그리하여 혁신학교의 '자기화'로 질적 도약을 시도해야 한다. 저마다 자기 빛깔을 찾을 수 있으면 좋을 것이다. 실행 계획서는 각자의 상황과 조건에 맞게 작성하면 된다.

학습공동체들의 순환계

"그는 하루 종일 損益管理臺帳經과 資金收支心經 속의 숫자를 읊으며 / 철저히 고행업무 속에만 은둔하였다고 한다." 김기택 시인의 「사무원」에 나오는 구절이다. '업무처리대장경'과 '성과수지심경'을 열어놓고 저녁과 주말까지 반납해가며 자판을 두드리는 학교의 풍경이 이와 크게 다르지 않을 것이다. 30년이 넘는 긴 세월을 '長座不立'의 염불로 견뎌낼 수 있을까? 아마도 '교사'라는 이름에 내재하는 '불온한' 유전자를 그런 식으로 잠재우기는 어려울 것이다. 그것은 '의자 고행'의 염불보다 더 어려운 고역일 테니까. 우리 지역에도 크고 작은 모임과 개인들이 활동하고 있지만, 서로 얼굴 보기가 쉽지 않다. 그래서 2013년 1월에 '다온'에서 먼저 우리 지역에서 활동하는 학습공동체와 교사들을 초대했다.

무슨 일을 하느라 그리 바쁘게 사는지 궁금했던 것이다. 다들 비슷한 마음이 아니었을까? 그렇게 '불초' 모임이 시작된 것이다. 물론 여럿이 모였다고 해서 '불로초' 혹은 새로운 '경전'을 찾을 수 있을지는 모르겠다. 만났으니 각자의 활동과 실천, 지식과 정보, 경험과 노하우 등을 함께 공유할 수 있으면 좋을 것이다. 접속을 통해 새로운 삶의 방식을 만들어가는 즐거움을 함께 나누며, 우리 지역에 크고 작은 모임과 개인들의 열린 순환계를 만들어갈 수 있기를 기대한다. 비록 경영의 논리와 평가 시스템이 배제와 낙오의 불안을 부추기는 사회지만, 그런 압박을 여과하고 완충하면서 '더 나은 삶'을 더불어 꿈꿀 수 있는 공동체들의 순환계를 만들어갈 수 있다면 불안은 크게 상쇄될 수 있을 것이다.

학습공동체의 규모가 커지면 같은 공간에 '거주'하면서도 서로 얼굴을 보거나 활동을 같이하는 일이 별로 없게 된다. 학습과 활동을 함께할 기회가 없으면 구성원들 간에 협력적인 관계와 공조의 리듬을 만들어내기도 쉽지 않다. 실례로 규모가 커져서 학습과 활동보다는 공간의 유지와 관리, 갈등 관리에 많은 에너지를 소모하는 사례도 있다. 굳이 그런 규모가 필요할까? 때문에 '다이어트'를 결행하여 분할 혹은 분열증식에 성공한 사례도 있다. 그래도 한번쯤은 그와 같은 고민과 딜레마에 빠질 수 있다면! 그러나 지역의 작은 모임들에겐 그런 기회가 오지 않는다. 알다시피 활동의 구성도, 구성원의 충원도 어렵지 않은가? 고립과 정체로 오래 못 가고 파국과 종말을 맞는 경우가 다반사 아닌가?

크고 작은 모임들이 고립과 소진으로 인한 해체를 피하려면, '외부'와 적극적으로 접속할 필요가 있다. 우선 인접한 지역의 또 다른 학습공동체들과 서로 배움을 주고받을 수 있는 열린 순환계를 만들어가는 것이 파국을 피하는 한 가지 방법일 것이다. 좀 더 적극적으로 말한다면 그와 같은 공동체적 관계망을 통해 새로운 '출구'를 발견할 수도 있을 것이다. 그로부터 자족의 '게토'에서는 보이지 않던 혹은 상상할 수 없었던 새로운 활동의 가능성을 찾을 수도 있지 않을까? 그런 것이 초대와 연대의 선물 혹은 순환의 이득일 것이다. 물론 그와 같은 공동체적 순환계 또한 또 다른 외부와 접속할 수 있어야 할 것이다. 그렇게 외부와 접속하여 자기를 갱신하지 않는다면 고립과 파국을 피할 수 없을 것이다.

그렇다면 우리가 어떤 활동을 같이할 수 있을까? 각자의 배움과 활동을 함께 나눌 수 있을 것이다. 일정 주기로, 필요에 따라 지식과 정보, 경험과 지혜를 서로 나누는 것이다. 자신의 학습과 활동을 오픈하고, 서로에게 기대어 배우는 것이다. 또한 학습과 활동을 공동으로 기획할 수도 있을 것이다. 혼자서는 하기 힘든 활동들을 함께 구성해보는 것이다. 가령 강좌나 강연, 세미나와 워크숍 등이 가능할 것이다. 또 다른 외부와의 접속도 기획해볼 수 있을 것이다. 상상하는 만큼 가능하지 않을까? 그렇게 초대와 순환의 연대를 구축하는 것이다. 그러면서 외부와의 접속을 통해, 서로에게 기대어 자기를 변화시켜가는 것이다. 학교와 수업을 개혁하고, 제도에 맞서 싸우려는 분들의 동참을 기대한다.

나아가 교사들 스스로 나름의 지식과 담론 생산에 집합적으로 참여하고, 그렇게 생산된 것을 자신의 필요와 판단, 생각과 느낌에 따라 나누어 갖는 참여·분유participation의 공간으로 구성하는 것이다. 그럴 수 있다면 특정 모임 혹은 개인의 경험과 지식을 모두의 것으로 만들 수 있으리라. 초대와 연대의 이득을 나누며 협소한 시야를 넘어서고, 사고와 상상력을 확장할 수 있지 않을까? 오늘처럼 함께할 수 있는 동료들이 눈앞에 보이는 것처럼 즐거운 일이 또 있을까? 학교 안팎에서 다양한 모임을 구성하고, 힘과 지혜를 모아 열린 순환계를 구성한다면 망설이던 교사들의 발걸음도 한결 가벼워지지

않을까? '불초' 모임에서, 또 다른 모임에서 다시 만나 힘과 지혜를
나눌 수 있기를 바란다.

삶의 행복을 꿈꾸는 교육은
어디에서 오는가? 미래 100년을 향한 새로운 교육

혁신교육을 실천하는 교사들의 필독서

▶ 교육혁명을 앞당기는 배움책 이야기
혁신교육의 철학과 잉걸진 미래를 만나다!

 핀란드 교육혁명
한국교육연구네트워크 총서 01 | 320쪽 | 값 15,000원

 일제고사를 넘어서
한국교육연구네트워크 총서 02 | 284쪽 | 값 13,000원

 새로운 사회를 여는 교육혁명
한국교육연구네트워크 총서 03 | 380쪽 | 값 17,000원

 교장제도 혁명
한국교육연구네트워크 총서 04 | 268쪽 | 값 14,000원

 새로운 사회를 여는 교육자치 혁명
한국교육연구네트워크 총서 05 | 312쪽 | 값 15,000원

 혁신학교에 대한 교육학적 성찰
한국교육연구네트워크 총서 06 | 308쪽 | 값 15,000원

 혁신학교
성열관·이순철 지음 | 224쪽 | 값 12,000원

 행복한 혁신학교 만들기
초등교육과정연구모임 지음 | 264쪽 | 값 13,000원

 서울형 혁신학교 이야기
이부영 지음 | 320쪽 | 값 15,000원

 혁신교육, 철학을 만나다
브렌트 데이비스·데니스 수마라 지음
현인철·서용선 옮김 | 304쪽 | 값 15,000원

 혁신교육 존 듀이에게 묻다
서용선 지음 | 292쪽 | 값 14,000원

 다시 읽는 조선 교육사
이만규 지음 | 750쪽 | 값 33,000원

 프레이리와 교육
한국교육연구네트워크 번역 총서 01
존 엘리아스 지음 | 한국교육연구네트워크 옮김
276쪽 | 값 14,000원

 교육은 사회를 바꿀 수 있을까?
한국교육연구네트워크 번역 총서 02
마이클 애플 지음 | 강희룡·김선우·박원순·이형빈 옮김
352쪽 | 값 16,000원

 비판적 페다고지는 세상을 변화시킬 수 있는가?
한국교육연구네트워크 번역 총서 03
Seewha Cho 지음 | 심성보·조시화 옮김 | 280쪽 | 값 14,000원

 미래교육의 열쇠, 창의적 문화교육
심광현·노명우·강정석 지음 | 368쪽 | 값 16,000원

 대한민국 교사, 어떻게 가르칠 것인가?
윤성관 지음 | 320쪽 | 값 15,000원

 아이들을 어떻게 가르칠 것인가
사토 마나부 지음 | 박찬영 옮김 | 232쪽 | 값 13,000원

 아이들의 배움은 어떻게 깊어지는가
이시이 준지 지음 | 방지현·이창희 옮김
200쪽 | 값 11,000원

 북유럽 교육 기행
정애경 외 14인 지음 | 288쪽 | 값 14,000원

 모두를 위한 국제이해교육
한국국제이해교육학회 지음 | 364쪽 | 값 16,000원

 경쟁을 넘어 발달 교육으로
현광일 지음 | 288쪽 | 값 14,000원

 독일 교육, 왜 강한가?
박성희 지음 | 324쪽 | 값 15,000원

대한민국 교육혁명
교육혁명공동행동 연구위원회 지음 | 152쪽 | 값 5,000원

▶ 비고츠키 선집 시리즈
발달과 협력의 교육학 어떻게 읽을 것인가?

생각과 말
레프 세묘노비치 비고츠키 지음
배희철·김용호·D. 켈로그 옮김 | 690쪽 | 값 33,000원

성장과 분화
L.S. 비고츠키 지음 | 비고츠키연구회 옮김
308쪽 | 값 15,000원

도구와 기호
비고츠키·루리야 지음 | 비고츠키연구회 옮김
336쪽 | 값 16,000원

관계의 교육학, 비고츠키
진보교육연구소 비고츠키교육학실천연구모임 지음
300쪽 | 값 15,000원

어린이 자기행동숙달의 역사와 발달 I
L.S. 비고츠키 지음 | 비고츠키연구회 옮김
564쪽 | 값 28,000원

비고츠키 생각과 말 쉽게 읽기
진보교육연구소 비고츠키교육학실천연구모임 지음
316쪽 | 값 15,000원

어린이 자기행동숙달의 역사와 발달 II
L.S. 비고츠키 지음 | 비고츠키연구회 옮김
552쪽 | 값 28,000원

비고츠키와 인지 발달의 비밀
A.R. 루리야 지음 | 배희철 옮김 | 280쪽 | 값 15,000원

어린이의 상상과 창조
L.S. 비고츠키 지음 | 비고츠키연구회 옮김
280쪽 | 값 15,000원

▶ 평화샘 프로젝트 매뉴얼 시리즈
학교 폭력에 대한 근본적인 예방과 대책을 찾는다

학교 폭력 어떻게 만들어지는가
문재현 외 지음 | 300쪽 | 값 14,000원

아이들을 살리는 동네
문재현·신동명·김수동 지음 | 204쪽 | 값 10,000원

학교 폭력, 멈춰!
문재현 외 지음 | 348쪽 | 값 15,000원

평화! 행복한 학교의 시작
문재현 외 지음 | 252쪽 | 값 12,000원

왕따, 이렇게 해결할 수 있다
문재현 외 지음 | 236쪽 | 값 12,000원

마을에 배움의 길이 있다
문재현 지음 | 208쪽 | 값 10,000원

▶ 창의적인 협력수업을 지향하는 삶이 있는 국어 교실
우리말 글을 배우며 세상을 배운다

중학교 국어 수업 어떻게 할 것인가?
김미경 지음 | 332쪽 | 값 15,000원

이야기 꽃 1
박용성 엮어 지음 | 276쪽 | 값 9,800원

토론의 숲에서 나를 만나다
명혜정 엮음 | 312쪽 | 값 15,000원

이야기 꽃 2
박용성 엮어 지음 | 294쪽 | 값 13,000원

▶ 교과서 밖에서 만나는 역사 교실
상식이 통하는 살아 있는 역사를 만나다

전봉준과 동학농민혁명
조광환 지음 | 336쪽 | 값 15,000원

교과서 밖에서 배우는 역사 공부
정은교 지음 | 292쪽 | 값 14,000원

남도의 기억을 걷다
노성태 지음 | 344쪽 | 값 14,000원

팔만대장경도 모르면 빨래판이다
전병철 지음 | 360쪽 | 값 16,000원

응답하라 한국사 1
김은석 지음 | 356쪽 | 값 15,000원

빨래판도 잘 보면 팔만대장경이다
전병철 지음 | 360쪽 | 값 16,000원

응답하라 한국사 2
김은석 지음 | 368쪽 | 값 15,000원

김창환 교수의 DMZ 지리 이야기
김창환 지음 | 264쪽 | 값 15,000원

즐거운 국사수업 32강
김남선 지음 | 280쪽 | 값 11,000원

영화는 역사다
강성률 지음 | 288쪽 | 값 13,000원

즐거운 세계사 수업
김은석 지음 | 328쪽 | 값 13,000원

친일 영화의 해부학
강성률 지음 | 264쪽 | 값 15,000원

강화도의 기억을 걷다
최보길 지음 | 276쪽 | 값 14,000원

한국 고대사의 비밀
김은석 지음 | 304쪽 | 값 13,000원

광주의 기억을 걷다
노성태 지음 | 348쪽 | 값 15,000원

▶ 살림터 참교육 문예 시리즈
영혼이 있는 삶을 가르치는 온 선생님을 만나다!

꽃보다 귀한 우리 아이는
조재도 지음 | 244쪽 | 값 12,000원

선생님이 먼저 때렸는데요
강병철 지음 | 248쪽 | 값 12,000원

성깔 있는 나무들
최은숙 지음 | 244쪽 | 값 12,000원

서울 여자, 시골 선생님 되다
조경선 지음 | 252쪽 | 값 12,000원

아이들에게 세상을 배웠네
명혜정 지음 | 240쪽 | 값 12,000원

행복한 창의 교육
최창의 지음 | 328쪽 | 값 15,000원

▶ 4·16, 질문이 있는 교실 마주이야기
통합수업으로 혁신교육과정을 재구성하다!

통하는 공부
김태호·김형우·이경석·심우근·허진만 지음
324쪽 | 값 15,000원

내일 수업 어떻게 하지?
아이함께 지음 | 300쪽 | 값 15,000원

생각하는 도덕 수업
정종삼 지음 | 328쪽 | 값 15,000원

인간 회복의 교육
성래운 지음 | 260쪽 | 값 13,000원

교과서 너머 교육과정 마주하기
이윤미 외 지음 | 368쪽 | 값 17,000원

주제통합수업, 아이들을 수업의 주인공으로!
이윤미 외 지음 | 392쪽 | 값 17,000원

수업과 교육의 지평을 확장하는 수업 비평
윤양수 지음 | 316쪽 | 값 15,000원

교사, 선생이 되다
김태은 외 지음 | 260쪽 | 값 13,000원

교사의 전문성, 어떻게 만들어지나
국제교원노조연맹 보고서 | 김석규 옮김
392쪽 | 값 17,000원

수업의 정치
윤양수·원종희·장군 지음 | 280쪽 | 값 14,000원

▶ 더불어 사는 정의로운 세상을 여는 인문사회과학
사람의 존엄과 평등의 가치를 배운다

밥상혁명
강양구·강이현 지음 | 298쪽 | 값 13,800원

도덕 교과서 무엇이 문제인가?
김대용 지음 | 272쪽 | 값 14,000원

자율주의와 진보교육
조엘 스프링 지음 | 심성보 옮김 | 320쪽 | 값 15,000원

민주화 이후의 공동체 교육
심성보 지음 | 392쪽 | 값 15,000원

갈등을 넘어 협력 사회로
이창언·오수길·유문종·신윤관 지음 | 280쪽 | 값 15,000원

동양사상과 마음교육
정재걸 외 지음 | 356쪽 | 값 16,000원

교과서 밖에서 배우는 철학 공부
정은교 지음 | 280쪽 | 값 14,000원

좌우지간 인권이다
안경환 지음 | 288쪽 | 값 13,000원

민주시민교육
심성보 지음 | 544쪽 | 값 25,000원

민주시민을 위한 도덕교육
심성보 지음 | 500쪽 | 값 25,000원

교과서 밖에서 배우는 인문학 공부
정은교 지음 | 276쪽 | 값 13,000원

오래된 미래교육
정재걸 지음 | 392쪽 | 값 18,000원

대한민국 의료혁명
전국보건의료산업노동조합 엮음 | 548쪽 | 값 25,000원

교과서 밖에서 배우는 고전 공부
정은교 지음 | 288쪽 | 값 14,000원

▶ 남북이 하나 되는 두물머리 평화교육
분단 극복을 위한 치열한 배움과 실천을 만나다!

 10년 후 통일
정동영·지승호 지음 | 328쪽 | 값 15,000원

 선생님, 통일이 뭐예요?
정경호 지음 | 252쪽 | 값 13,000원

▶ 출간 예정

근간 **분단시대의 통일교육**
성래운 지음

근간 **핀란드 교육의 기적은 어떻게 만들어지나**
Hannele Niemi 외 지음 | 장수명 외 옮김

근간 **민주적 학교는 어떻게 사회정의 교육을 가르치나**
한국교육연구네트워크번역총서 04 | 마이클 애플 지음

근간 **도덕 수업, 독서와 만나다**
울산도덕교사모임 지음

근간 **고쳐 쓴 갈래별 글쓰기 1**
(시·소설·수필·희곡 쓰기 문예 편)
박안수 지음(개정 증보판)

근간 **고쳐 쓴 갈래별 글쓰기 2**
(논술·논설문·자기소개서·자서전·독서비평·설명문·보고서 쓰기 등 실용 고교용)
박안수 지음(개정·증보판)

근간 **조선 근대교육의 사상과 운동**
윤건차 지음 | 이명실·심성보 옮김

근간 **조선족 근현대 교육사**
정미량 지음

근간 **수업 고수들, 수업과 교육과정 재구성을 말하다**
통통 담쟁이 교실수업연구회 지음

근간 **교실을 위한 프레이리**
Ira Shor 지음 | 이성우 외 옮김

근간 **존 듀이와 교육**
한국교육연구네트워크번역총서 05 | 짐 개리슨 외 지음

근간 **걸림돌**
키르스텐 세곱 빌펠트 지음 | 문봉애 옮김

근간 **밥상머리 선생님**
김흥숙 지음

근간 **체육 교사, 수업을 말하다**
전용진 지음

근간 **함께 만들어가는 강명초 이야기**
이부영 외 지음

근간 **어린이와 시 읽기**
오인태 지음

참된 삶과 교육에 관한
생각 줍기